寻找教育的『最好』发生

刘畅 等 著

教育科学出版社
·北 京·

本书由刘畅、商红领、张海宏、穆倩、胡文利、梁小红、邓翼涛、屈文霞、赵红波、项纯、赵蕊合作完成。

一所名校是怎样炼成的

小学是儿童生长发育最快的阶段，也是儿童成长最关键的时期。追求“最好”的教育，培育“最好”的人才，是许多小学追求的梦想。北京市海淀区中关村第一小学是一所大家公认的名校，是北京“最好”的小学之一。但这所名校是怎样炼成的呢?《寻找教育的“最好”发生》为我们揭开了它的面纱。

中关村一小是一所具有70年历史的老学校，地处中关村科学院社区，向来受到社区知识界家长的关注，一直发展得很好。自从刘畅老师掌校以后，学校又上了一个新的台阶。近些年来学校追求卓越，以科研带教育，以科研促进师生的成才，开展了多种实验研究，召开了多次研讨会。我曾多次参加中关村一小的会议，亲身感受到学校在不断发展、前进。《寻找教育的“最好”发生》一书，可以说是中关村一小办学的一次总结，值得我们细细品味和研究。

办好一所学校的关键是什么？是办学理念。“寻找教育的‘最好’发生”就是中关村一小坚守的办学理念。我们常说，没有“最好”，只有“更好”，但追求“最好”是做人做事的一种思想境界，就像该书在“引言”中讲的：境界是一个人所处的“状态”，“有境界自成高格”，“能将师生的心灵引向‘高处’”。学校也需要一种高远的境界，引领全体教师追求卓越，把教育办得更好。

寻找教育的“最好”发生，不是一句空话。中关村一小对学校的建设做了详细的规划，制定了《中关村第一小学文化纲领》，内容包含：学校的共同愿景、教育的核心价值观、办学理念、课程的设计要求、对教师的要求和对学生的培养目标。同时，全书有一条主线——“自主教育”，强调教师的自主、学生的自主，师生都应做到“自主发展、主动适应、自我超越”。全书从课程、教学到学生的各种活动都贯穿了这条主线。

“自主教育”可以说是教育的本原。儿童的发展固然要有教师的指引、家长的呵护，但主要是依靠他们的自主学习、自我领悟。学生的学习不是被动的，需要有主动的内驱动力，然后经过自己的努力，成为最好的“我”。这个“我”，既包括了个体的“我”，也包括了集体的“我”。学生就是在自我学习的基础上，在和老师、同伴的共同学习中发展成长的。教师的成长也需要有自主性，明确了教育的意义，掌握了教育规律，提高了自我境界，就会爆发出创造力、创造出新经验，成长为“最好”的教师。教育就是发展，就是自我超越；学校就是为教师和学生搭建一个自我超越的平台。

本书本着“自主教育”的办学理念，讲述了学校是如何进行课程内容的整合、教育教学方式的改革、学生多彩活动的开展、学校文化的建设等，内容全面而丰富，既有学理的论述，又有案例的描述和故事的呈现，而且图文并茂。从这些论点、案例和故事中可以看到中关村一小办学的全貌，也可以了解一所名校是怎样炼成的。

刘畅校长要我为本书作序，学校如此丰富的内容，很难在短短的序言中概括出它的精华。只能写这么几句，略表我的心意。

2018年6月11日

教育在寻找和探索中走向“最好”

从学校课程改革到儿童立场的学科建设，从教师教研论坛到学生项目学习成果发布，我曾数次参加中关村一小的课程教学改革、教师发展与学生成长等相关研究活动，很欣喜也很受鼓舞，因为我发现自己多年来追求的一些理想能够在中关村一小得到实现。同时，身为一名教育科研工作者，看到一所学校愿意静下心来踏踏实实办教育，既能提出科学而先进的理念，又能把理念付诸实践，并取得出色的成就，着实让人想一探究竟：他们是如何做到的？

由此，我与中关村一小的渊源也从学者个体对学校教改前沿的关注，变为国家教育智库与教育教学一线的协同创新合作。2014年，我任中国教育科学研究院院长，中关村一小作为中国教育科学研究院的教改实验基地校，率先建立了小学与科研院所的协同创新长效机制。在智力支持一流学校建设，科研引领学校卓越发展的同时，中关村一小始终坚守儿童立场，立足核心素养的系列创新实践成果，秉持不断自我超越、科学严谨的改革精神，为我们解决重大教育实践问题，引领教育未来带来了积极启示。

《寻找教育的“最好”发生》一书是刘畅校长带领的教师团队多年来探索创新、潜心沉淀而成的关于中关村一小教育的秘籍宝典，诸多精彩内容值得读者细细品味，在此仅分享三点一小成功的经验。

精准定位教育教学的核心问题——让学生自主学习、自主发展。改革开放四十年来，基础教育的核心目标就是要促进学生自主地、全面地发展。中关村一小坚持自主教育的办学理念、坚守儿童立场、尊重和了解学生的需求、主动促进学生发展的多种可能性，这一改革方向正确且具有前瞻性。

系统形成核心问题解决的整体方案——构建自主教育的大厦。让学生成为学习的主体，这不是中关村一小独有的，但中关村一小为我们提供了自主教育落地生根的思路和方法。他们紧紧围绕如何让学生自主发展这一核心问题，以课程为撬动改革的支点，从理念、课程、教学、资源、学生以及教师等方面入手，全方位、体系化地构建出一栋自主教育的大厦，给予学生自主发展的时间和空间，开拓出学校自由灵动、充满活力的教育局面。

构筑教育大厦的脊梁与基石——一位智慧型的好校长和一支爱孩子的教师队伍。一个好校长就是一所好学校，一所好学校也必然拥有一个好校长。刘畅校长是一位智慧型的好校长，她对教育有自己独到的见解，且敏于实践、勇于创新，形成其独具特色的“尊重和引领”的治校风格。在她的带领下，中关村一小的教师队伍有活力、敢创新，从学校的教育教学细节中，可以感受到他们尊重孩子、热爱孩子，努力为孩子提供“最好”的成长机会和学习可能性。“最好”，已成为他们自觉的认识、行为和习惯，并成为这所学校的一种文化。

衷心祝愿中关村一小能够在此基础上取得更好的成绩！是为序。

田慧生

2018年6月28日

引言

“最好”的教育以“境界”为上

王国维先生在《人间词话》中说，古今之成就大事业、大学问的人，须经过三重境界：“昨夜西风凋碧树，独上高楼，望尽天涯路”，此第一境也；“衣带渐宽终不悔，为伊消得人憔悴”，此第二境也；“众里寻他千百度，蓦然回首，那人却在灯火阑珊处”，此第三境也。

教育之路漫漫，身为一名教育工作者，亦须历经三重境界。

首先，有“望尽天涯路”的追求，能耐得住“独上高楼”的寂寞。在教育改革发展的新形势下，中关村一小也一直坚持走改革创新之路。改革之路并不平坦，甚至会带来新的问题，那么，当问题或难题出现时，是努力克服困难并坚持下去，还是半途而废、改弦易辙？对此，我们需要坚持自己的教育理想，不忘我们的教育初心，拥有一种迎难而上的勇气和锐气。

其次，有“衣带渐宽终不悔”的决心，不后悔、不退缩。教育教学像是一种理性的探险，教师不断地进行学情分析、备课、上课、听课、评课及教学反思，反复琢磨，相互切磋，不懈追求，用理性思维和理性思考去解开教育教学活动的面纱，吃透教育教学活动的本质，把握教育教学活动的规律；学生则在教师的指导和帮助下不断地拓宽自己的知识面，丰富内在的自我，增强生命的厚度和广度，并将思想的触角和行动的双手伸向远方，探索未知的世界。可见，教育教学不是一蹴而就、一帆风顺的，需要一步一个脚印地扎实行动、一次次地精心打磨，在教学的N种可能中找寻“最好”的方法、“最好”的路径，并达到“最好”的状态；更需要所有教师全身心地投入，不计得失、成败，不辞辛苦，不问回报，勇往直前，驶向理想的彼岸。

最后，有“众里寻他千百度”的坚守，终有所得、终有所悟。经历日复一日、年复一年的教育实践和思考，当我们的知识和经验达到一定程度时，我们会走向一种融会贯通、游刃有余、豁然开朗的境地，此时会发现原来的追寻和实践，契合孩子们的成长规律和发展需求，符合我们对教育的初始期许，体现了教育教学的真谛和规律；还会发现我们的探索、我们的所知、我们的体验其实只是冰山一角，还有更多、更广阔的空间和领域等待我们去探索。

从方向的确立，到过程的开展，再到结果的形成，只有历经了以上三重境界，我们的教育教学才会真正发生，才会呈现“最好”的模样，才会摘到“最好”的果子。那么，什么是“最好”的教育呢？在寻找“最好”的教育发生过程中，我们有如下理解。

“最好”的教育尊重学生的主体地位，使其拥有对自我力量的确证和信心。“自主性”是人成长过程中的根本性力量。我们生存在怎样的时代？科技日益更迭、知识信息爆炸。如果我们希望孩子能在未来找到自己的立足之地，能自信地应对各种不确定的挑战，则需要培养孩子一以贯之的能力，让他们无论面临怎样的学习环境和职业环境，都能良好地应对。唯有自主，个体方能自由地支配自己的意志去完成对自身和外部世界的驾驭，借此实现人的自我更新、自我超越，从而走向“最好”；唯有自主，学生方能发展完整的自我观念，拥有对自我力量的确证与主体地位的信心，理解并实践个体多样化的身份与责任，建构自身与社会乃至世界环境的关系，并做出合理的决断。

"最好"的教育以"境界"为上，能将师生的心灵引向"高处"。境界，是人所处的一种状态，"有境界自成高格"，一所学校想要发展得更稳定、行走得更长远，需要一种不断引人向上的教育力量，将师生的心灵从"低处"引向"高处"。

教育需要境界。学校与其他组织机构不同，远离功利和浮躁，其根本任务在于立德树人。为此，教育不仅意味着教会学生一些基础的知识和技能，更要为学生生命的成长打下底色，唤醒学生的良知、带来内心的自由、促进精神的成长。

教师需要境界。教师是人类灵魂的工程师和人类文明的传承者。教师需要有严格要求自己、执着于教书育人、热爱教育的定力和淡泊名利的坚守。这意味着教师对自己要有所放弃，有所抛弃；而对学生、对教育要有倾其所有的付出和奉献。尤其是躬耕在基础教育的一线教师，工作任务繁重、工作压力剧增，更需要一种"境界"的引领，以帮助教师创造幸福而有意义的教育生活。

校长需要境界。校长作为一所学校的掌舵人，要处理好学校的继承与创新，要把握好教育规律，探寻学校管理之道，要带领学校不断变革、适应与创新，需要具备将一所学校引向"最好"的远见卓识和智慧才能，更需要具有对人、对事的大视野、大格局、大情怀。

从寻找教育"最好"发生过程中的"三重境界"，到以"境界"为引领的"最好"教育，"境界"是教育主体愿意生活于其中的一种"状态"，是教育行为发生的价值和意义。教育之路任重道远，对"境界"的思考和追寻，让我们拥有上下求索的意愿、耐得住寂寞的决心、超拔世俗的勇气，从而过一种"有境界"或"高境界"的教育生活。

境界为上，但境界难至。关注境界，让我们给教育留一片广阔的精神天地，让我们在脚踏实地的同时，还能仰望头顶的星空。寻找教育的"最好"发生，正是我们心中的一片星空。

目录

做最好的我
中关村第
ZHONG GUAN CUN NO.1
中关村一小

绘图：郑妍翎　2012 级（9）班　12 岁

“最好”——我们的选择

教育在每天看似如出一辙的学校活动中悄然发生，教师在教育教学实践中默默地影响着学生，也不断地完善着自己。在学校这个丰富的教育场域中，我们不断地寻找着教育的“最好”发生，旨在促进每一名教师、学生和家长的快乐幸福指数提升。

一、“最好”是对教育的理性沉思

教育是一种基于自我实现的生命关怀，教育的“最好”是一种应然的理想，是一种可能的教育生活，更是基于儿童生命成长的不懈探索和理性思考。

（一）何谓“最好”

“做最好的我”是中关村第一小学（以下简称“中关村一小”）师生共同的核心价值选择，也是我们一直秉持的教育初心。不断地激发师生自主成长的生命潜能，引领师生在发展过程中追寻“最好”、成就“最好”，是一所学校能创造的“最好”教育。

“最好”是全体师生共同追求的发展目标，是我们自立前行的不竭动力，是自主发展的无穷源泉。它激励着每一名学生、教师和家长在自己的生命量度内追求“最好”。人的发展是连续不断的变化过程，选择“最好”、追求“最好”是我们自觉前行的永久追求。

“最好”是昂扬向上的积极状态。“最好”不是终点，而是“止于至善”的状态。当大家处于追求“最好”的状态时，就会充满生命活力，散发出积极的正能量，不断实现自我超越。

“最好”是抵足前行的团队合力，“最好”不是一个人的“最好”，而是我和我们，是自控自发的团队协作，是理性自主的合作，是小我融入大我、大我成就小我的共赢。

生命是美丽的，只有当教育能够引导学生去发现、欣赏生命的丰盈与灵动时，它才是“最好”的教育。教育在时间中流淌，具有变动性和生成性。因此，寻找教育的“最好”发生便成了一种追求的状态，是教育者孜孜以求的身影，也是教育者不断创造的过程。

（二）何为“最好”

走进中关村一小，校园里遍布葵花，一朵朵葵花迎风摇曳，仿佛孩子们灿烂的笑脸。中关村一小的师生亲切地称学校为“葵园”。大家认为，葵花象征着自信与个性，它对太阳的渴望成就了它与众不同的美丽，这份美丽与葵园人求知若渴的质朴脸庞并无不同。葵园里的每一棵“幼苗”都向着心中的目标和梦想在成长，学校的教育实践则致力于让每一朵“葵花”都能迎着阳光开放。

1. 培养“最好”的学生

教育的终极目标是使人生活得更美好、更有价值。学生应在一种积极的情绪状态中成长，当学生具备了终身学习的能力和独立自由的人格，才能最终迈向成功。为此，我们确立了中关村一小学生文化：品德成人、学习成才、做事成功；明确了中关村一小学生核心素养：尚礼明德、自主善学、健康乐群、求真崇美、开放创新；努力培养“会学习、懂生活、敢负责、善合作”的葵园学子。

我们希望生活在中关村一小的学生能够乐观自信，像葵花一样自由绽放，像葵花一样昂扬向上。为此，我们把每名学生的笑脸头像贴在墙上，组成“笑脸墙”。那一张张灿烂的笑脸就像一朵朵绽放的葵花。我们还为学生创作了《葵花颂》，希望每一名葵园学子既能像葵花一样脚踏实地，敢于在平淡中活出自信，在质朴中彰显个性，坚信“我”可以做到最好；又能像葵花一样执着，一旦设定了目标便不轻言放弃，不断追求做更好的“我”；更能像葵花一样积极主动，用挺拔的身姿和发自内心的微笑昂首迎接每天的太阳，尽情汲取自己需要的能量，用扎实的行动实现做最好的“我”。

葵花颂

春三月，万物长。园中葵，正清朗。立一小，根苗壮。叶承露，志昂扬。
清风起，姿荡漾。俏不娇，美不傲。花含英，质蕴香。夏日长，仰面昂。
秉性直，非傲狂。斗风雨，敢担当。风骨正，心向阳。秋风起，天转凉。
花已阑，枝犹张。丹阳冉，放光芒。葵献籽，众人赏。盘盘满，粒粒香。
气味馥，传四方。寒气袭，满天霜。冬日临，万物藏。看葵园，蒙童养。
英才聚，个性扬。师生睦，新学堂。做最好，励图强。共发展，远流长。

2. 成就“最好”的教师

发展学校的第一要务是发展教师。每一名教师也是一个寻求自身可持续发展的“我”，只有每一名教师的小“我”真正地投入和参与，才能实现学生群体和教师团队的整体发展，并最终实现学校大“我”的发展，达到小“我”和大“我”的协调发展。

为此，我们一方面让每一名小“我”自由发声、自主参与学校事务，通过“对话校长”“教职工提案”“党员组长骨干教师恳谈会”等平台来让教师表达自己的教学主张和教育愿望，让每一名教师都有“人人皆可为主人”的意识与信心，进入“不待扬鞭自奋蹄”的境界。另一方面，我们提炼和总结了教师发展的精神文化要素，以文化来凝聚每一名小“我”的热情和爱心，以精神来带动教学经验向自觉的教育行为转化。如坚持“五好”行动主张，即一节好课就是让学生动起来、学进去、感兴趣；一名好教师就是一门好课程；一名好班主任就是一所好学校；一名好组长就是一个好团队；一名好干部就要带出一支好队伍。构建葵园教师核心素养，即儿童立场、为人师表、创新思维、终身学习。提炼中关村一小干部核心素养，即正直善良、主动有为、学术引领、系统思考、合作创新、创造价值。

同时，我们将中关村一小的教师文化定位为“大气、雅气、灵气”。我们希望中关村一小的教师是大气的，能把自身的生命价值与教育使命融为一体，能够把目光投向更高、更远的地方。中关村一小的教师是博学儒雅的，能够在书香校园的熏陶下，在充满滋养的组织文化中树立终身学习的意识，结成学习发展共同体。中关村一小的教师是充满灵气的，因为教师是思维的启迪者，这就意味着他们要充满智慧。

3. 建设“最好”的学校

学校是用文化滋养生命的地方，是生命影响生命的地方，是能够给师生留下温暖记忆的地方。我们既要关注学生的满意度，也要关注教师的幸福指数，更要关注社会需求的达成度。中关村一小创建于1949年，与新中国一起诞生、共同成长。成为一所具有“儿童立场、首都特质、国际视野、师生互相学习的‘最好’的学校”——中国“硅谷”小学，是中关村一小的发展定位。

中关村一小坐落在首都北京的教育大区海淀，位于中关村高科技园区的核心位置，毗邻中国科学院19家科研院所。立足于学校自身的发展现状及浓厚的高科技社区氛围，学校凝练出“科学启智 教育立身”的校训。“科学启智”是指用科学启迪学生智慧，激活学生思维，培养具有科学精神、科学态度、科学素养的一小少年；“教育立身”是指用教育开启学生心扉，寻求做人之道，培养具有社会公德、健康人格、人生理想的社会公民。“科学启智 教育立身”是学校倡导并努力实施科学与人文素养交融的体现。

中关村一小一校三址。中关村校区有葵花广场，天秀校区有毓秀亭，党校校区有悠然亭，每个校区都洋溢着浓浓的文化气息。三个校区既相互依托，又各具特色，在发展中不断壮大，为每一名葵园学子提供“最好”的教育。

“最好”成就“大家”，是中关村一小的教育之梦。学校的教育实践致力于满足每一个生命的独特需求，让每一个人都能做到自身生命量度之内的“最好”：每一名师生都有贡献和引领的机会，每一个生命都有成长为独特自我的舞台，每一个人在同伴有困难之时都会主动伸出援助之手，最终汇集多方之力来成就“大家”的“最好”。

二、由“自主”走向“最好”

实现“最好”，内在的动机是决定性的因素。只有师生充分发挥自我潜能、自觉践行“自主”，才能实现教育中的每一次“最好”，才能支撑教育持久的征途走向“最好”。

（一）“自主”是对人的本质规定

“自主”是对人的本质规定。马克思曾说，“人的类特性恰恰就是自由自觉的活动”①，人的生命特质就在于能够自由地支配自身和外部世界，借此完成人的自我实现及超越。

“人的自主性至少包括感情、认知、行为、道德四个维度。”②在教育学意义上，“自主”实质上是教育主体在感情、认知、行为、道德层面不断地彰显和实现自我价值，它包括两方面的含义：其一，它强调自己做自己的主人，即每一个学生和教师都具有选择权、决策权、管理权；其二，它强调每一个人都有自我发展的愿望和动力，并在此基础上不断激发和实现自我的无限可能性。

由此，“自主”是一种动态、连续、生成的过程：它既是每一次认识和行

① 马克思，恩格斯. 马克思恩格斯全集：第42卷［M］. 北京：人民出版社，1979：96.
② 刘畅. 学生自主学习探析［J］. 教育研究，2014（7）：132.

动的起点，又是自身不断认识、不断学习、不断修正、不断超越的连续过程，从而达到个人发展的“最好”状态。

（二）“自主”是葵园人的基因

七十年的办学历史赋予了中关村一小丰厚的文化底蕴，也孕育了一小师生“自主、自立、自控、自新”的葵园精神。正是一代又一代的葵园人秉承着“自主发展、主动适应、自我超越”的精神，不断拼搏，才造就了中关村一小致力于创造“最好”的教育姿态。

中关村一小积极传承“自主”基因，不断追求“最好”。在此过程中，我们倡导“人人都有想法、人人都能创造、人人都会成功”，逐步形成一个个体与环境和谐发展的良性循环动力系统。在这个系统中，每一个个体都不断超越自我，最终达到个人发展的“最好”状态。同时，学校在反复征求教师意见的基础上，制定了《中关村第一小学文化纲领》，凝练出《中关村第一小学教育信条10条》。学校从课程建设、教师发展、学生发展等不同方面鼓励师生自主发展、主动成长。学校还注重激发儿童自主学习的动力，培养他们适应终身发展的品格和能力；引领教师提升教学与研究品质，迈向专业自觉；完善学校课程架构，形成稳定的学校价值认同，为每一个人的“最好”创造必要条件。

中关村第一小学文化纲领
（节选）

《中关村第一小学文化纲领》是在学校核心价值选择——“做最好的我”的指导下，基于广大教师多年来对“自主教育”的创新实践，逐步明确和提炼的师生员工共同认可的学校教育行动理念和行为准则，同时也是学校不断践行的文化纲领。

第一章　发展战略

第 1 条　共同愿景

我们的愿景是建立一所具有儿童立场、首都特质、国际视野、师生相互学习的“最好”的学校。

我们的发展总目标：立足北京，辐射全国，走向世界。

第 3 条　核心价值选择

“做最好的我”是学校的核心价值选择。其中的“我”有两层含义，即个体的“我”和群体的“我们”。“最好”既强调“我”的发展，也强调“我”与他人、“我”与集体、“我”与社会的关系发展；引导每一名师生，在张扬“我”的同时，在“我们”中树立责任，体现价值；“我”和“我们”的关系是一种“自主发展”与“主动适应”的协调，个体在协调中实现“自我超越”。

第 4 条　办学理念及行动主张

办学理念：自主发展、主动适应、自我超越。

自主教育：自主教育是学校对教育价值的理解。自主教育强调改善供给关系，增加学生的选择权。通过“做最好的我”的价值选择，引领每一位教职员工在选择中拥有自主权。

我们的自主教育倡导：以德立人、顺天致性。

自主教育的核心内涵：人人都有想法、人人都能创造、人人都会成功。

核心内涵的关键价值：尊重、公平、卓越。

尊重是人发展的基础，是学生自主人格形成的前提。公平指每个孩子在学校中都能得到因材施教，葵花朵朵向阳开，每朵花儿都精彩。卓越是实现“做最好的我”的目标和要求，是永不停歇的追求。

“五好”行动主张：一节好课就是要让学生动起来、学进去、感兴趣；一名好教师就是一门好课程；一名好班主任就是一所好学校；一名好组长就是一个好团队；一名好干部就要带出一支好队伍。

第二章　教师

第 6 条　核心素养、教师文化

教师核心素养：儿童立场、为人师表、创新思维、终身学习。

教师文化：构建大气、雅气、灵气的教师文化。

第三章　学生

第 16 条　核心素养、培养目标、学生文化

学生核心素养：尚理明德、健康乐群（体）、自主善学（智）、求真崇美、开放创新。

学生培养目标：会学习、懂生活、敢负责、善合作。

学生文化：

学习成才——学有所成、全面发展。

品德成人——行之有范、品格优良。

做事成功——学以致用、自主成长。

第四章　课程

第 23 条　创造适合学生发展的课程，形成多元、差异、创新的课程文化。

第 24 条　学校课程要赋予学生最大限度的选择权，在内容上可以选择，在形式上便于选择。

第五章　课堂教学

第 33 条　课堂上，倡导六个还给：把学习时间还给学生；把主动权还给学生；把选择权还给学生；把体验权还给学生；把话语权还给学生；把评价权还给学生。

第 38 条　课堂中每个小组可以有不同的学习内容和学习目标，在有效的课堂教学中，每个学生的成功标准是不同的。

第六章　管理

第 44 条　鼓励老师有想法，凝智慧；有做法，善规划；有个体，建团队；有讨论，敢决策；有行动，能持续。

第 47 条　学校管理应当从儿童出发，走近儿童，了解儿童，发展儿童，做儿童成长的陪伴者。

第七章　云校园

第 50 条　学生通过多样化的学习途径开展学习，学会从网络资源中获取信息，并学会筛选信息，吸纳融合。

第 52 条　借助云平台，建设虚拟化的学生成长展示空间，记录和分析学生的成长轨迹。

第八章　家长

第 53 条　家长是学校教育的同盟军，是学校发展的促进者。

第 56 条　家长帮助孩子最好的方法，不是帮他做，而是让他体验。

第九章　国际视野

第57条　以国际视野培养全面人才。

第58条　要培养具有中国情怀的世界人，加强“民族教育”，树立民族自尊心。

中关村第一小学教育信条 10 条

1. 我们坚信：学生的身心健康是教育的起点。

2. 我们坚信：学生是学习的主人。

3. 我们坚信：教师的爱是教育的基础。

4. 我们坚信：教师的身教重于言教。

5. 我们坚信：课程是学校教育的重要产品。

6. 我们坚信：学习资源无处不在，学习机会无时不有。

7. 我们坚信：教育要从儿童视角出发，走进儿童世界。

8. 我们坚信：教育就是一种陪伴和引导。

9. 我们坚信：教育要不断地唤醒学生的自主成长意识。

10. 我们坚信：适合的教育才是最好的教育。

三、在N种可能中找寻“最好”

教育不是趋同，而是基于学生特点的个别化对待。学生的个性千差万别，教育教学的过程就是不断寻找“最好”学习方法的旅途：到底哪种方法更有助于学生学习，更能满足学生的个性需求？是用一种方法对待多个学生，还是用多种方法对待一类学生，乃至一个学生？寻找教育的“最好”发生，就是让每一个人都能“做最好的我”，就是在教育的多种可能中找寻“最好”。为此，我们倡导四个“基于”。

（一）基于问题导向的行动实践

教育教学活动应是围绕问题而展开的行动实践。学校作为教育发生的重要场域，其作用是家庭学习和社区学习不可替代的。如何让学校成为学生愿意来、快乐学的地方，首先需要考虑的应该是学生的兴趣、期待和实际需求。

在实际教育教学过程中，我们发现学生的学习目标多由家长和教师制定，学生的学习反思意识薄弱、自我监控能力欠缺，教师指导学生自主学习的能力不足等问题很严重。怎样才能把学习的权利真正还给学生，让学生不但学会更要会学？怎样才能让我们的学生具有终身学习的能力和动力？这些都是亟待我们思考和解决的问题。为此，我们依据实际情况，开展行动研究，老师们通过课堂观察、填写问题记录单、听课评课等多种形式，不断探索自主教育的多种可能，为每一名学子创造“最好”的成长环境。

我们越来越意识到：只有当课堂满足学生进行“自主学习”的需求，成为学生解决生活中问题、交流思想、丰富见识的场所时，它才能不断地焕发出生命的活力。

寻找“最好”之基于问题导向的行动研究

解决教育难题“方法很重要、情感是关键、团队共攻关”。

1. 方法很重要

在教育的过程中，一个正确的方法就好比一架稳固的桥梁。选对科学可行的方法，在教育的途中我们便可少走弯路，直击问题的关键，困难也会迎刃而解。在寻求方法的同时，我们更要去结合自身实际来创造方法。为孩子们量身打造个性化的解决途径，才能真正做到教育的“最好”。

2. 情感是关键

教师要始终站在儿童的立场，尊重儿童才能更好地教育儿童、发展儿童。情感是教育的催化剂，每一个孩子都应该被关注、被尊重。消除师生间的距离感，让每一个学生都能够坚信老师是喜欢我的，是愿意帮助我的。只有彼此间建立了绝对的信任，老师才能更好地帮助孩子解决问题。

3. 团队共攻关

在教育的路上，我们从不孤独，每个人都在追求自己心目中的“最好”。“最好”是一种状态，“最好”是一种合力，是“我”和“我们”的“最好”。老师们要学会交流与分享自己的经验，主动寻求团队的合作与帮助，形成强大的智囊团。

——中关村一小“对话校长”座谈会

（二）基于科学分析的课题研究

课题研究有助于加强教师对自己教学问题的反思，并在科学分析的基础上引领教育走向“最好”。当今教师的职责，不再是简单地按照教材将书本知识单向地传递给学生，而是在用好教材的基础上，发掘资源，为学生的自主发展搭建平台。这就要求教师的身份由传递者转变为研究者。教师要研究教材、研究学生、研究课堂、研究教育。在十二五期间，学校申报了市级课题“小学自主教学实践研究”，教师们个人申报的市级课题2项、区级课题33项。在课题的引领下，教师们在研究中成长，在成长中研究。时时为研究之时，处处为研究之地！

比如，由教师个人申报的研究成果——《基于学生科学素养的“神奇的物理学”课程实践研究》获得2017年北京市基础教育成果二等奖。此课题在研究过程中有效地整合了中国科学院的专家资源，先后邀请了中国科学院物理研究所的16位研究人员进入校园，让他们参与数学与科学领域的教学，共同开发了“神奇的物理学”课程。该课题不仅找到了提升学生科学素养和创新能力的新路径，而且开辟了学科实践活动的常规路径，建立了课程与社会生活的联系。

（三）基于深度思考的专业表达

教育的“最好”发生不仅指向成功的学生学习，更指向成就“大家”。“大家”既指每一个人，也意指每一个人都能成为导师、大师、大家。当教师以专业的表达呈现自己对教育教学关键问题的理性思考时，我们就能看见教育的“最好”发生。

目前，我们在实践研究的基础上不断梳理成果。通过每年一次的自主教学周，教师们梳理和提炼了一系列自主教学策略，如10+30>40、问题记录单、123策略、小先生助教、对手组、分层问题设计、五分钟展示、学案导学、小讲师、思维导图、“小问号”——遇到困难时能主动提问、“幸运筒”——用抽签的方式提问等，这些自主教学策略在课堂教学中被广泛应用。同时，每年一次的年度教师论坛，也为教师们的深度思考与专业表达提供了平台和机会，他们讲教育故事、分享教育经验，并从教育教学故事中提炼教学策略。在不断地研究和实践过程中，教师们对教育教学的反思由经验总结走向了专业表达，并形成了一项项可见的教学成果。在2018年举办的“基于核心素养的教育创新实践研究”年度教师论坛上，教师们发布的成果多达91项。

（四）基于团队协作的分享交流

寻找教育的“最好”发生是教师团队通力协作的过程。一个组织要想有持续生长的力量，需要团队建立一种共同的、稳定的价值观，这就是我们追求的“最好”。

为此，我们不断创新教师团队的协作机制，打造不同层面、不同领域的团队协作平台，为教师们交流和分享新的实践智慧创造广阔空间。

建立校内多元协作平台机制，让学习和研究成为常态。我们提供促进教师团队研修的合作平台，让教师通过共同学习组成合作共同体。比如，通过学校内部的教育故事分享、教研活动分享、学习归来话收获等方式，为教师们创设交流经验的平台。通过学校的核心组活动、名师工作室、班主任名师工作坊等平台，为团队加强协作和进行深度研究提供支持。

建立专家驻校引领科研的长效机制，提升教育实践的理论内涵。2014年，中关村一小与中国教育科学研究院建立了推进教育综合改革实验的合作模式，通过科研资源与实践资源共享、科研人员长期驻校引领科研发展、联合举办国内外研讨会等多元形式，以探索科研兴校新路径、推动现代学校制度建设、开展教学改革实验、促进教师专业发展。学校邀请中国教科院的专家长期驻校，这样的深度合作引领了学校教育科研的科学化、系统化和个性化发展，实现了教改实践的深度探索、科研兴校的科学规划和教师专业发展的私人定制。与此同时，这样的协同创新机制增加了学校参与或承办国内外高端学术论坛及研讨会的机会，为教师搭建了展示与交流的平台，提高了学校的学术品质。2016年，中国教育科学研究院与我校联合重磅推出“对话佐藤学”学术研讨会。日本著名教育家佐藤学教授围绕“构建学习共同体，促进师生自主发展”这一主题，同中关村一小葵园课程研究院的教师们一起进行课堂教学的诊断与分析，并与中国教育科学研究院曾天山副院长、我校刘畅校长进行深度对话，为中关村一小深入探究自主发展课程改革提供高端学术引领。

建立实践与研究共同体机制，发挥教育改革的责任担当。我们成立了北京师范大学小学教育研究中心，成为中国教育科学研究院教改实验基地、中国科学院早期人才培养基地和教育部影子校长培训基地。通过一中心、三基地，我们整合丰富的科研资源和前沿的学术成果，形成研究共同体，为学生和教师的成长助力。作为北师大小学教育研究中心的副主任单位，我们自2014年以来连续四年承办“新时代·新小学”小学教育未来发展研讨会和“儿童与数学”“儿童与语文”“儿童与科学”“儿童与学校”全国小学教学研讨会，来自美国、芬兰、英国、加拿大等国的教育专家共同参与研讨。

同时，我们还搭建了对外交流的平台，通过教育部、北师大、“中国好老师”行动计划、中国教育科学研究院校长国培计划和北京市校长培训实践基地等平台，形成了面向西藏、浙江、山东、山西等地的支教团队，与重庆、深圳、内蒙古等地的部分学校结成手拉手合作学校，以讲座、培训、研讨、协作等方式实现课程及教学成果共享，将学校的优秀教育经验传播到更多地方。

通过基于问题导向的行动实践、基于科学分析的课题研究、基于深度思考的专业表达、基于团队协作的分享交流，我们看到教师队伍表现出专业的状态、融洽的合作和开放的情怀。

教育的“最好”蕴藏着怎样的内涵呢？最好的课程，最好的教学，最好的评价，最好的教育资源，最好的教师，最好的学生，乃至最好的师生关系……。这一切会呈现出怎样令人神往的境界？教育的“最好”发生到底需要怎样的教育生态呢？让我们一起走进课程、走进课堂，感受中关村一小的教育现场。

毕业课程
三环

绘图：曹誉娴　郭雨菡　2012 级（6）班　12 岁

课程样态，决定儿童的成长形态

课程作为学校提供给学生进行学习活动的重要资源，是实现学校育人目标的重要途径。近年来，中关村一小通过构建课程体系、创新课程实施途径，不断构建和完善适合学生发展的课程，以推动教师专业发展，促进学生自主成长，最终实现每一个人的“最好”。

一、素养·儿童，学校课程构建的基本出发点

课程是学习的载体，更是儿童成长和体验的过程。如何让课程与学生的兴趣、需求保持一致，激发儿童成长的内驱力，促进儿童有价值地学习，是课程改革的基本出发点。

（一）课程是儿童成长和体验的过程

儿童立场是中关村一小的办学立场。在教育学的视域里，儿童不仅是“儿童”，还是“人”；儿童的活动不仅是“儿童”的活动，还是“人”的活动；儿童与成人之间既存在差别，又

有作为“人”的共通性。所以，每一名儿童都是不可复制的奇迹和独特存在，是具有独立人格的、生动活泼的生命个体。尊重儿童，珍视儿童，呵护儿童，是教育者的职责；研究儿童，发现儿童，引领儿童，从儿童出发探索适合儿童生长、助力儿童发展的教育，是教育者的义务。“最好”的课程应立足儿童、发现儿童、为了儿童，顺应儿童天性，激发儿童潜能，为儿童的终身发展积蓄充沛的动力和能量。

为此，在学校课程体系建构中，我们坚持四个维度——把儿童当作儿童来看待，把儿童当作成长中的人来引导，把儿童当作社会中的人来培养，把儿童当作完整的人来尊重——围绕儿童与自然、儿童与社会生活、儿童与自我关系等主题，尝试打破学科间的壁垒，对社会、历史、文化、科学等领域进行整合，拓展儿童的知识经验和个体体验。我们既珍视儿童作为具有自主成长意愿与能量的主体，教给他们迎接未来社会挑战所必备的品格和能力；又以儿童视角去体察儿童的世界，帮助他们追寻属于自己的梦想，从而挖掘每个生命个体的潜能，使学生学会自主学习、实现自主发展。

（二）基于核心素养构建葵园目标体系

核心素养作为一个从学习结果界定未来人才形象的类概念①，涵盖多种不同的必备品格和关键能力。而每一所学校所承担的培养目标又是独具个性的。我们想让核心素养在学校真正落地，就需要构建基于学校本土化的、符合学校教育实际的核心素养培育体系。

按照国家育人要求以及中关村一小的实际情况，我们以“学生发展核心素养”为基础对学校原有的育人目标进行具体化和系统化，使其成为落实教育方针、体现核心素养、具有校本特色的育人目标体系。（见表2-1-1）

① 崔允漷．追问“核心素养”［J］．全球教育展望，2016（5）：3.

表2-1-1 葵园学子核心素养对应国家提出的核心素养

葵园学子核心素养		对应国家提出的核心素养	葵园烙印
内容	一级指标分解		
尚礼明德	热爱祖国	国家认同	会学习 懂生活 敢负责 善合作
	热心公益	社会责任	
	待人谦和	社会责任	
	契约精神	社会责任	
自主善学	勤思善问	乐学善学	
	规划意识	乐学善学	
	实践探究	勇于探究 劳动意识	
	阅读习惯	乐学善学	
健康乐群	身心健康	健全人格	
	适应能力	社会责任	
	团队合作	社会责任	
	乐观向上	健全人格	
求真崇美	理性思考	理性思维	
	批判质疑	批判质疑	
	文化涵养	人文积淀	
	审美雅趣	审美情趣	
开放创新	多元包容	人文情怀	
	文化认同	国家认同 人文积淀	
	国际理解	国际理解	
	创新意识	问题解决 技术应用	

学校提出的葵园学子核心素养，从内容上看，划分了“德、智、体、美、创”五个维度，并将学生核心素养明确为“尚礼明德、自主善学、健康乐群、求真崇美、开放创新”。

“尚礼明德”指学生文明行为习惯的养成和德性人格的完善。中关村一小的学生应尚礼崇文，能体会礼仪背后的端庄美、优雅美、文明美，并在日常学习和生活中确立行、止、坐、卧、饮食、言语等方面的礼仪规范；应明德守己，能思慕并效仿君子言行，以滋养自己的心灵，长养自己的智慧，完善德性人格。

“自主善学”指学生在学习过程中拥有爱学、乐学、会学的态度及能学好的能力。中关村一小的学生应具有自主学习、自我探究、自我规划、自我管理、自我成长的能力；在学校的学习和生活中，应获得满足、成功、喜悦等积极的心理体验，并对未来的学习充满信心；在个人持续发展的生命过程中，保持对学习的兴趣，能自由自在地按自己的需求汲取生命养分，并养成自主发展的能力和习惯。

“健康乐群”指学生的身心健康及友善乐群的性格特征。中关村一小的学生要热爱运动，养成良好的运动习惯，保持身体健康；要热爱生活，自信、阳光、开朗，彰显自身独特的个性；要学会爱自己、爱家人、爱师长、爱同学、爱集体、爱人民、爱国家，拥有丰富的情感体验；要懂得感恩和分享，乐于助人，团结友善，既能自处，又能与人融洽相处。

“求真崇美”指学生应具有科学求真的品格和艺术审美的能力。中关村一小的学生应具有独立思考、勤学善问、求知探索、明理求真的学习品格；应向往和追求美好事物，学会感知美、欣赏美、交流美，并自觉自发地以高雅的文学作品和艺术作品来陶冶情操、美化心灵。

“开放创新”指学生能够以开放的心态学习新事物，勇于探索尝试，并初步具备主动创新的意识与能力。中关村一小的学生应具有开放自由的胸怀和广阔的国际视野，尊重和理解多元文化，能与不同文化背景的人进行平等交流；还应具有动手实践、勇于尝试、敢于创新、开拓进取的精神，学会适应社会发展，不断实现自我超越，相信“人人都有想法、人人都能创造、人人都会成功”，努力“做最好的我”。

五大素养共同指向学校的培养目标“会学习、懂生活、敢负责、善合作”，进而培养具有社会适应性与社会参与感、以文化修身的人。

中关村一小的课程“顶天立地”：向上，符合国家课程要求；向下，切实扎根在学校，落实在每一名学生身上。

二、统整·优化，立体构建促进学生自主发展的 6-2-6 课程体系

课程改革的深刻性要求我们的课改不能只做简单的加减法，也不能只在原

有基础上修修补补，而应该进行顶层设计、系统整合，从课程的设计开发、实践运用到评价改进，要进行系统改革。基于多年的课程改革探索与实践，学校形成了6-2-6自主发展课程体系。课程框架核心指向“人”的发展（见图2-2-1），系统构建国家、地方、校本三级课程，优化学校课程体系，通过六个课程领域（道德与公益、语言与人文、数学与科学、艺术与审美、体育与健康、国际理解）、两种方式（必修课程、可选择课程）、六个平台（自主选择平台、自主提高平台、自主展示平台、自主实践平台、个性化问题解决平台、自主管理平台）的建设与实施，使学生“会学习、懂生活、敢负责、善合作”，拥有健全人格，快乐自信并身心健康地成长。

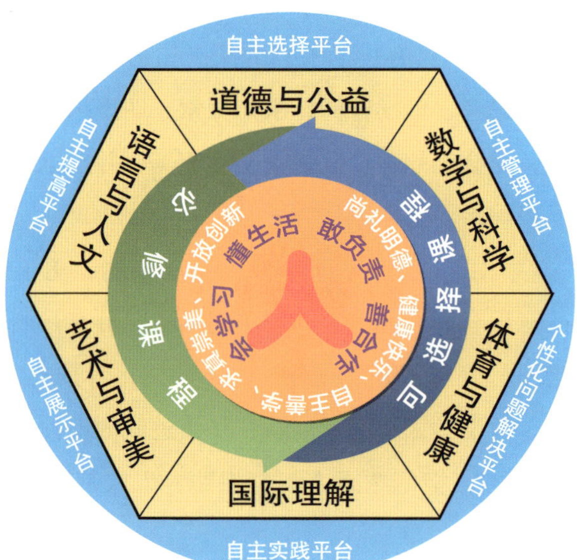

图2-2-1　6-2-6自主发展课程体系框架

（一）“六个领域”关注育人价值

我们依据儿童的认知特点、生活空间与学科间的内在联系，将国家课程和学校课程进行整合，并以课程标准为基础进行课程研发，形成自主发展课程的六个领域（见表2-2-1）。

表2-2-1　自主发展课程的六个课程领域

课程领域	育人价值	课程内容	
		必修课程	可选择课程
道德与公益	以德奠基人生	道德与法治 品德与社会 心理教育	心理游戏 儿童哲学 道德学堂 ……
语言与人文	读以致用 思以达情	语文 国学	国学启蒙 思维与表达 阅读与欣赏 活动与习作 ……
数学与科学	格物致知 探理求新	数学、科学、综合 生活与科技 环境与可持续发展	有趣的数 神奇的图形 统计中的学问 身边的数学 美丽的地球日记 神奇的物理学 自然观察家 机器人 头脑创新思维 人工智能 3D 打印 STEM VR ……
艺术与审美	艺润生活 美育心灵	音乐 美术 书法 京剧	视听动漫秀 音画联觉 鼓乐齐鸣 趣味水墨 京韵纸艺 戏剧 ……
体育与健康	宜动 易乐 益健康	体育 健康	冰球 足球 地壶球 武术 抖空竹 ……
国际理解	开放拓视野 多元促理解	英语 英语戏剧	视听表演 法语 德语 ……

在每个课程领域的建设与实施过程中，我们都深入挖掘该课程领域的整体育人功能，使其价值和功能逐渐清晰。道德与公益课程领域重在培养学生的公

民素养，并发展学生热心公益事业的意识；语言与人文领域突出对学生语文素养的培养，并重视工具性与人文性的统一；数学与科学领域重点培养学生的数学素养、科学素养、创新意识、研究意识和实践能力；艺术与审美领域则突出体现艺术的综合性，促进学生审美素养的提升，帮助学生感受生命的色彩；体育与健康领域重点帮助学生找到自己喜欢的运动项目，让学生在运动中学会交往、学会坚持，培养学生良好的意志品质；国际理解领域的重点是立足本土文化认同，发展学生国际交往与国际合作的能力。

（二）“两种方式”实现差异发展

六个课程领域在实施过程中采用“必修”和“可选择”两种方式。必修课程面向全体学生，完成国家课程育人目标，满足学生共性发展需求；除了国家、地方必修课程外，我们以国家课程标准中学科能力的发展及素养的形成为基础，紧紧围绕六个领域自主研发了52门可选择课程，旨在对必修课程进行补充、延伸和拓展。

从课程内容上看，必修课程主要是对国家和地方课程的学习，兼顾各自学科领域的育人功能。教师要精选和压缩学习内容，通过高效课堂完成原有教学任务，留出的课时分配给可选择课程。可选择课程以国家课程标准为基础，细化学生学习目标，选取贴近学生的学习素材，活用学校、社区等资源，实现国家课程内容在各个领域内的拓展、补充与深度落实，为学生提供自主选择的机会，促进学生多元化、个性化发展。

从课程实施看，可选择课程要求学生所选的课程涵盖六个领域，且每学期在每个领域选择一门课程进行学习，以确保学生能更好地完成该领域的学习任务。为了让学生更好地了解可选择课程的具体情况，学校编制了课程手册，供学生选课时参考。学校还建立了网上选课平台，让学生可以了解备选课程的基本情况，并根据自己的意愿给备选课程进行排序，以方便选课。同时，学校还为每个门类的可选择课程都安排了具体的课时，写入了课表，学生在开学初进行统一的网上选课，并根据自己选择的课程，按时到相应的学科教室上课。

以三、四年级艺术与审美可选择课程为例，学生可自主选择的课程主题如表2-2-2所示。其中，三年级艺术与审美可选择课程的上课时间是每周二下午的两节课，四年级的上课时间是每周三下午的两节课，学习周期均为8周。四年级学生小A的选课情况如图2-2-2所示，其中标红行是他在本学期所选的可选择课程。

表2-2-2　三、四年级艺术与审美可选择课程设置

课程	适用学生	周课时	学生用书	课程类型
歌谣创编	三年级对词曲创编感兴趣的学生	2	自编	可选择
视听动漫秀	三年级对动漫和配乐感兴趣的学生	2	自编	可选择
音画联觉	四年级对听觉、视觉感官活动有兴趣的学生	2	自编	可选择
儿童剧创编	四年级对儿童剧的欣赏、编排等感兴趣的学生	2	自编	可选择
京韵纸艺	三、四年级对传统剪纸感兴趣的学生	2	自编	可选择
趣味水墨	三、四年级对中国画感兴趣的学生	2	自编	可选择
鼓乐齐鸣	三、四年级对打击乐演奏感兴趣的学生	2	自编	可选择
戏剧	三年级对戏剧表演感兴趣的学生	2	自编	可选择

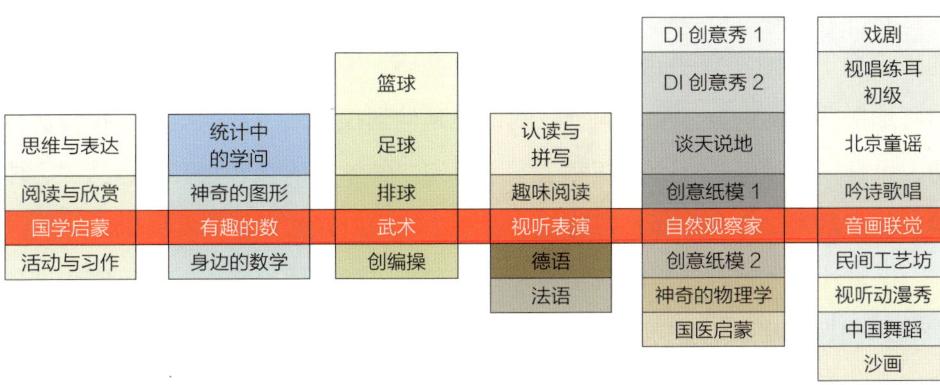

图2-2-2　小A同学选择的可选择课程（中间标红行）

可选择课程拓宽了学生的视野，让他们有机会接触更多的学习伙伴和各个领域的杰出人才，学生也能从中学会选择，学会对自己负责。

（三）“六个平台”丰富学习体验

为了满足学生个体成长的需求，我们不断开发丰富学校、社区和社会的课程资源，打破时空界限，努力为每个学生提供更多的学习机会，让他们进行选择、展示、实践和体验。在多年的探索实践中，中关村一小逐渐形成了自主发展课程的六大支持平台，对多元的活动进行系统的课程化建构，如图2-2-3所示。

图2-2-3　自主发展课程的六大支持平台

六大平台包括自主提高平台、个性化问题解决平台、自主展示平台、自主选择平台、自主实践平台和自主管理平台。六个平台的设置打破了必修课程和可选择课程的壁垒，使不同领域的课程延伸到校园的每一个角落、每一次活动，也延伸到社区和社会，拓宽了学习时空，使学生的学习与实践、尝试、体验、探索紧密结合在一起，帮助每一名学生找到自己的定位和发展机会。

以微社团为例，任何一名学生，只要有成立微社团的想法，就可以和同伴一起进行自主申报。学校的学生联盟负责管理微社团的申报工作，其通过投票的方式来进行决议。申报通过后，学生可以自主在校园内宣传自己的微社团并开展社团活动。在这个平台上，学生们结交伙伴，体验新事物，依靠团队共同完成任务，在活动中找到适合自己的角色。目前有200多个微社团活跃在校园里。

例如，No.48实验室微社团（以下简称“No.48实验室”）就是由五年级

（8）班学生自发成立的一个微社团。这是班里非常喜爱各种科学小实验的学生，打算把他们的小实验介绍给全校的同学而成立的社团。社团成立之初，他们就请来了两位十分厉害的导师。社团长齐晨桐聘请他的爸爸妈妈为社团导师，他们都就职于中国科学院生态环境研究中心。有了这么专业的导师，微社团的孩子们真是干劲十足！

No.48实验室成立之初就确定了目标：将科学的实验方法介绍给大家。为此，他们在导师的帮助下引进了美国小学生常用的实验方法：科学展示项目（Science Fair Project）。科学展示项目会介绍小学生在做科学实验时的步骤与方法，同时也会给出一套展示实验过程的模板，这有助于小学生在头脑中演示实验的基本步骤。在导师的帮助下，No.48实验室推出了第一批适合小学生做的小实验，如每天早餐你“吃”掉多少水等。

实验一经推广，就吸引了许多同学前来报名参加No.48实验室。除了学生，学校的科学老师李实同样对他们的研究非常感兴趣，她同社团成员、导师商量，将科学展示项目引进她的可选择课程——自然观察家。四年级的所有学生皆可选修这门课，就这样，越来越多的学生参与了No.48实验室微社团的活动。

图2-2-4　No.48实验室成员为低年级学生讲解科学研究方法

继引进科学展示项目后，No.48实验室再接再厉，又推出了环保瓶盖项目，他们将废旧瓶盖收集起来制作成非常有趣的装饰品。这个项目再次取得了成功，不但在全校范围内得以推广，而且还被海淀学区少代会列为队会展示项目。

三、顺应·适切，以课程为阶梯提升学生自主发展能力

我们遵循儿童年龄特点与成长规律，在低年级开展融合课程，在中、高年级推出整合课程，在毕业年级实施关于主题性研究学习的毕业课程。从“整体融合”到“学科整合”再到“综合运用”，以课程为阶梯，提升学生自主发展能力，如图2-3-1所示。

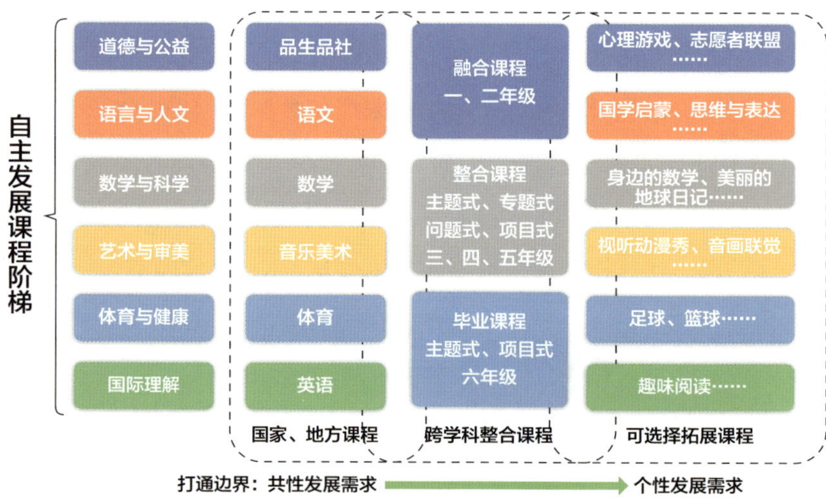

图2-3-1　自主发展课程阶梯

（一）融合课程：打开教育的“心墙”

“融合课程的确是以孩子为核心的课程，是产生了化学反应的融合。它的目的不是把学生知识的篮子装满，而是把学生的心点亮。”这是学生家长经历融合课程后发出的感慨。

儿童生活的世界是一个真实的、整体的世界，儿童认识世界的方式更具有整体性，新入学的孩子更是如此。针对分科教学无法保证幼小顺利衔接、不符

合儿童认识发展特点等问题，我们自2012年开始对低年级融合课程的实践进行探索。学校将该课程的核心理念确定为“基础、融合、衔接”，着重培养学生的基本学习习惯、学习兴趣、学习能力和品质，为学生未来的学习和生活奠定基础；还通过主题情境搭建单元框架，运用游戏的方法将各学科内容进行整合创编，形成融合课程系列读本，配以融合课程教室建设等手段，全方位推进融合课程的落实。

依据国家课程标准，我们自行研发了融合课程系列学生读本《金葵花乐园》。该读本围绕知识学习和学生成长两条线索，用学生喜爱的儿童绘本形式，通过创设主题情境，将不同学科的知识融合在一起，集知识性、趣味性、生活性于一体，因内容遵循低年级学生的心理发展特点，所以深受学生喜爱。

在实施融合课程的过程中，我们赋予教师极大的自主权，如允许教师的课程表上没有明晰的课时安排，也没有分工明确的任教科目。这样的“留白”管理给教学留有足够的空间和余地，能够激励教师大胆突破、自主创新。教师们总结出了一教一辅式、主题融合式、活动延伸式等多种教学方式。例如，一教一辅式是指两名教师同时进班，共同上课，其中一名教师担任主教，负责课堂教学任务；另一名教师担任助教，负责观察学生的学习状态等，这种方式主要针对刚入学、学习习惯还没有养成的孩子，通常在一年级的第一学期使用。主题融合式是指两名教师同时进班，围绕一个教学主题各自负责不同的教学内容，通过相互配合、交叉授课，实现教学内容的巧妙融合。参与融合课程的教师还探索出多种有效的融合课程教学策略，形成了多个优质案例。例如，图文结合策略促进学生语文能力发展；利用数学周记提升学生数学学习实效；让儿童绘本创作架起学习与生活的桥梁；由《九九歌》生发的融合课程观察活动初步探索等。

下面以一年级融合课程教材中的一首儿歌《长长的书》为例介绍我们的研究过程。为了激发一年级学生的学习兴趣，帮助学生发现、感受语言文字之美，我们把从网上精选的招牌、标语、门牌号、价目表等图片做成幻灯片，借助丰富的图片唤起学生对最熟悉的生活环境的记忆，进而对课文内容产生兴趣。随着课程实施的深入推进，我们发现这首儿歌本身就是在介绍一种学习方法——在生活中学习，在生活中识字，在生活中理解数字的使用，了解生活常识。于是，我们又萌生了让学生做一本书的想法，让孩子们用自己最熟悉、最擅长的方式把自己对生活环境的认知表现出来，实现学习与生活的融合。

架起生活与学习的桥梁

——《长长的书》的设计与实施

一、设计思路

（一）对学生的指导：代入、走出与感知

我们将本课教学的思路确定为：代入、走出与感知。首先，代入课文，引领学生熟悉课文内容。其次，布置学习任务：芳芳有一本长长的书，我们是不是和芳芳一样也有一本长长的书？让我们当一次小作家，制作一本长长的书。这样，带领学生走出课本，在社会大课堂中延伸思想。延伸之后，再引导学生回到课文，这时，学生会对课文的内涵有更加深入的理解。在这一过程中，学生将原有生活经验逐渐转变为对语文学习的兴趣，学生由此认识到学习不只发生在课堂上，还发生在生活中。

（二）对家长的说明：沟通，让家长参与其中

我们发现在融合课程的教学中，如果家长与孩子配合得好，孩子的进步就会很快。因此，在一些能够让家长参与的教学过程中，我们给家长分配了任务，让家长成为孩子的跟班，让学生成为家庭学习的主人。这个过程就是家长和孩子互动的过程，其中有学习内容的选择和取舍，有学习方式的选择和确定，有意见的分歧与统一，有对事物的了解与再认识，有尊重与被尊重，有认识与被认识，家长会由此发现孩子的闪光点，孩子也会为爸爸妈妈的

智慧点赞。

二、实施效果

学生观察与表现的视角各有不同：从内容上看，有人介绍交通工具，有人介绍周边的大学和路边的商铺，有人介绍走过的城市，还有人介绍回家途中看到的路牌等；从书的版式上看，形式也是多样的，横版、竖版；装订方式有经折装、线装等；另外，内容呈现的方式非常多元，学生们将画、贴、写相互结合，用到了汉字、数字、英文；他们不仅给每本书起了名字，有的还写上了出版社、目录、责任编辑、责任校对、封面设计和页码……。在细致系统的观察与记录中，学生的多种感官通道被同时打开，综合能力得到不断提升。

（刘江平　姚慧玥　辛　利）

从赫尔巴特的四段教学法到建构主义学习理论，很多学派都认为学生的学习是基于其原有的经验和认知基础的。因此，教师应设法使教学内容与生活产生关联，以激发学生的学习动机，适应学生的认知能力，提高教学的效率与质量。教师教授《长长的书》一课时，让学生自主选择主题、内容、形式，设计“长长的书”，学生从自己的生活经验出发，记录熟悉的路途中观察到的不同风景、事物。他们喜欢这种学习方式，并在此过程中学习了汉字、数字、英语及各类生活常识，真正实现了学有所得。

融合课程的实施促进了学生学习方式的变革，也带动了教师的专业发展。全校超过1/3的教师参与融合课程教材的开发、编写与实施。融合课程促进了教师的学生观、评价观等观念的转变，最大限度地调动起他们参与课程建设的主动性与创造性。教师真正成为学校课程改革的主体和第一生产力。同时，教师们打破班级、年级、学科界限，形成跨学科、跨年级的团队教研模式，突破了教师单一学科视野的局限。另外，部分处在专业发展瓶颈期的教师重新审视

图2-3-2 学生制作的“长长的书”

自我，再次激发了教师自我实现、自我突破的专业自觉，有效促进了教师专业素质的全面发展。

没有围墙的教育才是好的教育。融合课程的教育实践让教师们从注重单学科教学到自觉融合多学科知识、多种教学方法进行教学，并注重从自然世界、社会生活中挖掘更多的教学资源。这不仅打开了教师之间的围墙，打开了教师和学生之间的围墙，也打开了教师和家长之间的围墙。教师、学生和家长一起打造了学习共同体，让融合课程的教育实践开出了灿烂的花朵。

（二）整合课程：学生在多元选择中学会对自我负责

学生是完整的生命个体，他们生活的世界是相互关联的。我们根据学科内在联系与儿童认知维度的关系统整分科课程，并配以相应的延展与补充，形成不同的领域，并追求每个领域课程独特的不可替代的价值。

1. 道德与公益：以德奠基人生

道德与公益课程是以学生道德成长的核心关系为中心的，包含五种形式：我与自己、我与他人、我与集体、我与社会、我与自然。“我与自己”包括生理的我、心理的我和精神的我，目标是培养学生具有健康的身体以及积极乐观的精神。“我与他人”的目标是让学生能够尊重他人并乐于合作分享。“我与集体”的目标是培养学生的公共精神和集体观念。“我与社会”和“我与自然”突出培养学生的爱国精神、社会责任感和主人翁意识。（见表2-3-1）

表2-3-1　道德与公益可选择课程

<table>
<tr><th colspan="2">学生道德成长
核心关系</th><th>课程</th><th>学生素养</th></tr>
<tr><td rowspan="3">我与自己</td><td>生理的我</td><td>男女生性别差异课程</td><td>健康卫生
认识差异
尊重生命</td></tr>
<tr><td>心理的我</td><td>戏剧心理课程
“果果和朋友”情绪健康课程</td><td>积极乐观
友善、创造力</td></tr>
<tr><td>精神的我</td><td>艺术节中的个性课程
读书节中的修养课程
儿童哲学课程</td><td>格调
独立、批判性思维
审美</td></tr>
<tr><td rowspan="3">我与他人</td><td>我与他人</td><td>残疾体验课程
“玫瑰义卖”活动课程</td><td>平等尊重
爱心关心</td></tr>
<tr><td>我与师长</td><td>毕业感恩师长课程</td><td>尊重感恩</td></tr>
<tr><td>我与同伴</td><td>体育节中合作课程
“朋辈辅导”课程</td><td>合作分享
健康</td></tr>
<tr><td rowspan="2">我与集体</td><td>我与班级</td><td>建设有性格的教室课程
制订“班级公约”课程</td><td rowspan="2">创新意识
公共精神
集体概念
文明礼貌</td></tr>
<tr><td>我与学校</td><td>学生提案课程
文化小使者课程
开学典礼共同愿景课程
图书管理课程
英文小向导课程
葵园的约定——中关村
一小行为准则课程</td></tr>
<tr><td rowspan="2">我与社会</td><td>我与社区</td><td>博物馆里的礼仪课程
跟爸爸妈妈看社会课程</td><td>公共精神
社会责任感</td></tr>
<tr><td>我与国家</td><td>“My City”主题项目学习课程</td><td>爱国情怀
民族责任</td></tr>
<tr><td>我与自然</td><td>我与自然</td><td>“空中小农庄”管理课程
美境俱乐部课程</td><td>爱护公物
主人翁意识
环保意识</td></tr>
</table>

道德与公益课程具有开放性的特征，不受时间、空间、课程形式的限制，随着时代的变化，以及学生年龄增长和视野的不断开阔，课程内容和形式也会不断丰富。

在道德与公益课程的课堂教学中，我们倡导建立“自主、灵动、开放”的课堂文化，充分尊重学生的主体地位，把学习的权利还给学生，给学生相对宽松的时间和空间，让学生有所领悟、有所发现并主动创新，使其真正成为课堂的参与者和体验者。如上道德与法治课，我们强调要利用好学生身边的资源，让学生拥有广阔的学习空间，并养成合作学习、共同探究的习惯。

师导生悟，促自主健康管理

• 回归生活的品德教育　激发学生自主学习兴趣

人教版道德与法治一年级上册第三单元第 10 课“吃饭有讲究”围绕卫生、健康、安全、合理、文明礼让等相关内容诠释“讲究”，对刚入学的学生有难度。

为了摸清学生的饮食结构，我在教授本单元内容的前一周发了“一周食物记录单”，根据记录单，我发现学生普遍喜欢油炸食品、肉、虾、水果，而对豆制品、蔬菜、菌类则表现得不感兴趣。如小墨同学的食谱，早餐是油条，中餐是蛋糕、比萨、鸡翅和薯条，晚餐是麦当劳。有很多学生跟小墨一样特别偏爱这些快餐类食品。通过调查了解学生的饮食情况，我找到了学生的学习需求点，从而让教学内容更具生活性、丰富性和针对性。

• 基于调查活动的品德教育　锻炼学生自主探究能力

基于课前调查，课堂上我请学生进行小组合作，为小墨同学定制一天的营养食谱。为了帮助他们更好地完成这项工作，我不仅给出了很多的食品图片，让他们在这些图片中进行仔细甄选，还给出了选择建议：每人每天需要摄入谷薯类食品 3~4 种；蔬菜水果类食品 4 种；豆类及其制品 2 种；少量纯热能食物。学生接到任务后就开始了小组合作，他们先对图片进行分类，然后在“大托盘”

中进行一天食谱的设计。

第一组学生的食谱设计出来了，我将其投影在屏幕上，请大家进行点评，细心的学生发现食谱上居然出现了毒蘑菇、发芽的土豆等食物。根据学生的发现，我马上组织他们进行交流：“这些食物能吃吗？为什么？还有哪些食物是不卫生的，不能随便食用？”我在学生发言后小结：不随意采摘野生食物，不食用变质的食物，少吃油炸和过甜的食物——这样吃饭才是安全健康的。

（李松瑜）

学生的道德发展不只是道德认知发展或道德实践的过程，也是道德能力和情感都得到滋养和教化的过程。为此，我们结合学生在道德发展过程中的知行不一（知而不行、知而错行）、德智分离（情感淡漠、难以移情）的问题，在道德与公益领域开展儿童哲学课程，旨在为儿童营造一个有利于他们道德发展的环境，帮助儿童增加生活经验。

通过参考学生发展核心素养、葵园学子核心素养，我们将儿童哲学课程的学科素养确定为逻辑推理、批判质疑、关怀思考、理性决策四个方面。在核心素养概念引领下的儿童哲学课程不是哲学概念或哲学理论的学习，而是哲学方法的应用与实践。课程目标是帮助学生分清生活中的事实与观点，并学会为自己的观点寻找理由或根据。同时，能够认真倾听其他同学的观点和感受不同的思考方式，能将自己置于他人处境，富有同情心，在意见有分歧的情况下学会如何与他人进行有效沟通，并从中受益。我们还愿意看到他们关心人性、社会问题乃至全球问题，具有正义感，希望以自己的力量改善现状。

在儿童哲学课程的实践过程中我们发现，通过引导学生对某一问题进行讨论和探究，可以让他们认识和理解这一问题的实质，使他们的思维得到训练、情感得以抒发，并最终提升他们的语言能力、推理能力和道德理解力，表2-3-2是五年级儿童哲学课程的内容示例。

表2-3-2 儿童哲学课程内容示例（五年级）

<table>
<tr><th rowspan="3">年级</th><th rowspan="3">学科素养</th><th colspan="7">课程标准</th></tr>
<tr><th colspan="3">课程目标</th><th colspan="3">课程内容</th><th rowspan="2">课程评价</th></tr>
<tr><th>认知性目标</th><th>社会性目标</th><th>伦理性目标</th><th>自我认知</th><th>自我与他人</th><th>自我与社会</th></tr>
<tr><td rowspan="4">五年级</td><td rowspan="4">逻辑推理
批判质疑
关怀思考
理性决策</td><td rowspan="4">1. 能够分清事实和观点，能解释简单的概念，会运用逻辑进行简单的推理、分析和论证
2. 能够对所遇到的信息和观点进行质疑，并批判地接受
3. 能够为自己的观点或价值观提供合理的理由</td><td rowspan="4">1. 能够认真倾听其他同学的观点和感受不同的思考方式，能将自己置于他人处境，富有同情心
2. 在意见有分歧的情况下，学会如何与他人进行有效沟通，并从中受益</td><td rowspan="4">1. 关心人性、社会问题乃至全球问题，具有正义感，希望以自己的力量改善现状
2. 针对一些社会热点问题或日常生活中的人际问题，能进行合理的道德分析及判断，并基于理性思考做出决策</td><td>我是?</td><td>一个人可以生活吗?</td><td>同学打我，要不要打回去？</td><td rowspan="4">1. 量化测评
通过可量化的推理测验题考查学生的逻辑推理能力
2. 质性评估
（1）组织辩论会，分析学生在辩论会中的态度、行为表现、观点呈现方式
（2）文字报告，针对某一热点问题，考查学生在分析问题方面的能力、品格等的变化
（3）哲学学习本，学生对课堂讨论进行自评、教师进行诊断反思</td></tr>
<tr><td>男生女生</td><td>找朋友——橘色的马</td><td>自由=为所欲为?</td></tr>
<tr><td>人必须要忍着自己的感受吗?</td><td>如果你是孔融，你会怎么做?</td><td>要不要向老师打小报告?</td></tr>
<tr><td>总是抱怨没时间，时间去哪儿了?</td><td>动物园应不应该存在?</td><td>机器人会不会取代人类?</td></tr>
</table>

儿童哲学课程的探索与实践在学校以“可选择课程”的方式实施，同时学校的班会课也会开展相关课程，即用班会课的时间进行道德两难话题或情境话题的讨论，通过构建“探究群体”，发展学生的道德品质。

在班会课上进行道德品质教育应注意以下两方面。首先，营造一个融洽、安全、充满信任的思考和讨论环境，教师先不做对错的断定（特殊问题除外，如违法之事），孩子们可以安心地表达自己的真实想法。其次，使探究活动成为一个循环的体系，让探究在思考、讨论、倾听中反复出现，且每个步骤与社会生活紧密相连，使道德认知、情感、行为得到整合。

以“规则会限制自由吗？”这一主题为例，老师先设置了一个问题困境：“过马路时，一辆车都没有，你会闯红灯吗？”以此引发学生的思考，学生间形成了一个个小的探究群体。比如，有坚决不会闯红灯的；有看情况而定闯红灯的；有肯定会闯红灯的；还有一部分犹豫不决的，老师把他们当成思考者，让他们在讨论的过程中适时选择加入一个阵营。接着，老师让每一个小群体进行观点阐述，并强调阐述过程中要注意为自己的观点找寻合理性，并适时综合其他成员的观点或意见。

比如，为什么选择闯红灯？选择闯红灯的孩子们列举的依据为：身手敏捷不会被撞；时间紧，过马路必须争分夺秒；从众心理，觉得大家都没等红灯，自己跟着一大群人肯定没事；闯了红灯也不会怎么样。为什么选择“红灯停、绿灯行”？选择不闯红灯的孩子们列举的依据为：遵守规则，规则才会有价值、有意义；保护自己；不怕一万，就怕万一；规则并没有限制自由，没理由不遵守。

然后，其他探究群体针对发言的群体进行反驳和提问，并展开论证。在这个过程中，发言方的成员可以根据其所在小群体的观点以及其他群体的反驳，进一步阐明与重述自己的理解，并为小群体的见解做补充解释。继而，小群体吸收讨论中出现的新观点，进行总结发言。最后，大家总结在这个过程中谁的观点给了自己启发，以及在未来的实践中要怎么做等。

通过设置问题和讲解具有冲突性或道德困境性质的故事，孩子们不仅生发出参与讨论的意愿和兴趣，而且在教师指导下形成小的探究群体，充分参与讨论，认真倾听别人的观点，及时反思自身的观点与行为。教师无须苦口婆心的道德说教或宣讲，就能真正倾听孩子的真实声音，让孩子自主地发展道德，让道德“自然而然”地生长。

2. 语言与人文：读以致用、思以达情

语言与人文课程旨在引导学生丰富语言积累，提升阅读、写作、表达、思辨等方面的知识与能力，进一步激发和培育学生热爱祖国语言文字的思想感情。

本领域的可选择课程基于学科课程标准与未来社会对人的核心素养的要求，设计了“阅读与欣赏、活动与习作、国学启蒙、思维与表达”四个模块。该课程每周一个课时，采用任课教师的自编教材，让学生在活动中提升听、说、读、写、思等能力。表2-3-3所呈现的是四年级语文可选择课程“阅读与欣赏”模块的课程内容与具体安排。

表2-3-3 四年级语文可选择课程“阅读与欣赏”

老舍印象（四年级上册）		我心中的林海音（四年级下册）	
课程内容	具体安排	课程内容	具体安排
走近老舍	第一课时：阅读介绍老舍的资料	走近林海音	第一课时：分享资料、初步认识
	第二课时：阅读《老舍四十自拟小传》		第二课时：了解林海音、畅谈林海音
精读老舍作品	第一课时：《猫》《草原》《养花》	走进《城南旧事》	第一课时：《城南旧事》导读
	第二课时：《想北平》		第二课时：《城南旧事》分享
	第三课时：《我的母亲》		第三课时：欣赏《城南旧事》电影
	第四课时：《四世同堂》节选		第四课时：书写《城南旧事》阅读感受
走进老舍故居	第一课时：走进丹柿小院参观	走进林海音散文	第一课时：阅读《窃读记》
	第二课时：分享参观丹柿小院的感受		第二课时：阅读《我的童玩》
老舍印象	第一课时：老舍作品中的北京方言与民俗	我心中的林海音	第一课时：书写童年印象
	第二课时：透过作品看老舍，畅谈老舍		第二课时：我心中的林海音

在四年级的“阅读与欣赏”可选择课程模块中，张征老师带领学生们走近林海音，在阅读中触摸北京这座城给作家留下的独特记忆。读林海音的《窃读记》，孩子们把“你是吃饭长大，读书长大，也是在爱中长大的”铭记于心；读《我的童玩》，孩子们看到老北京的各种玩具，里面有他们的父辈、祖辈的温馨回忆；读《城南旧事》，孩子们读出作家以一个儿童小英子的眼睛去观察周围的

世界，这里承载着她童年的记忆，她成长的欢乐与泪水，她的迷惘与哀伤。

在《城南旧事》阅读分享课上，教师根据学生自主学习的初步感受，进行层层深入的有效引导，借助关联阅读的方法使学生与人物、情节等建立联系，从而让学生读懂作者的内心，读出作家的写作意图。

在分享故事，畅谈人物关联这一环节，学生通过读文段，回忆书中人物，从整体感知到局部体会，对人物和故事情节的理解更加深刻。学生初读后的感性认识，千丝万缕，离散无序。教师通过适当的组织引导，使学生对人物的印象逐渐丰满和清晰起来。

分享问题，交流情节关联。学生提出的问题涵盖了方方面面（见图2-3-3）：如，金镯子是怎么回来的——关注小说细节；为什么枪毙学生——关注社会历史背景；为什么写奶妈宋妈的文章名叫“驴打滚”——关注小说线索与题目的关系；为什么草丛里的人被捕后大人非常开心，英子心里不是滋味——关注作者的童年视角。

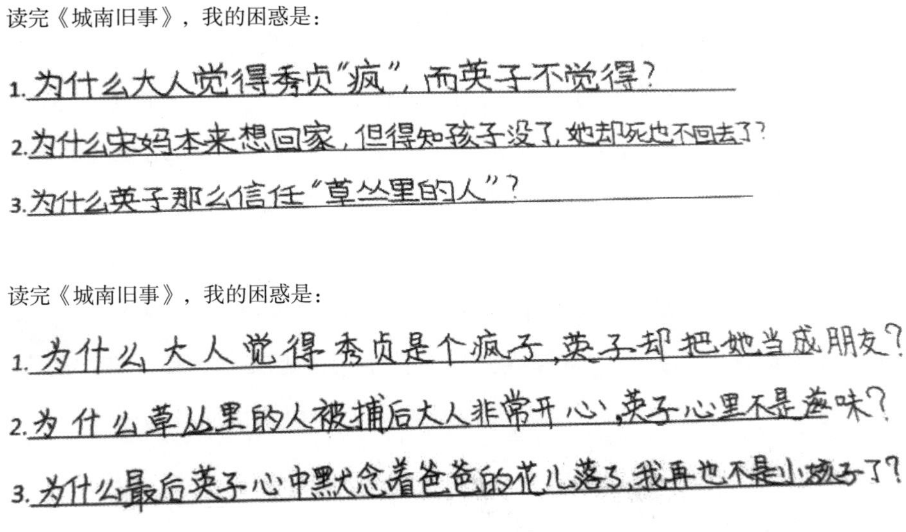
读完《城南旧事》，我的困惑是：

1. 为什么大人觉得秀贞“疯”，而英子不觉得？

2. 为什么宋妈本来想回家，但得知孩子没了，她却死也不回去了？

3. 为什么英子那么信任“草丛里的人”？

读完《城南旧事》，我的困惑是：

1. 为什么大人觉得秀贞是个疯子，英子却把她当成朋友？

2. 为什么草丛里的人被捕后大人非常开心，英子心里不是滋味？

3. 为什么最后英子心中默念着爸爸的花儿落了，我再也不是小孩子了？

图2-3-3 学生的阅读记录

在这样的课堂中，学生真正地成了学习的主人，孩子们的问题让课堂充满了火花！

分享感受，抓住细节关联，深入作者内心。此环节教师分三步进行引导。第一步：共同回忆文中有趣的情节，对比读两个段落。第二步：教师出示一段文字，学生在文中找出与之关联的文段并读一读，看是否会有新的发现。第三步：请学生自己再找出一处这样前后关联的文字。学生找到了秀贞和妞儿的睫毛、泪坑儿很像，通过这个外貌描写，小英子联想到她们是母女俩……

此时，教师抓住时机追问“为什么小英子不敢也不愿说秀贞是疯子？”学生经过思考得出，在大人眼中秀贞是疯子，这正揭示了人物的悲惨命运；在小英子看来，秀贞是可以一起玩的朋友。通过关联，我们可以读出作者的意向。教师对阅读的探究已从激发学生读的兴趣走向研究学生读的方法。

分享练笔，抒发所思所想。“读以致用，思以达情”，学生在交流完整本书的情节、人物和所关心的问题后，特别是以关联的角度进行思考之后，对文本有了更深刻的认识和感悟。情动而辞发，让学生把文字与图片进行关联，进而达到读写迁移，运用语言文字的目的。在这个环节中（见图2-3-4），有学生写道：“你（小英子）小时候是一个天真、可爱、善良的孩子，你对所有人都真诚以待，与每个人都做出了美好的约定，你还保守了秘密。”还有学生写道：“在我的眼中，童年是甜的、酸的、苦的、辣的，是百味的，这里面有悲欢离合。美好的童年会随着时光消失，但这样快乐的回忆和心灵的童年是永存的。”

语文学科核心素养的形成，无论是语言的建构与运用、思维的发展与提升、审美的鉴赏与创造，还是文化的传承与理解，都需要教师与学生一起进行大量的阅读实践。阅读与欣赏课程开启了孩子们接近文学、爱好文学的大门，让学生有了厚积薄发的可能。学生语文核心素养的提升也使教师感受到了与学生共同成长的快乐。

3. 数学与科学：格物致知、探理求新

数学与科学课程旨在提升学生的数学与科学素养，重点培养学生实践创新的能力。本课程以探究性学习为载体，整合学科教师、教育专家、科学人员等

请你结合这一幅幅画面，联系书中的内容，选择一个角度，为电影配上画外音：

1. 我想对书中人物说：

我想对小英子说：“你小时候是一个天真、可爱、善良的孩子，你对所有人都真诚以待，与每个人都做出了美好的约定，你还保守了秘密。”

2. 在我的眼中，童年是

甜的、酸的、苦的、辣的，是百味的，这里面有悲欢离合。美好的童年会随着时光消失，但这样的快乐回忆和心灵的童年是永存的。

图2-3-4　学生的课堂练笔

资源，以学校、实验室、社会为课堂，着力引导学生用科学严谨的态度解决现实问题。课程把培养学生的质疑与思辨能力、合作与创新意识及实践能力作为核心目标，在教学中注重以情促知、以知怡情，激发学生对生活、自然和社会的探索热情。

具体来说（见图2-3-5），数学可选择课程中包含“有趣的数、神奇的图形、统计中的学问、身边的数学”等专题，科学可选择课程包括“生命科学、物质科学、地球与宇宙科学、技术与工程”等专题。从已有的课程实施经验来看，通过这一领域课程的学习，学生初步掌握了科学研究的过程和方法，实现了合作能力、动手操作能力、人际交往能力的提高，这门课程也成为最受学生欢迎的可选择课程之一。

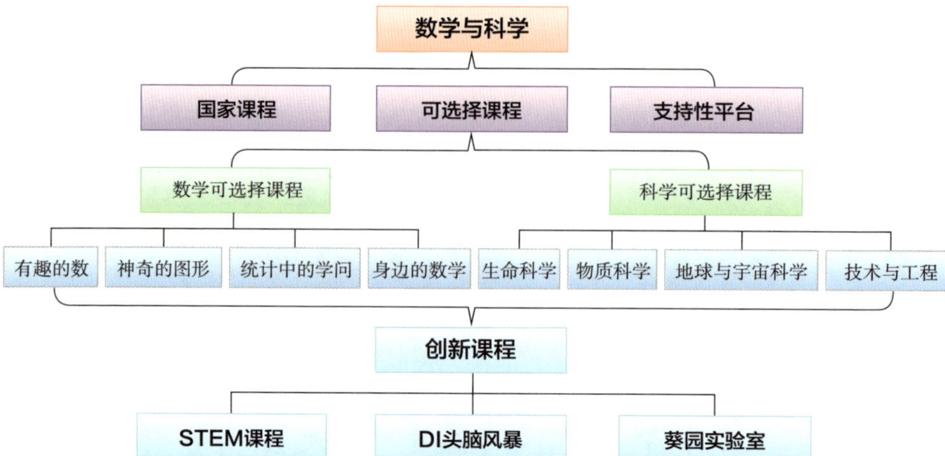

图2-3-5 数学与科学课程领域结构图

在数学可选择课程中，围绕“大树有多高”这一主题，师生进行了以下探究活动。教师首先设置学习坑：“你知道音乐楼旁边的大树有多高吗？”为了跨过学习坑，学生们进行头脑风暴，搜寻能够想到的各学科知识，运用可以利用的所有工具，给出了多种多样的问题解决方法，有些方法甚至超出了教师的预想。例如，方法1立“杆”见影，杆高等于影长时量树影。方法2三角板测量法，使用等腰三角板，让三角板的一条直角边与树高重合，另一条直角边与树影重合，树影与直角顶点间的距离就是树高。方法3测量参照，根据音乐楼的高度，估一估树高。方法4照片测量，把音乐楼和树拍下来，看倍比关系。

从学生的报告中，我们可以看出学生经历了问题解决的完整过程，包括：①提出要解决的现实问题；②结成研究小组；③制订研究计划；④全班分享研究计划；⑤实地测量；⑥撰写研究报告；⑦成果发表交流；⑧评价反思质疑；⑨产生新的研究问题。

在这个问题的解决过程中，学生的成长也变得可见。在我们的常态教学中，“估算”往往都是教师要求学生进行“估”，但是在问题解决中，学生的“估”成为解决问题时的一种策略。从测量前的估与测量进行对比，到利用估来检验测量的结果，估算成为学生解决问题的方式。我们还看到，“平均数”不再是简单的计算，而是学生几次测量结果或几种测量方法所获得的结果的平均值，学生计算这个平均值是为了进行风险排查，减少误差。这是学生的科学态度和求真精神在解决问题的过程中的体现。

作为主题活动的指导者、促进者、支持者，教师的主导作用不仅体现在指导学生开展实验研究上，还体现在培育学生的成长性思维上。这就是让学生意识到坚持、失败、牺牲、失望、好习惯、努力、专注等都是解决问题、获得成功不可缺少的因素。教师的主导作用具体体现在以下方面：①引导学生形成成长性思维；②提供基本的研究方法指导；③帮助学生设计学习过程并确定每一周的研究重点；④测量过程指导；⑤学生活动中的安全监控；⑥预估学生解决问题时的困难，提前寻找解决方案；⑦指导学生撰写研究报告；⑧问题引导及持续的跟进指导等。

图2-3-6　学生实地测量树高

在实地测量大树的高度后，学生以小组为单位制作了精美的调研报告，呈现了研究的全过程。由此，他们经历了发现真实问题，在现实中解决问题以及科学表达研究成果的完整过程。

在课堂上学习大树的知识及测量树高等活动激发了学生进一步了解树木及校园自然环境的热情。2011级（7）班的学生自发成立“美境俱乐部”微社团，他们调查学校树木种植情况，绘制葵园树木地图，并在升旗仪式上展示调研成果，为美化校园环境提出倡议。学校根据美境俱乐部的建议，为校园里的树木挂牌，帮助全校师生加深对树木的认识，提升师生保护树木的意识。同时，增加种植绿色植物，为葵园增添一抹青翠的色彩。

同样带着对树木的好奇和喜爱，No.48实验室的同学走出了校园，来到中

图2-3-7　美境俱乐部海报

科院东南小区。他们调查了小区内的25种树木，共计342棵，并据此绘制了中科院东南小区树木地图。齐晨桐同学还对中关村街道的居民发出了保护树木的倡议。

在数学与科学可选择课程的学习过程中，学生的视线由关注自身到关注校园，再到关注社区，关注我们生存的空间，人与环境的关系纳入学生每日关心和谈论的话题中。通过教学与科学可选择课程的学习，未知世界的大门向孩子们敞开，他们尽情遨游其中，享受着知识带来的快乐和人生阅历的丰富；而学生广泛的兴趣爱好和强烈的求知欲不仅了带动了学生个体的成长，也不断丰富着我们的可选择课程。

4. 艺术与审美：艺润生活、美育心灵

艺术与审美课程领域从艺术与生活、艺术与情感、艺术与文化出发，丰富学生的艺术体验和感受，引导学生学会欣赏艺术之美，通过艺术升华形成一种懂得生活之美的情怀，使学生在感知与体验、创造与表现、合作与交流中迸发学习的热情，提升艺术能力与人文素养。

艺术与审美课程包括三个学习领域（见图2-3-8）：创造表现与造型表现、综合探索、设计应用。三个板块共同的基础是发现美、感受美、表现美和创作美。

在艺术与审美可选择课程中，戏剧类课程深受学生的喜爱。学生在课堂上学习戏剧表演。通过戏剧，他们了解和掌握相关的文化知识，设身处地地体会他人的思想与情感。孩子们在自编、自导、自演戏剧的过程中，能力得到全面提升。这些能力包括肢体的协调力和表现力，对音乐、舞蹈等的感受力和鉴赏力，和同伴合作的能力，认识自我的能力等。

教师利用小组合作学习的方式，引导学生根据自身特长进行自主分工，通过对学生的心理特点、学习能力、性格、文化背景等因素的关注，合理构建不同的小组。小组成员从开始的同班同学变成突破班级界限的同年级同学，这样的成员构成不仅使小组学习更具实效性，而且更能促进学生交往能力、合作能力的提升。在划分出角色后，学生全程参与剧本创编、舞台布景、道具制作等工作。在创编、排练、表演的过程中建立平等、民主、合作的关系。同时，教师充分利用信息网络、群体心理气氛等社会心理因素，使学生在合作学习的过程中学会交际、学会参与、学会关心、学会竞争，促进学生个性社会化。

原创童话京剧《木偶奇遇记》就是在戏剧可选择课程中打磨出来的精品。在戏剧教育中，我们既要培养学生热爱祖国传统戏剧文化的意识，又要引导学生了解外国优秀艺术作品，帮助学生树立国际视野。为此，我们将中国传统国粹艺术与西方经典童话相结合，创作了一部童话京剧——《木偶奇遇记》。

童话京剧《木偶奇遇记》编剧构思巧妙，它将匹诺曹的童话故事改编成京剧剧本，通过舞台演出，让诚实守信、孝敬父母、勤劳勇敢的美德种子在学生们的心中生根发芽。《木偶奇遇记》描述的是老木匠雕塑的小木偶匹诺曹学会诚实、勇敢、不自私，成为一个真正男孩的过程，与我校“做最好的我”的核心价值选择不谋而合；同时，小木偶从

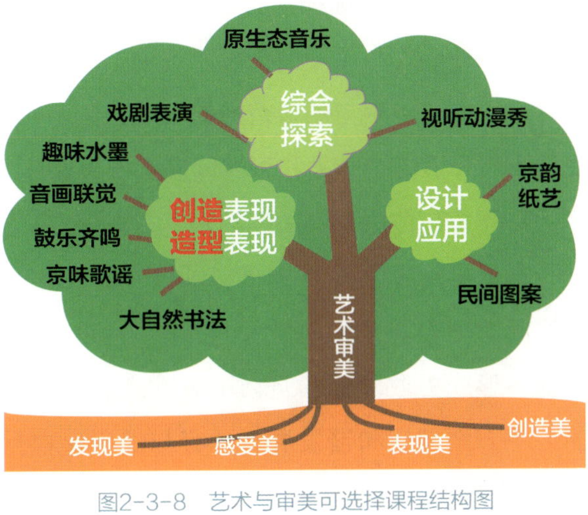

图2-3-8　艺术与审美可选择课程结构图

不完美走向完美，寓意着我们每个追梦少年必须坚守内心的呼唤，克服自身弱点，成长为积极、健康、有为、知爱的葵园少年。

童话京剧《木偶奇遇记》从2013年4月开始排练，共有200名平均年龄只有9岁的小学生表演过此剧目，历时五年、不同版本演出三十余场。2014年，《木偶奇遇记》不远万里到英国伦敦，参加小美人鱼剧场的专场演出，并应邀参加英国华人春晚，走进了英国国会大厦，让中华国粹响彻海外。2015年6月的演出吸引了意大利驻华使馆文化参赞和罗马学校师生前来观看；2015年12月，童话京剧《木偶奇遇记》荣获“北京市优秀群众文化原创作品”奖。

童话京剧《木偶奇遇记》充分彰显了中国当代少年儿童的风采，塑造了中国少年“责任、友爱、勇敢”的精神形象。从2013年至2017年的每一次演出，孩子们都能倾情投入和激情演绎，感动了无数同学、家长和其他到场观众。

此外，每逢圣诞节，中关村一小的学生都会欣赏到由学校葵园戏剧社带来的莎士比亚剧作《威尼斯商人》（第四幕）的精彩演出。这场戏剧可谓学生们的又一场盛宴，他们可以在戏剧课上学习并排演《威尼斯商人》；可以在语文课上分析威尼斯商人的人物特点；可以在美术课上设计此剧目的宣传海报；还可以在英语课上了解莎士比亚作品的文化背景。戏剧《威尼斯商人》变成了全校学生共同研究的课题，而戏剧可选择课程就是联结孩子们的纽带。

艺术与审美可选择课程从学生的身心发展特点、儿童生命成长的需要出发，以多种形式为孩子们创设欣赏美、体验美、缔造美的舞台，在彰显各类艺术表现形式的传承与创新精神的同时，激活儿童自然审美的内在动力，为他们提供不断升值的生命力和可持续向上发展的张力。

5. 体育与健康：宜动、易乐、益健康

体育与健康课程的目标是以科学的视角衡量学生的健康，满足一小学生的实际运动需求，不断激发学生的运动兴趣，帮助他们养成坚持体育锻炼的习惯，形成勇敢顽强和坚韧不拔的意志品质，促进学生的身体、心理和适应能力等方面健康和谐发展。体育与健康课程提倡“宜动、易乐、益健康”的理念。

“宜动”是每个学生都适宜运动，让每个适宜运动的学生都动起来，每节体育课都要让学生达到适宜的运动量。体育与健康课程是以身体练习为主要手段的实践课程，因此，“宜动不宜静”。

“易乐”是指很容易获取快乐。学生要动起来，动起来就能获得快乐。体育健康课程要让学生在学习的过程中就能够体验到快乐，付出越多得到的快乐越多，这一点在体育比赛中表现得尤为明显。学生通过艰难拼搏取得的胜利会让他们终生难忘。这种快乐不仅来自学生个人的拼搏，还来自同伴合作或团队的共同努力。学生参与体育活动会收获快乐、友谊与成长。

“益健康”是指运动有益健康。运动能给学生带来健康，但学生在运动中要注意安全，避免受伤。教师要鼓励学生养成健康的运动习惯，保持健康的体育行为，健康生活。

按照国家《义务教育体育与健康课程标准（2011年版）》的规定，学校已经开齐并开足了体育课时。体育与健康可选择课程的开设，主要目的在于扩大学生选择的可能性，满足学生的不同需求。学生来自不同的家庭，每个家庭有着不同的体育文化。学生学前、学后受不同的体育运动项目影响，在进入中年级后，运动能力会有显著变化，对体育运动项目的喜爱也呈现出明显差异。比如，有的带有明显的性别差异，如男生喜欢足球、篮球，女生喜欢健美操、舞蹈。有的带有明显的文化差异，刚从国外归来的喜欢篮球、击剑，受传统观念影响深的喜欢乒乓球、羽毛球。有的喜欢团队项目足球、篮球，有的喜欢个人项目田径，武术。有的家庭财力充裕，喜欢新兴的体育项目冰球、滑雪。

体育与健康课程包括球类、个人技能类、民族民间传统体育类、冰上运动类以及新兴体育类五个方面，具有趣味性、基础性、实践性、健身性、生活化、综合性等特征。课程培养学生遵守规则、具有团队意识、相互尊重，帮助学生实现生理与心理的健康成长。

篮球运动是一项集体运动，其不仅能让参与者增加交流和巩固友谊，还能有效地培养团结协作的精神和良好的体育道德，更能帮助参与者正确理解和处理个人与集体、竞争与合作的关系，从而促进个体心理健康发展。

表2-3-4 体育与健康可选择课程分类

	项目类型	课程名称
1	球类团体项目	足球、篮球、排球
2	个人技能项目	健美操、体操、乒乓球、羽毛球、网球等
3	民族民间传统体育项目	武术、踢花毽、花样跳绳、抖空竹
4	冰上运动	冰球、花样滑冰等
5	新兴体育项目	跆拳道、击剑、轮滑、地壶球、旱地冰球等

为了给孩子们上更生动有效的篮球课，教师们进行着不断的探索。经过许多尝试，现在的篮球课教学主要采用“G-T-G”的教学模式：“G”代表游戏和比赛；“T”代表多形式的练习。这个模式先让学生在游戏中感知所要学习的内容，当学生遇到问题后由教师进行讲解，学生再配以多种形式的练习，最后进行比赛，加深对技术动作的理解。以“球感和运球”内容为例，在第一阶段比赛后，教师对学生进行提问，学生通过实践，知道采取什么样的技巧战术才能获得比赛的胜利。通过回答问题，学生明确了练习的要点和方法，进而在练习时，有重点地完成学习任务。教师利用递进式的提问，让学生明确学习目标，了解练习方法。

作为只以兴趣为基础的篮球选修课，学生的技术水平参差不齐。为此，我们将本课的教学目标调整为：培养学生的学习兴趣和学习自觉性，鼓励他们选择适合自己的练习内容，让他们获得成功的喜悦。

同时，根据学校“健康第一”的理念，围绕如何落实以学生发展为中心，体现学生的主体地位，我们也进行了大胆的教学尝试。一项由学生和教师共同探索并创设的体育课程“创编操”开始在校园里实施。“创编操”课程是以体操活动为载体、以学生为主体、以创造力为核心的一门课程。它的出现丰富了我校操类活动的形式，学生的课间操、室内操等都可引入创编操，为全校的学生提供了更多的做操选择。创编操还丰富了雾霾期间的活动形式，让学生用自己的力量去对抗雾霾。同时，我们还为学生们提供了多样的展示平台，如课间操领操、排球比赛热场展示、体育节时的集体表演等。

自主创编，把课堂交给学生

创编操课程是由教师发起、学生参与并共同创造的，很好地体现了“以学生为主体”的教学理念。

（一）增强认知和了解

创编操社团将颇具特色的轻器械创编操引入课程，让创编操课程变得更加生动活泼。轻器械创编操是创编操的一种表现形式，是在创编徒手操的基础上，通过手持、举、挥、敲、拉、抛、绕等运动形式，配合全身动作创编而成的操类。利用器材的创编可以增加学生对器材的了解和运用。

（二）注重合作精神

将学生进行分组，利用分组形式，发挥每名学生在小组中的作用。为了降低学生的创编难度，教师会给他们一段熟悉的音乐。之所以会给音乐，一是因为开展社团活动时有统一的音乐比较好组织；二是为全校学生做同声异动做准备。在创编的过程中，学生会遇到一些问题，比如，怎样分配创编任务，如何发挥个别同学的特长，队形如何变换等。在这个过程中，教师就要引导学生利用团队的力量，开动脑筋，共同想出解决问题的办法。教师担任的是巡视指导、启发鼓励、纠正问题、促进合作的辅助角色。待各个小组的创编操基本成形时，教师就会主动帮助他们进行问题查找，例如，音乐空拍过多，动作衔接不当，运动量小，动作表现力差等问题。同时，教师还会安排各组同学进行创编操的录制，作为学生阶段性合作创编的学习成果。

创编操活动是一项培养学生体育综合素养的活动。它能让学生学会合作，锻炼学生实践能力、创编能力，培养学生节奏感及动作表现力，发展学生动作的规范性与衔接能力，锻炼学生的讲解示范能力与身体素质。

（李晓波）

当前，学生们进行体育锻炼的时间很少。为让他们得到更多的锻炼，课间操内容从固定逐步走向动态，让更多的学生动起来，汗流出来，身体棒起来。我们在课间操中循序渐进地加大运动量，提升学生体能，促进学生身体健康。我们增加了课间操的时间，将原有的30分钟延长至40分钟；在学校既有的广播操内容基础上，增加长跑、跳绳、足球、篮球等项目。在形式上采用分组轮换，让学生在有限的时间和场地中，通过多种形式锻炼，有效提升自己的运动能力和身体素质。（见表2-3-5）

表2-3-5 “超强体育”行动

阶段	内　容
第一阶段	广播操 + 短距离跑
第二阶段	广播操 + 长距离跑
第三阶段	广播操 + 长距离跑 + 跳绳
第四阶段	广播操 + 长距离跑 + 跳绳 + 踢毽子
第五阶段	广播操 + 长距离跑 + 跳绳 + 踢毽子 + 球类游戏

6. 国际理解：开放拓视野、多元促理解

国际理解课程立足本民族主体文化认同，倡导多元文化和命运共同体理念，培养学生国际交流与国际合作的能力。课程在帮助学生学习理解外国文化的同时，加深学生对本国文化内涵的理解，以期实现国际性与民族性的内在统一。国际理解课程围绕“对节日概念及与其相关的名词的介绍”“跨文化比较”“将外显的文化意识转化为内在的品质”三个方面，开设了认读与拼写、趣味阅读、视听表演、原著欣赏等课程。

四年级的教师团队为开发和实施“趣味阅读”课程进行了诸多实践。通过阅读有趣的材料，学生的阅读量、词汇量和知识面得到了拓展，跨文化理解能力得到了提升。借助内容丰富的材料，四年级学生对不同国家文化内涵的认识已经初具广度和深度。

国际理解课程结合中外节日融入中国传统文化元素。在课堂上，学生通过制作节日小礼物来提升动手能力；通过小组展示活动来提升演说能力。例如，中国的传统佳节——端午节到来之际，教师会讲授赛龙舟、屈原的故事，组织学生进行包粽子比赛等。一次，有个孩子兴奋地告诉国际理解课的老师：“老师，我读完了《世界100文明奇迹》！欧洲的雅典卫城、非洲的金字塔、美洲的埃尔塔欣古城等都让我心驰神往，但最让我兴奋的还是中国的长城！因为它见证了中华民族的坚强、勇毅和智慧！”

以“开放拓视野，多元促理解”为宗旨，中关村一小从2016年起把举办多年的单一以英语活动为主的“英语节”改成了开阔视野、展现多民族文化的“国际文化节”。2016年国际文化节的主题是“相约葵园　你好世界”，包括国际文化展览、班级特色活动和嘉年华表演三项内容，为学生了解中国及其他国家传统文化提供了全新的平台。

• 国际文化展览

图2-3-9　国际文化节护照

图2-3-10　与大学生姐姐一起学习各国文化

- 班级特色活动

表2-3-6　2016年国际文化节班级特色活动安排

年级	主　题
一、二年级	Hi！ Flag！（你好！国旗！）
三年级	Traditional Artware's Coming！（传统手工艺品大聚会）
四年级	Wow! Traditional Architecture！（传统建筑）
五年级	Life Custom is Different!（不同的生活习俗）
六年级	Colorful Folk Culture（多彩的民俗文化）

- 嘉年华表演

图2-3-11　英语戏剧《安纳西和布满苔藓的石头》

2017年的国际文化节，我们把弘扬中华传统文化作为核心，立足北京开展了“I ❤ Beijing”系列活动。从低年级的“我是小小美食家——品尝京味”，到中年级的“我是小小导游员——探秘京景”，再到高年级的“我是小小研究员——变化的京城”，一系列活动使我们的孩子更加了解北京的文化与风土人情，了解变化中的北京，变化中的中国。“岁月带给北京城一种厚重感，几经风雨，让它愈发迷人。研究的过程是我们与老北京的一次对话，我们仿佛穿越回了它的童年、青年和它成熟的年月，倾听了它对我们告白，这个城市爱我们，我们也要深爱这个城市。”

在国际文化节上，学生们主动参与、乐于探究、勤于动手，这极大地提高了学生对信息的获取、处理能力，以及与他人的交流、合作能力。同时，学生们也在活动中进一步地了解北京，爱上北京。活动旨在将老北京的文化传承下去，让学生们在国际文化的激荡中，品悟民族文化的独特魅力，为首都文化、中华文化由衷地感到自豪。国际文化节活动立足中国、放眼世界，通过对各国传统文化的系统展示和立体呈现以及对本土文化的深入探究，提升了学生对民族文化的认同感，促进了学生多元文化意识的建立，有利于学生国际理解与国际交流合作能力的培养。

六大课程领域，既有相对的独立性，同时在六个平台的支持下相互间又有贯通；既有学科维度的专业性，又有领域维度的价值空间；同时还有跨学科、跨领域的主题性研究，形成了一个三维的有机整体。

（三）毕业课程：毕业有期，成长无限

针对小学与中学教育内容相对脱节，以及六年级学生面对小初转变时被动盲目、发展目标不清晰、发展动力不足等问题，学校为处于特殊转折期的六年级学生设计构建了由“曾经的我们”“明天的我们”和“未来的我们”三大板块组成的“走向未来的我们”毕业课程。

毕业课程内容以六年级学生成长需求为基本导向，以主题活动、任务驱动、项目学习为课程组织实施基本方式，全面规划综合实践活动，避免随意性、形式化和无系统性。课程鼓励学生在真实的问题情境中体验、活动、操作、研究，引导学生梳理、总结自我，认识发现自我的成长与收获。研究团队创造性地展示学生的成长足迹，并邀请学生为同伴、老师、学校、家长和社区做一件有意义的事。教师还带领学生走进中学，邀请中学特级教师来学校举办讲座，引导学生对比研究中小学学习生活的异同；指导学生开展项目学习，引

导学生完整经历科学研究过程，并举办班级、校级的项目学习成果发布会，提供师生、生生、家校交流互动的平台。

根据毕业课程的目标与内容定位，中关村一小形成了完整的“走向未来的我们”毕业课程方案（见表2-3-7），包含课程名称、板块、主题，各主题的目标、内容、具体活动以及评价，使课程的实施更加科学，且具有可操作性、可监控性与可调节性。

表2-3-7 “走向未来的我们”毕业课程方案

课程名称	板块	主题	目标	内容	活动	评价
走向未来的我们	曾经的我们	成长足迹	• 体验并掌握多种总结归纳、反思的方法与技能 • 认识自我、发现自我，感悟小学六年的成长与收获 • 创造性地留下成长足迹 • 培养积极乐观的情感和自信心	回顾六年的小学生活，用自己的方式梳理、总结；认识并发现自我的成长与收获；通过多种形式开放性、创造性地表达和展示自己的成长足迹	1.“我的成长足迹” 收集自己六年来的作业、作品、照片、视频等，回顾自己小学六年的成长和收获，并进行分享交流 2.“我们的成长足迹” 以小组为单位，从不同角度梳理班集体的成长变化，研究策划出展示方案，体现六年成长足迹 3. 汇报与展示 各小组按照设计方案整合资料，分工合作，设计制作作品并展示	毕业文集、图片照片展、电子相册、微视频、微电影等作品。鼓励多种形式、多种角度的展示方式，鼓励创意与创新
			• 感恩同伴、老师、学校的关爱、指导与帮助 • 培养敢负责、能担当的品质和感恩、奉献的精神	通过多种形式与方法，为同伴、老师、学校、社区、家长做有意义的事	1. 为老师做一件事 2. 为同伴做一件事 3. 为低年级的弟弟妹妹做一件事（写一封信、做一天助教、赠书、义卖等） 4. 为社区做一件事 5. 为家长做一件事	感恩卡片、书信、课件、照片、经验汇总等。鼓励多种形式、多角度的创意与创新
	明天的我们	探秘中学	• 体验与感受中学与小学的不同 • 建立适应初中学习生活的乐观心态和信心 • 初步具有学习管理与学业规划的意识和方法	走进中学直观感受校园、课堂、活动的不同，并撰写对比中小学异同的研究报告	1. 参观中学，与中学生座谈 2. 走进中学课堂，感受中小学课堂的不同 3. 比较研究中小学学习生活中存在的区别并撰写研究报告（如教材内容、学习方式、学生社团等方面）	座谈、体验的方案与简报，研究报告。鼓励多种样式、图文并茂的简报、展板
				邀请中学校长、优秀教师走进小学，和学生讨论、交流中学的学习与生活	中学校长、教师走进小学，开展讲座，向小学生介绍中学的学习生活	

续表

课程名称	板块	主题	目标	内容	活动	评价
走向未来的我们	未来的我们	社会初探	My City 项目学习： • 掌握项目学习的基本流程和科学方法 • 形成团队合作能力与团队精神 • 增进主动探究问题的意识与能力，提升综合素质和学习力	学生完整地经历一次项目学习，通过团队合作、自主探究完成学习任务，学会自主选题、自发探究、表达与展示等学习方法和研究方法，并初步形成关注社会现实生活的意识	1. 双导师制专业指导，覆盖项目研究全过程 2. 自主选题，包括历史文化、经济、科技、政治、地理、交通六大主题单元，主题单元下包括多项参考选题 3. 基于理解、信任、平等、互助的原则自由组建研究小组，自主选择学习伙伴 4. 自主探究，包括自主选择研究方法，自主制订研究计划，自主实施研究 5. 参与策划并参与成果发布会	鼓励多种形式、有创意的展示方式，如研究报告、PPT、微剧目、模型、宣传海报等

以“未来的我们”板块中的项目学习为例，在实施过程中，学校留出每周两课时（周二或周五下午）的时间开展活动，为课程的有序实施提供了基本保障。同时，引导学生充分利用课内外碎片时间，让每名学生都经历时间管理、自主探究、合作研学的过程，体验开展一项自己感兴趣的项目研究所带来的能力提升与价值认可，力求为学生的自主学习提供最大的空间。具体的实施步骤如下。

（1）专业指导：先由学科专家对教师进行指导，再由教师组成导师团队（包括班主任、学科骨干教师和家长导师）对学生进行指导。专业指导涵盖项目学习的全过程，初期指导重点为项目学习的方法，中期针对学生在学习过程中出现的问题进行及时指导，后期指导学生发布研究成果。

（2）制订计划：学生自由结成研究小组，自主选择感兴趣的研究主题，并在导师的指导下制订研究计划，设计研究方案。

（3）实施研究：学生根据研究计划，自主开展研究，包括收集资料、分析数据、测量计算、参观访谈等，并对研究资料进行分析整理。

（4）发布成果：学生形成研究报告等研究成果，学生参与策划项目学习成果发布会，并在班级、年级、校级成果发布会上呈现研究成果。

图2-3-12　学生正在发布项目学习研究报告

在2016年的项目学习中，学生的项目学习涉及的选题内容非常广泛。围绕“My City”自发形成了76个研究专题，从北京的历史文化、科技、交通、山水植物等多个角度进行探究。例如，有针对北京建筑方面的研究，包括北京建筑的平房如何节能、故宫排水系统的研究、榫卯在北京建筑中的应用研究、重建圆明园大水法的可行性调查报告；有针对北京美食的研究，如糖葫芦新品种的研发、我们陪豌豆黄华丽转身；还有的同学对北京的植物颇感兴趣，于是就有了微生物生产番茄红素的奥秘、爬山虎没有吸盘能不能往上爬、北京常见植物冬芽的形态及内部结构的研究等；还有的同学关注我们身边的生活，就此开展北京市人民一年的用水量调查、雾霾的主要元凶——汽车尾气、三环主路开设公交专用道的调查、让汽车飞——新能源汽车的发展、抓娃娃机爪子受力的研究等。

表2-3-8 “My City”项目学习部分学生的选题

项目主题	主题单元	项目名称	研究主题
My City	历史文化	北京的建筑	1. 鸟巢的建筑构造 2. 北京的建筑 3. 北京四合院大门规制的形状 4. 颐和园——佛香阁 5. 故宫楼角
		北京的胡同	1. 国子监胡同之国子监与下马碑 2. 南锣鼓巷 3. 北京的胡同 4. 南锣鼓巷的由来
		北京的名胜古迹	1. 故宫的历史发展 2. 榫卯在北京建筑中的应用研究 3. 圆明园的十二生肖像 4. 明清两代的北京城门 5. 重建圆明园大水法的可行性调查报告
		老北京人	1. 南锣鼓巷的名人故居研究 2. 老北京的民俗——京剧脸谱的由来和象征 3. 明清两代的服装、圆明园元素的界定和设计
		北京的传统美食	1. 烤鸭的制作方法 2. 老北京小吃——灌肠 3. 北京烤鸭的历史与发展研究 4. 护国寺清真小吃的历史与发展 5. 使糖葫芦的糖又薄又脆的方法
		老北京的歌谣	老北京曲艺：快板历史与现状
	科技	科学家的一天	1. 北京的量子科学家 2. 物理学家工作的过程与态度（精神追求） 3. 科学家的生活条件 4. 对比我们与科学家的作息时间（问卷） 5. 科学家的一天
		神奇的……	1. 自行车的历史 2. 北京的松树为什么能万年常青？ 3. 轴承、太阳能帆板、减震垫 4. 北京神奇的故宫地下排水工程 5. 神奇的火箭

续表

项目主题	主题单元	项目名称	研究主题
My City	地理	北京的山	北京的山
		北京的水	1. 北京市人民一年的用水量调查 2. 北京的河 3. 北京水的现状、问题及对策探究
		北京的植物	1. 爬山虎没有吸盘能不能往上爬 2. 北京常见植物冬芽的形态及内部结构的研究
		防治雾霾	1. 怎样防止雾霾对人体的侵害 2. 雾霾的主要元凶——汽车尾气 3. 空气污染分析 4. 防霾小组：北京雾霾的现状调查及分析
	交通	设计最佳旅游路线	1. 走进博物馆 2. 生态交通 3. 三环主路开设公交专用道的调查 4. 特色北京之旅 5. 去长城的最佳路线
		小小车展	1. 小小汽车展 2. 让汽车飞——新能源汽车的发展
	政治	假如我是北京市长	1. 小学六年级学生教育现状 2. 2017 年北京市政府为市民解决五大实事的追踪调查

毕业课程的实施体现了从过去到未来——时间的动态变化；从校园走向社会——空间的扩大延展；学生能力的螺旋式上升——从总结归纳到探究规划。学生在自主、多元的学习方式中形成多样、创新的研究成果，收获基于理解、信任、平等、互助的新型同伴关系，在文化修养、社会参与、自主发展等方面取得切实提升。

6-2-6自主发展课程，是我校学校课程的重要组成部分。通过将国家课程校本化延伸，融合课程、整合课程、毕业课程的分层实施，以课程改革撬动学校整体变革。时间、空间和资源的整合与联通为学生提供结构化学习体验，使我们课程改革呈现出“开放性、选择性、生长性”的发展新样态。

四、改进·留痕，让学生的成长可见

评价不是为了证明，而是为了促进学生更好地发展。中关村一小的课程评价旨在为学生的发展服务，学校构建了促进学生持续发展的评价体系。通过促进学生持续发展的课程评价让学生看见自己的成长轨迹，为学生的自主发展提供参考依据，不断激发学生自主发展的动力与信心。

（一）从“为了评价的学习”到“为了学习的评价”

基于学校6-2-6自主发展课程体系设置特点，我们确立了进行课程评价的基本指导思想与原则，实现了从“为了评价的学习”到“为了学习的评价”的转变。

1. 全面性与多元性

在评价内容方面，注重对学生综合素质的考查，促进学生全面发展。评价标准既要体现对学生的基本要求，也要关注学生个体的差异以及发展的不同需求。评价不仅要关注学生的学业成绩，而且要发现和发展学生多方面的潜能。

2. 主体性

在评价主体方面，强调在评价过程中增强学生对评价的参与感和自我体验，养成学生自我分析、自我评价、自我调节的习惯与能力。引导学生成为自律的学习者，在自我评价与他人评价中不断发展、完善。

3. 开放性

评价过程要注重真实性、情境性，形成学生对现实生活的领悟能力、解释能力和创造能力；不仅重视学生解决问题得出的结论，而且重视学生自主参与、得出结论的过程。

4. 诊断性

充分重视评价的诊断功能，评价结果的反馈指向对学习的诊断。根据评价结果，将教、学与学生的需要结合起来，以精确性为基础，在日常教学中面向全体学生进行有的放矢的指导，实施有针对性的教学，帮助学生在原有基础上持续提升。

在评价中，我们将诊断性评价、形成性评价和终结性评价进行有机结合，形成了一系列的发展性评价策略，如“跟进式记录评价——记录学生成长历程”“立体式评价——多元的评价主体和评价载体”“综合性评价——完备的评价项目”等，这些都对学生的课程学习起到了积极的作用。

（二）基于标准的学业成就评价

我们将课程的评价重点放在必修课程和可选择课程实施过程中学生的学习效果评价上，以评价检验学校课程目标的落实情况，同时借助评价进一步促进课程目标的落实，引导学生全面发展。

1. 必修课程评价

对于必修课程的评价，我们落实国家课程标准要求，将评价的重点放在学业质量评价和学科开放性评价上。

各学科课程依据课程标准，确定本学科的学习成果，形成评价方案。其中，特别注意评价主体多元化，重视过程性评价，强调用发展的眼光看待学生的成长，实施基于学生发展的学业质量评价。

教师通过丰富多彩的活动类课程，实施对学生完成任务表现的评价。如通过读书节、“宇航杯”数学活动、英语节等活动课程，丰富学生的语文、数学、英语学习与生活，着力培养学生的社会责任感、创新精神与实践能力。

2. 可选择课程评价

为了保障可选择课程的学习质量，我们在编写课程方案的过程中，明确了每一节课的标准细目，并逐一落实在每一节课的学习目标与评价方案中。注重过程性评价，突出各课程领域的教育价值。

（1）评价标准的研发与应用

根据可选择课程的课程方案进行学习内容的评价。在可选择课程方案的编写过程中，我们依据不同课程的特点，在每一个主题内容中都编写了课程标准细目和相应的评价标准。教师根据课程方案中相应的评价标准对学生进行评价，并给出相应等级。

表2-4-1 “活动与写作”课程评价表

题目：赶“猪”跑											
内容	按时完成		乐意交流		语言流畅		分段表达		内心感受		总分
分值	20	15	20	15	20	15	20	15	20	15	
伙伴评价											
教师评价											

表2-4-2 “阅读与欣赏”课程评价表

项目	赋分		标准
学习效果评价	30 分	25~30 分	能够清楚地了解说明文的分类，知道重要的说明方法 能够合理地运用说明方法介绍一个事物的特点 能够简单说明事物说明文与事理说明文的不同之处
		20~24 分	能够较为清楚地了解说明文的分类 能够说出事物说明文与事理说明文的不同之处 能够较为合理地运用说明方法介绍一个事物的特点
		20 分以下	知道事物说明文与事理说明文这两个类别。但对两者的不同之处理解较为模糊，无法说出其特点 不能合理运用说明方法介绍一个事物的特点

表2-4-3 “生活中的数学”中关于“校园的绿化面积”主题的课程评价表

评价项目	评价要点	自评	互评	师评	总评
我参与 我快乐 （参与态度及情感体验）	积极参加小组学习活动，主动与同学合作交流，并且能够切实解决问题或产生新的认识				
	善于倾听，在倾听中思考，在倾听后评价他人发言、及时补充自己的想法				
	善于思考，能提出解决问题的策略，能表达自己独特的见解				
我积累 我收获 （知识与技能）	能灵活运用测量工具进行测量，能寻找相关数据，必要时可根据实际情况进行适当估测，并用自己喜欢的方式进行准确记录				
	应用绿化带分布图，在小组内绘制学校平面示意图				

续表

评价项目	评价要点	自评	互评	师评	总评
我积累 我收获 （知识与技能）	根据校园绿化带的具体形状进行必要的图形分割和组合				
	综合应用各种图形面积的计算方法解决生活中的问题				
我思考 我智慧 （分析问题的能力发展）	在小组交流碰撞的过程中，能根据校园绿化带分布及占地面积情况进行分析，从而为校园绿化工作提出合理建议（如绿化面积是否增加？如何增加？绿化带的形状怎样设计更美？……）				
我展示 我自豪 （作业成果展示）	利用平面图形展示自己设计的密铺图案				
我反思 我成长	还需注意或改进的地方：	单元评定等级：			

（2）展示性评价

学期末根据学科特点进行可选择课程的成果展示。例如，请家长和学生共同参与课堂学习，给家长提供体验的机会；将可选择课程的作品成果以展板的形式在学校大厅展出，让全校学生共享成果；有些可以展演的课程，安排学生在年级集会上表演，不断激发学生的学习兴趣。

3. 特需课程评价

针对低年级和毕业年级专门开设的特需课程——融合课程和毕业课程，我们也改变了传统的评价方式，进行了评价实践的改革探索。

（1）融合课程评价

我校融合课程自编学生读本《金葵花乐园》的每个主题单元后都设置了评价模块（见图2-4-1）。评价模块设置清晰，低年级学生能够根据文字提示完成自主评价。教师、家长能在学生学习过程中看到学生的点滴成长，同时也可以为学生做出评价。

期末闯关是融合课程开展终结性评价的一个重要方式。闯关活动能够有效帮助学生对本学期所学知识进行归类整理与复习。更为重要的是，闯关为学生

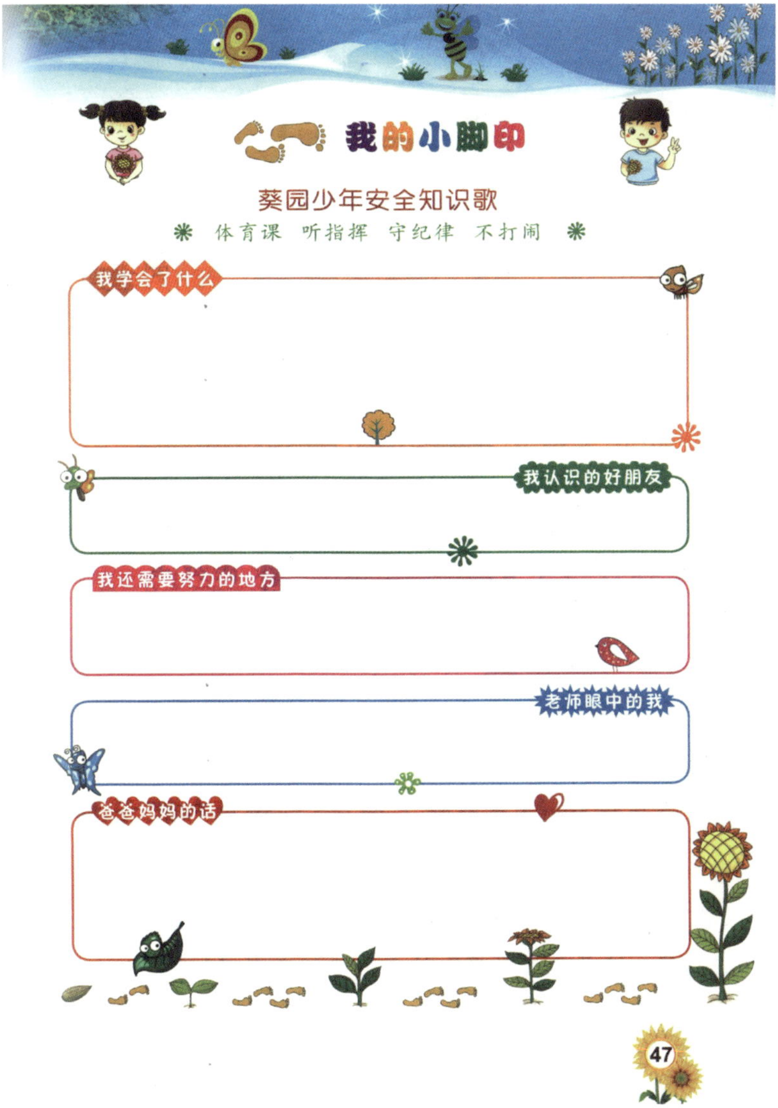

图2-4-1 《金葵花乐园》主题单元评价模块

创设了生活中的真实情境，让学生在解决实际问题的过程中提升综合能力。以2016年闯关活动为例，我们以“奇幻森林探险之旅”为主题，培养孩子的团队合作精神，拓展孩子的视野，带领孩子走出课堂，让他们在奇幻森林中运用学科知识。

[融合课程期末闯关]

——“奇幻森林探险之旅”活动流程

在奇幻的森林世界，藏着一个大宝箱，它需要同学们用智慧通过七道关卡，获得奇幻森林探险之旅所必备的工具。这些工具可以激活金钥匙，然后用金钥匙打开宝箱，宝箱里装着为智慧勇士准备的意想不到的欢乐与惊喜（各班同学盖好章的闯关手册）！奇幻森林探险之旅需要小组成员发挥集体的智慧去获得旅行必备的工具。

第一关：精彩起程

考查点：本学期学过的和课外积累的词语、诗句、童谣、文章。

闯关须知：

1. 组员要分别介绍选择某个标志的原因、说出与此相关的语文元素：词语、诗句、文章或童谣……

2. 每个组员都要有头饰，每人都要参与回答问题。（例：学生的头饰为老虎，小组成员就要回答与老虎相关的词语、诗句、童谣或文章。）

3. 小组合力完成任务后，得到“食物和水”。（即时贴贴在团队设计的“闯关路线图”中对应的位置上。）

第二关：森林密码

考查点：古诗诵读（本学期课本内出现的诗句和课外补充的古诗句）。

闯关须知：

1. 团队合作，2 分钟内完成六句古诗接龙。

[例：纸条上写《赋得古原草送别》离离原上草，（学生接下句）]

2. 闯关过程中每个人都要参与回答问题。

3. 胜利完成任务后，得到“指南针”。（即时贴贴在团队设计的“闯关路线图”中对应的位置上。）

第三关：魔奇魔奇树

考查点：科学元素，拓印树叶画，培养学生动手实践能力。

闯关须知：

1. 小组成员每人拓印一片叶子，拓印的叶子完整（有叶片、叶柄和叶脉）清晰，不要有破口。

2. 将拓印的部分完整剪下来，不能有损坏。

3. 将剪好的叶子贴在大树内，组成魔奇树。

4. 团队成员都完成任务后，得到“登山鞋”。（即时贴贴在团队设计的“闯关路线图”中对应的位置上。）

第四关：图图魔法屋

考查点：七巧板拼图与表达相结合，培养学生的想象力和创造力。

闯关须知：

1. 每组随机抽取两张词语卡片。

2. 小组合作发挥想象力和创造力，使用七巧板拼图来表达词语的意思。

3. 团队成员都完成任务后，得到“登山包”。（即时贴贴在团队设计的“闯关路线图”中对应的位置上。）

第五关：步步惊心

考查点：数独游戏，培养学生的逻辑思维能力。

闯关须知：

1. 小组随机从 10 张数独题目中抽取 6 张。

例：

1		
	2	
		3

2. 小组合作，每人都要参与活动，共同完成数独填写。

3. 时间 3 分钟，小组完成四张数独的填写即算闯关成功，可得到“放大镜”。（即时贴贴在团队设计的“闯关路线图”中对应的位置上。）

第六关：小船飞渡

考查点：通过发现问题—分析问题—研究问题—解决问题的一系列过程，培养学生的探究能力和协作解决问题的能力。

闯关须知：

1. 小组用锡纸制作一只小船，使小船独立浮在水上，不漏水。

2. 小船放 10 只大螺母，不沉。

3. 借助外力，将小船送到河对岸（河宽 20cm），但不能用手推。

4. 团队成员都完成任务后，得到“船桨”。（即时贴贴在团队设计的“闯关路线图”中对应的位置上。）

第七关：森林音乐会

考查点：英语元素，识记单词和演唱英文歌谣。

闯关须知：

1.小组抢答英语单词。（根据单词卡片、实物或动作进行抢答。例：出示苹果，学生抢答“apple”；做出奔跑的动作，学生抢答“run”。）

2. 抽签表演英文歌谣，抽到哪首唱哪首。

3. 团队成员都完成任务后，得到“手电筒或头灯”。（即时贴贴在团队设计的“闯关路线图”中对应的位置上。）

集齐探险所必备的工具后，激活金钥匙，打开大宝箱，取得闯关手册，将本组的“闯关路线图”贴在“森林探险英雄榜”上，完满结束“奇幻森林探险之旅”。

（2）毕业课程评价

根据毕业课程的理念与具体安排，我们会为六年级学生制作毕业手册，如图2-4-2是为2015级毕业生制作的毕业手册。这正是“评价即学习”理念下的典型探索。手册记录了学生在课程中的收获与反思，也记录了学生在研究中的思考与质疑。这样的记录贯穿了学生六年级整个学年，能够清晰地展示学生的自主评价。

图2-4-2 《2015年六年级毕业课程学生手册》封面

同时，微电影、微视频、电子相册等多元、自主的评价方式也能帮助学生对六年的生活进行梳理。多元、自主的评价方式一方面可以帮助学生用自己喜欢的方式回顾六年的小学生活；另一方面也可以让学生在自主评价过程中学习一些新方法、新知识和新能力。

（三）基于课程追踪调查的学校课程评价

学校连续开展关于学生学习状况与课程实施状况的年度评价，从而了解学生学习的实际状况与问题，以及对课程实施的意见与建议。

以2016年度可选择课程调查问卷的分析为例，分析的结果为学校的课程评价、反馈、调整提供了重要依据。

- 学生普遍喜欢可选择课程，希望有选择权，并希望增加选择范围。
- 学生形成自主选择、自主学习的能力，能根据学习兴趣和学习需要自主选择学习内容，能做学习规划并调整学习安排。
- 学习兴趣是学生能否学好的最主要因素，也是学生选择和评价某一学习内容的最重要标准，是学生学习的“第一需求”。

- 学生在自主发展和同伴交往方面有所收获。
- 教师在可选择课程的教授方式、使用的学习材料方面有专门的设计，受到学生认可。
- 学生希望进一步增加学习内容的有趣性、丰富性，期待更多样的学习方式。

课程评价的结果也坚定了我们课程改革的信心。我们对2014年至2017年中关村一小可选择课程进行了大数据分析，分析结果如图2-4-3所示。当问及“可选择课程带给你的最大收获是什么？”时，调研数据反映出学生选择“学

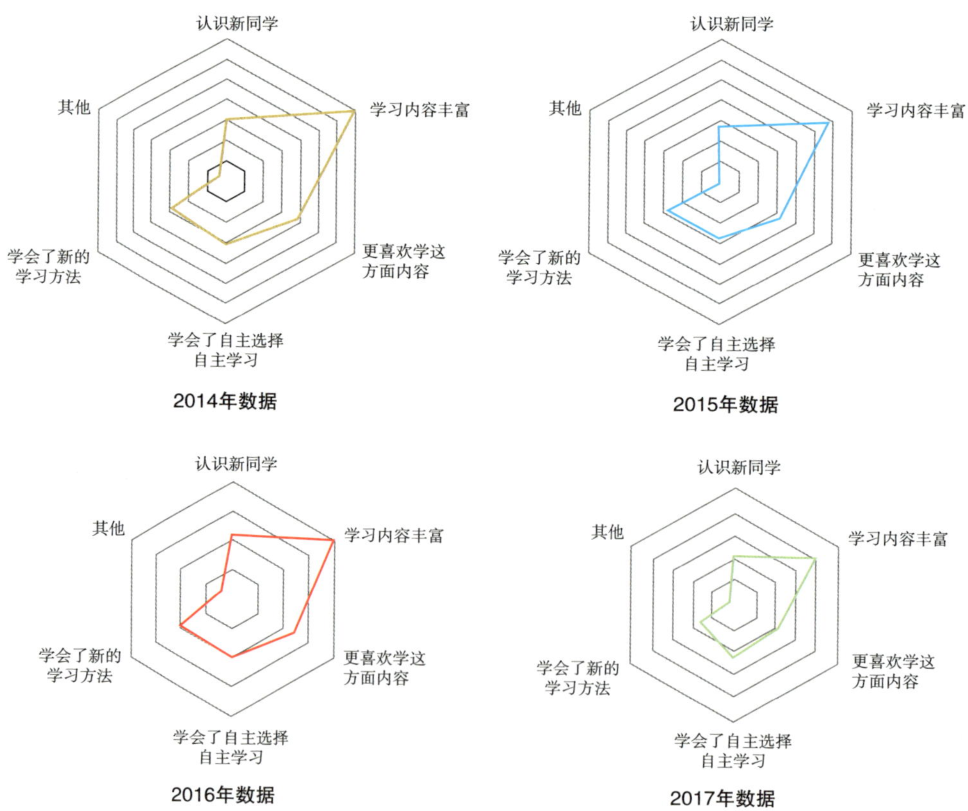

图2-4-3　2014—2017年学生在可选择课程中的收获调查图

习内容丰富”的比例比较高。这表明，可选择课程丰富了学生的学习内容，满足了不同学生的求知愿望。“更喜欢学这方面内容”和“学会了自主选择自主学习”的学生占比增加，反映了学生对课程的满意度在提高。这样科学、精确的评价使得学校、教师更加了解学生的真实想法，并为可选择课程的不断改进提供了有价值的建议。

从2002年起至今，中关村一小一直在进行课程改革的探索，经历了由局部调整到整体建构的过程。6-2-6自主发展课程体系是中关村一小十多年来课程实践与探索的积淀，凝聚着全体师生的智慧。

从实践效果来看，学校长期跟踪调查学生的学习状况，通过连续三年的监测发现：学生的学习兴趣、动手操作能力、思维能力在逐渐提高；能够“自主制订学习计划并自觉监督、调整学习”的学生人数达到80%以上，并逐年上升。面对问题，学生能够“独立解决”或者“寻求同伴帮助”的人数随着年级增高而增加，达到60%以上。学生课程自主选择比例也明显上升，到2016年达到90%以上。可选择课程的学习形式和学习方式在不断变革，但问卷显示学生仍对学习内容的丰富性、学习方式转变等方面有明确的期待，这足以显示学生在课程引领下开阔了视野，学习潜能被唤醒，学生的创新、创造能力与课程发展水平交互提升。在2016年的“My City”毕业课程学习中，学校的800名毕业生均完成了项目研究及《项目学习手册》，形成了120项研究成果，研究范围涉及北京的历史文化、科技、交通等多个方面，学生初步具有综合运用知识解决实际问题的能力，并形成关注社会发展的意识。在六大平台的支持下，目前学生在校自主成立、管理、运营的社团达280多个，学生自主管理项目212项，实现了班班有项目、人人能管理、没人负责我负责、有人负责我配合的自主管理模式，学生自主参加社区、社会公益活动达五千余人次。

通过秉持儿童立场，构建自主发展课程体系，中关村一小在学生学习品格及能力的养成、学生核心素养的固化和学生主体作用的发挥等方面取得了一定成效。但我们深知，在追求“最好”教育的征程中，我们始终在路上。

陨石坑
轨道
自转
火箭
天文学

绘图：薛茗兮　2013级（4）班　11岁

聚焦课堂：
让学习真实而持久地发生

课堂是教育改革的原点。什么样的课是一节好课，需要有判断标准。对好课的判断标准决定了改革的方向。如果没有这个标准，我们的改革可能会绕弯路，更可能走入岔路，渐行渐远。

一、教师心中的好课≠学生心中的好课

什么样的课是一节好课？每位教师心中都有一个标准，作为课堂主人的学生心中也有一个标准。但是，教师心中的好课不一定是学生心中的好课。在学校2016年度的课程实施状况与学生学习状况追踪调查中，我们发现了教师和学生对于课程（课堂）的关注点是不同的。

通过统计分析，如图3-1-1所示，我们发现在课程、能力、课堂等多个问题上，学生的答案都指向了一个点——“兴趣”。这些问题包括：

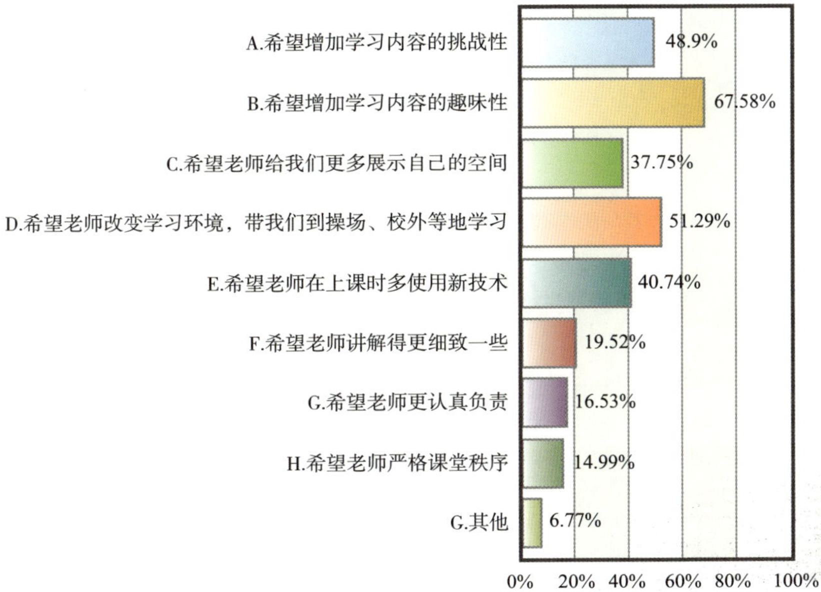

图3-1-1　对“你对可选择课程有什么建议？”问题的调查统计

“你擅长某门学科（某种能力）的主要原因是什么？”

“你不擅长某门学科（某种能力）的主要原因是什么？”

“你喜欢这门可选择课程的主要原因是什么？”

“你对可选择课程有什么建议？”

“你对课程内容设计有什么建议？”

以上这些问题，多数学生的第一答案是“觉得有趣，喜欢学”“对该学科没兴趣”“内容有趣”“增加趣味性”“更加有趣”。

如图3-1-2所示，从学生的角度来看，教师对课堂中学生学习的关注重点，依次是学习态度（69.47%）、学习结果（62.5%）、活学活用（43.68%），对“学习兴趣”的关注相对较少（42.88%）。可见，“认真”“学会”“活用”是教师判断一节课好坏的重要标准。

一节能够让学生认真参与，学会知识，并能够举一反三、活学活用的课，无疑是一节高效的课，更是很多教师眼中的好课。但是，这样的课却没有充分重视学生的第一需求，即“兴趣”。

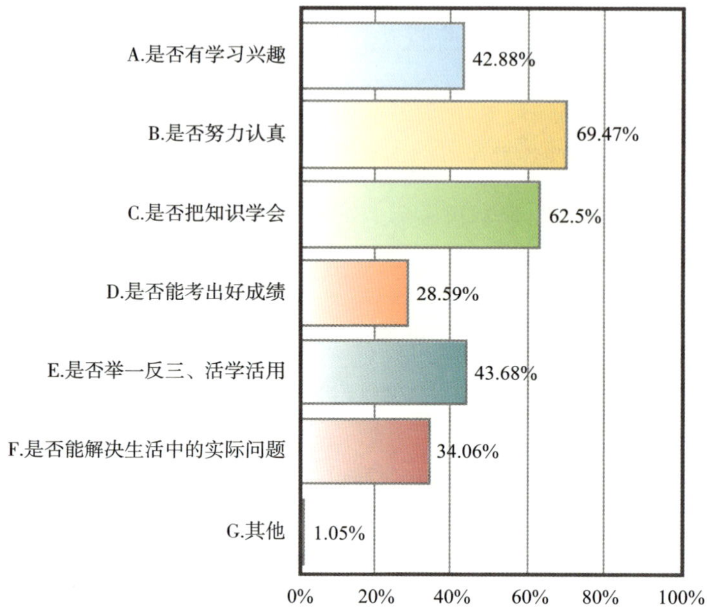

图3-1-2　对“你觉得老师对你的学习主要关注哪些方面？”问题的调查统计

课堂要激发学生的学习兴趣并非新鲜观点，然而这在教师的课程观、教学观中地位如何？在课堂教学中实践得如何？是否真正得到重视与践行？我们认为，如果改革没有让学生发生变化，学生不喜欢，那一定不是成功的改革，我们需要认真听一听学生究竟喜欢什么、想要什么。教学是教师有目的、有计划、有组织地引导学生学习的过程，也是学生在教师的指导下主动建构知识的过程；学习是学生通过自己积极参与教学实践活动而对自身进行能动改造的成长体验。没有学生自觉、自愿地参与，就不可能产生真正的教育。兴趣，无疑是激发学生持续自主学习、自主发展的“充电站”。

儿童立场始终是学校教育教学改革的基本出发点，我们需要在教学中完成学科知识核心内容的讲解，需要培养学生的核心素养，更需要回应学生学习兴趣的迫切需求。尊重、发现、激发、培养学生的学习兴趣，需要获得课堂教学改革的加倍重视。教师需要进一步完善学习内容、转变并创新教学方式，激发学生的学习兴趣，从而满足课程与学生需求的对接。

因此，一节好课是以尊重学生主体地位和独立人格为前提的，能够让学生

“动起来”“学进去”“感兴趣”，能够唤醒学生的学习潜能，激发学生的学习意愿和兴趣，促进学生自主学习，并形成可持续发展的能力。为此，我们的探索从未停止。

二、以自主学习为中心的课堂教学模式

从20世纪90年代中关村一小承担北京市海淀区主体教育实验课题研究开始，学校就对自主教学进行了诸多研究，研究发现自主教学凭借自身真实、互动、开放、学术等特征，提高了课堂教学实效。它以强劲的气势深入每名老师的意识与行动，形成了学校课堂教学的特色与品牌。[①]经过多年的深化实践与研究，“自主教学”理念在中关村一小生根发芽。随着学校自主发展课程体系的不断完善，聚焦课堂的自主教学探索与研究更加系统化、科学化，形成了具有中关村一小特色的、以促进学生自主学习为中心的课堂教学方式与风格。这促进了学生自觉学习、主动发展。

我们通过引导学生进行自主学习来构建新型的师生关系，将教学作为一场生命之间的相遇和对话。我们致力于打造一种润泽的课堂生态：课堂气氛自由、和谐；师生之间平等对话、心意相通，是彼此的知心人与成长伙伴；教学过程友爱、有序，人人懂得尊重与倾听；教学内容不再局限于教材，而是以世界为学材；教学方式因材施教，让身处不同发展阶段、具有不同成长需求的孩子能拥有适合自己的学习方式。课堂不仅是获取知识的学园，更是发挥创新潜能、展现个性、享受快乐、获得生命滋养的乐园。我们希望能结合学生的自主成长需求有效整合各种学习资源，让学生在课堂上获得成长。

（一）“六维”标准与原则

1. 确立自主学习六维度

关于自主学习的相关研究指出，若学生在学习动机、学习内容、学习方

---

① 刘畅. 教人幸福地生活［M］. 北京：高等教育出版社，2009：204-207.

法、学习时间、学习过程、学习结果、学习环境、学习的社会性等方面均能自己选择或控制，其学习就被认为是自主的。相对应地，充分的自主学习表现为：①学习动机是内在的或自我激发的；②学习内容是自己选择的；③学习方法由自己选择并能有效地加以利用；④学习时间由自己进行计划和管理；⑤对学习过程能够进行自我监控；⑥对学习结果能够进行自我总结、评价，并据此进行自我强化；⑦能够主动营造有利于学习的环境；⑧遇到学习困难时能够主动寻求他人的帮助。①

基于已有研究，结合学校学生学习的实际特点，我们从六个维度对自主学习进行研究（见图3-2-1），即学习动机、学习方法、学习时间、学习的行为表现、学习的物质环境、学习的社会性。在这六个维度，学生的参与度越高、获得的选择权利越大，他们在学习过程中的主动性也就越强。因此，我们从这六个维度最大限度地调动学生的积极性。在教学之前，教师依据教学目标帮助学生确定自己的学习目标；在学习过程中，学生在教师指导下制订学习计划，选择学习策略，并能够在课堂学习中自我监测、调节、控制，由目标和情感特征引导和约束自身认知、动机与行为，对学习的物质和社会环境保持高度的敏感性和随机应变的能力；在学习之后，学生能够明确自身学习效果并能进行有

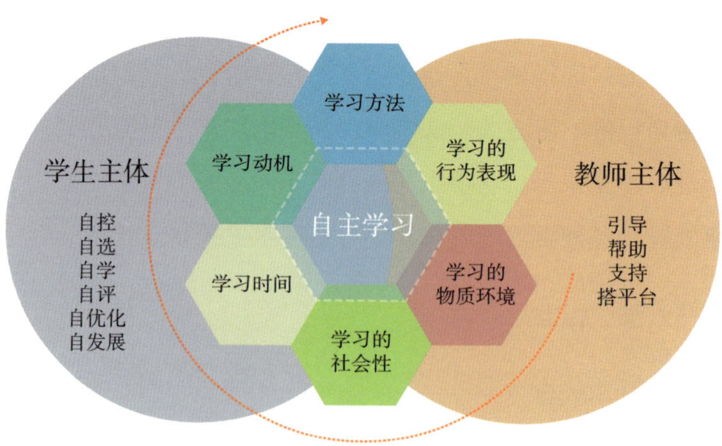

图3-2-1　六个维度推进自主学习

① 庞维国，刘树农. 现代心理学的自主学习观［J］. 山东教育科研，2000（Z2）：54.

效的总结评价。在此过程中，教师应当是一个引导者，主要任务是给予学生恰当的支持和修正，组织和引导学生进行自我检查、自我总结、自我评价和自我补救。

在此基础上，我们探索并构建了学生自主学习与成长的“六自”过程标准，自主教学过程中的课堂“六个还给”，以及教师推进自主教学的“三讲、三不讲”，由此形成中关村一小的自主教学特色。

2.“六自”过程标准促进学生自主成长

自主学习是针对教与学的内在品质而言的，是一种主动建构的过程。其既强调教师“教”的自主性，也强调学生“学”的自主性。教是为学服务的，其落脚点是促进学生的成长，让每一名学生都能够做到“最好的我”。因此，我们将进一步倡导学生在学习过程中做到“六自”，即自控、自选、自学、自评、自优化、自发展。把学生当作学习的主体，发展学生的主体地位，让学生离开教师也可以学习。

3.“六个还给”转变教学形态

自主教学的研究立足课堂实践，以学生的“学”为基点，关注学生学的对象、载体和方法。在具体的研究过程中我们倡导“六个还给”，即：

- 把学习时间还给学生；
- 把主动权还给学生；
- 把选择权还给学生；
- 把体验权还给学生；
- 把话语权还给学生；
- 把评价权还给学生。

4.“三讲、三不讲”明确教学原则

为切实实现“六个还给”，引导学生进行自主学习，我们明确了“三讲、三不讲”的基本原则:“三讲”即“讲重点，讲难点，讲易错、易混、易漏点”，“三不讲”即“学生会的不讲、学生自己能学会的不讲、通过同伴互助能学会的也不讲”，只有这样，学生的自主学习才会成为可能。“三讲、三不讲”作为自主教学模式的基本原则对教师提出了更高的要求，其重点在于教师对教材的把握，对学生情况的把握，以及教师在此基础上对课堂自主学习活动的设计。

我们所追求的自主学习，既强调学生的主体作用，也强调教师的主体作用。一方面，教师自主地教才能灵活自如，学生自主地学才能学有所获；另一方面，学生的自主成长通过教师对自主教学的实践与研究得以实现，学生的自主成长又加大了教师专业发展的需求，促进教师自主发展。

（二）问题导向的 Q-S-T 教学模型

在引导学生自主学习的过程中，我们明确了以问题为导向的课堂教学方向。如图3-2-2所示，在开展自主教学的研究中，我们立足教学实践，以学生的“学”为基点，关注学的对象、载体和方法。在邓小平城乡发展学院院长陈锁明的指导下，尝试构建了Q（问题）-S（学生）-T（教师）的课堂教学模型，形成了“问题生成—问题互解—问题展示—问题训练—问题拓展”课堂教学模式。这种模型是以学生为核心的，是把学生放在主体地位上的。在“最好”课堂的不断探索中，Q-S-T教学模型，坚持以“问题”引领学生学习。

我们认为，真正的自主学习是从学生发现和提出问题开始的，不断产生的问题是推动学习从已有发展水平向最近发展区转变的不竭动力。我们从学生的

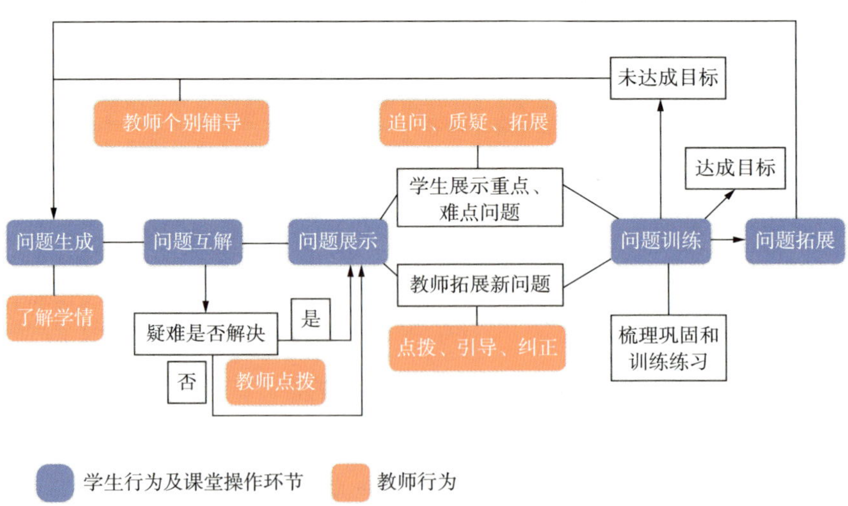

图3-2-2　问题导向的Q-S-T教学模型

真实问题出发，引导学生发现和提出问题，将“问题生成”“问题互解”“问题展示”“问题训练”“问题拓展”作为学习路径，激发学生的学习兴趣和自信心，促进学生创新意识的发展。同时，围绕学生自主学习中所遇到的问题开展教学，运用问题引领学习，不断满足学生的发展需求，让学生在发现和提出问题、分析和解决问题的过程中实现学习能力的提高。

（三）构建促进自主学习的课堂教学

在自主学习的六维度构建理念以及课堂教学原则的指引下，结合自主教学的Q-S-T教学模型，我们探索形成了以学为中心的自主学习课堂模式（见图3-2-3）。以学为中心的“学”是指自主学习。在一个课堂教学的单位板块中，学习之初，教师需要关注学生的学习需求和学习兴趣，激发学生自主学习的意愿，培养学生自主制定学习目标的能力。在课堂教学中，教师需要运用问题导向的Q-S-T教学模型，用问题推动学生自主学习的深化。在这一过程中，要指导学生“选择策略”，使学生掌握多种学习策略，并能够根据需要自主选择适当的策略开展学习。一个单位学习（一节课、一个单元或者更长的一个学习周期，由教师确定单位的长短）结束之后，教师要重点引导学生开展自主评价，并能够将评价结果进行及时反馈。培养学生自主“监控调节”的能力，将反馈调控的结果展现在下一个单位学习之中，引导学生自主制定学习目标，形成一个关于自主学习的螺旋上升的路径。由此，也实现了学习的最终指向，即学生的自主发展与自主成长。

在促进自主发展的课堂模式中，对学生自主发展的指导需要在三个节点上把握三个关键，即学习之初的“制订计划”，学习中的“选择策略”，学习中及学习后的“监控调节”，使学生形成相应的学习习惯，具备相应的能力。

Q-S-T教学模型是以学为中心的自主学习课堂教学的具体抓手。问题导向是Q-S-T教学的关键，需要教师做充分的研究准备。教师需要引导学生生成有价值的、核心的问题。而判断这些问题是否有价值、是否核心的标准是看这些问题能否满足学科教学的客观需求、学生学习的内在需求，以及解决实际问题的外在需求。

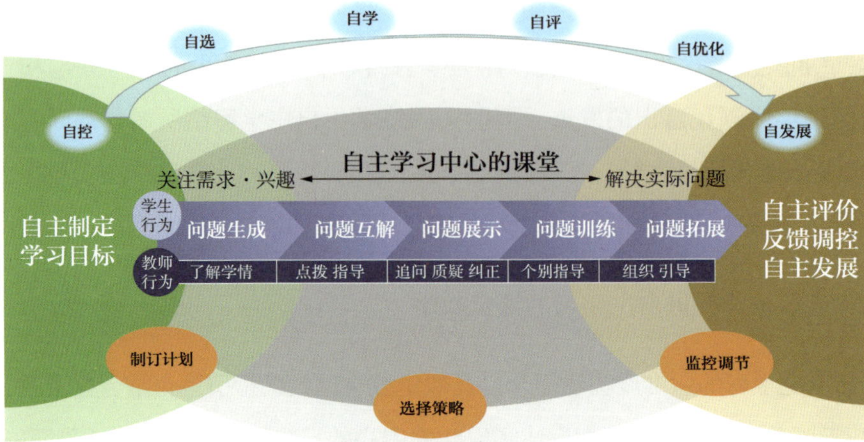

图3-2-3　以自主学习为中心的课堂教学模式

在促进自主发展的课堂模式中，学生真正能够做到自控、自选、自学、自评、自优化、自发展。

三、引导自主学习的课堂教学策略

学校持续开展年度课程实施状况与学生学习状况追踪调查，以了解学生学习发展的状况。关于学生自主学习的相关调查结果显示：有80%以上的学生能够“自己制订学习计划并自觉监督、调整学习”，女生的相关表现比男生更为突出；随着年级的升高，学生遇到学习困难时，更倾向于独立解决；他们对学习有主见，自主选择、自主发展的能力较强。学生的变化源于我们尊重学生的主体地位和独立人格，积极唤醒他们的学习潜能，把握他们的学习特点、激发学习意愿和需求，系统设计相关的学习策略，引导学生自主发展。

（一）了解自己，明确目标

随着学生学习经验和技能的增加、自我意识的逐步增强，他们对自身学习活动的独立监控、判断、评价也日益增多，学生的自主学习能力逐渐从低级向高级发展。通过系统研究，我们梳理出不同年龄阶段学生的自主学习特点以及自主学习能力目标。

表3-3-1　小学生不同发展阶段的学习特点与自主学习能力目标

学习阶段	学习特点	自主学习能力目标
低年级	• 低年级学生年龄小，思想比较单纯、幼稚，容易受外界影响 • 在学习生活中表现出学习主动性不足多数学生的学习动力来自外在鼓励、新学习环境的刺激与家长督促 • 学生学习兴趣浓厚，容易接受老师的教育，自主学习习惯需要家长与教师共同培养	学会记事：能够用自己的方式记事，能提醒自己每天要完成的作业及需要带齐的学习用品
		学会倾听：能专心倾听同学发言，并思考发言内容；尊重同学，不随意打断别人的发言，能耐心听完别人的发言后再发表自己的观点
		学会伙伴学习：适应伙伴学习，能在学习、交流中用较完整的语言表达自己的想法
		学会寻求帮助：学习遇到困难时，能够主动提问，能主动寻求伙伴、教师或家长的帮助
		学会正视自己的错误：能够正视自己的错误，听取别人的意见
中年级	• 形成自信心的关键期。开始在群体中确立自己的位置 • 自我调节能力比较差，学生开始感觉到学习中的压力 • 形成了初步的合作意识，能够倾听他人的意见，但是缺乏提取、整合的意识与能力 • 注意力的目的性增强，注意力保持的时间更久，但对学习缺乏耐力	学会制订学习计划：能在老师的帮助下制订自己的学习计划
		学会选择课程：能够根据自己的想法、别人的建议自主选择课程、活动等，并对自己的选择负责
		学会获取信息：能够通过不同渠道获取信息，并进行初步的筛选和整理
		学会团队学习：从同伴学习过渡到团队学习，能够在团队中确定自己的角色，开展学习时既愿意寻求帮助又愿意提供支持
		尝试生成解决方案：能够根据具体问题分析原因，形成初步的解决方案，并尝试运用方案解决具体问题
		学会自我检查与评价：知道自己学习中存在的问题，能够基于问题对学习方法和时间分配进行调整
高年级	• 具备一定的知识经验，学习时总是试图用自己原有的图式去同化，如果获得成功，便会得到认知上的暂时平衡；否则，便会出现认知上的不平衡，需要通过顺应去达到新的平衡 • 独立思考能力开始发展，已有初步的抽象思维能力，自主意识逐渐强烈 • 记忆力增强，注意力容易集中，抽象思维、逻辑思维能力大大增强，兴趣爱好变得更加广泛、稳定，渐渐形成了看待事物的标准，自我意识、自我评价和自我教育的能力也得到充分发展	能够制订学习计划：能够根据自己的学习情况，主动制订短期、长期的学习计划
		能够整合信息：能够通过多种途径主动获取信息，且能有效整合信息并加以利用
		学会自主学习：愿意与同伴开展互助式自主学习，能与团队成员进行有效的协作
		实施解决方案：能够就具体的任务形成初步的实施方案，有步骤、有资源、有目的，切合实际
		学会自我总结与调节：能发现自己学习中存在的问题，能够基于问题寻求相应的支持，进行有效的改进；能合理调控自己的情绪；遇到困难时能够进行自我疏导，并且愿意求助他人

（二）关注学习内驱力，提高学习自觉性

自主学习的精髓在于帮助学生提高学习的自觉性，逐步掌握学习方法，养成良好的学习习惯，并强调学生的主体参与和主动性。林崇德教授认为："学生的学习过程是一种运用学习策略的活动"[①]，强调和重视学习策略就是承认学生在学习中的主体性，强调学生在学习活动中的积极作用和能动作用。学生运用学习策略获取知识的过程是一个主动探究、主动发现的过程，这种探究与发现对学生个体来说就是一种发展与创新，个体正是在不断发展积累中走向成熟的。所以，学习策略教学不仅培养学生的独立性、主动性，也为其创新品质奠基。

心理学研究揭示了学生开展自主学习的特征和表现。其中值得注意的是，对多数学生来说，学习实际上仅在某些方面是自主的，而在另一些方面则不够自主。从自主学习的概念内涵来看，"自主"是相对的，难以严格说某次学习完全自主或完全不自主，应该从学习的自主程度高低、学习自主的某个方面有针对性地施加教育影响。基于此，结合小学生的学习特点和培养自主学习能力的目标，我们分类设计了有助于学生不同维度、不同程度自主学习能力发展的策略群，以促进学生提升自主学习能力。

1. 质疑、展示，激发自主学习内驱力的策略

学习动机是引发与维持学生的学习行为，并使之指向一定学业目标的一种动力倾向，包含学习需要和学习期待两个部分。激发学生的自主学习内驱力，正是从学生的内在学习动机出发，让学生产生自发的学习需要和学习期待。学习需要源于对知识的价值认同和对学习的直接兴趣；学习期待是对自我效能感的体验与需求。因此，能够激发学生好奇心和学习意愿的策略，能够为学生创设成功体验、建立自信的策略是能够激发学生自主学习内驱力的策略。

（1）质疑策略——"会发球的小问号"

传统的教育更多的是教给学生如何回答问题，学生习惯了"接球"，而不知道如何"发球"。"接球"是对别人思路的回应与延伸，而"发球"更多依赖

---

① 林崇德．学习与发展［M］．北京：北京教育出版社，1992：22.

自己的主动思考与需求。会“接球”的学生可能变成“发球”者的翻版，但是会“发球”的学生获得的却是满足自身发展需求的支持。

- 策略目的

主动发现问题，敢于提出问题。“学起于思，思源于疑”“前辈谓学贵知疑，小疑则小进，大疑则大进。疑者，觉悟之机也。一番觉悟，一番长进”“善问者如攻坚木”。可见，“疑”是打开思维大门、激发学习兴趣的“金钥匙”。通过培养、鼓励学生质疑，让他们变得勤学、善思、能创新，使课堂成为学生渴望不断探索、追求知识，满足自身心理需要的活动场所。变“课堂”为“学堂”，变被动地“听”为主动地“学”。

- 操作方式

A. 在教学中，教师要适时创设悬念使学生生疑，进而不失时机地激疑，从而使学生自然质疑、互助解疑。

B. 教师要营造轻松、和谐、自由的氛围，激发学生的学习兴趣，建立平等、民主的师生关系，鼓励学生求新求异，让学生敢问。创设让学生感兴趣的问题情境，使学生想问。

C. 教师要正确对待学生的提问，不讥讽、不嘲弄，挖掘其可贵之处，让学生产生学习成功的体验，形成乐学的心态，并适时教给学生质疑的方法，使学生不仅敢问，而且会问。

如在课堂上我们形成了“创设问题情境—鼓励质疑提问—寻找解决思路—辩论优化办法—初步解决问题”的基本过程，并将其概括为“问题环”模式。此“问题环”具有封闭的特点，学生的学习过程是由若干个闭环循环进行的。在某一个层面、某一个单元闭环里，强调以问题解决为目标，以梳理优化办法为任务，让学生在这样的学习过程中经历、变化、成长和发展。

- 实施建议

问题预设——有些孩子不善于思考，或者思考后不敢大胆表达自己的想法。

解决方法——老师在教学中少一些不准，多一些允许，让学生在课堂上能够自由地“呼吸”，敢想、敢说、敢做，充分发表自己的见解。

（2）展示策略——“五分钟自由展示”

- 策略目的

为学生提供展示的平台，培养学生主动学习、大胆展示的习惯。锻炼学生用完整的语言简单描述所学、所见、所擅长的，提升总结概括能力和表达能力，以及形成勇于在公众前表达自己、善于展示自我的能力和信心。

- 操作方式

利用每天早读或课前五分钟（约数）的时间，请班里的一个学生到教室前面，为全班同学做一个小展示。展示内容不拘一格，可以讲一个故事，吟诵一首诗，或者背诵一篇学过的课文等。活动采取学号轮流制，学号靠前的学生如果没有准备好，就让后面准备好的学生提前展示。

- 实施建议

问题预设——对于个别性格内向、不善表达或缺乏主动性的学生来说，他们的表现机会相对会少于那些主动性强的学生。

- 解决方法

从展示机会上来讲，教师可以将自主申报和定向引导相结合，争取让每个学生在学期内都有参与的机会。同时，从展示内容上来讲，引导学生发现有价值、有吸引力的内容，对个别不善表达的学生进行提前干预与辅导，最终帮助学生通过自由展示获得成功的体验。

2. 分层、多元，助力学习内容自主选择的策略

自主学习不等于积极主动的学习。积极主动的学习仅仅突出了学习动机一方面的自主性，而自主学习还强调对学习所有方面的主动选择或控制。为学生提供多元的学习内容、分层的学习任务是帮助学生进行自我判断、自主选择的有利条件和有效途径。

（1）分层任务设计策略

- 策略目的

分层任务设计是为了让每个学生自主选择适合自己的学习进度。建构主义

认为学生是有差异的，学生的差异是重要的学习资源。如何面对差异、利用差异，使之成为真正的学习资源？如何使每一个学生在课堂上都有体现自己价值和作用的空间，获得成功和被关注的体验？我们倡导教师站在学生的角度来帮助学生学会自我判断、自主选择。教师与学生只有处在一个平等、民主、协商的氛围中，学生才能心悦诚服地选择和接受属于自己的任务。

● 操作方式

教师在布置分层任务时，既要关注任务的自主性，又要发挥教师在任务布置中的主导作用，使任务分层更趋合理和科学。

以“分层问题设计”为例，在学习My Hobby（我的兴趣）一课时，教师为不同水平的学生设计了如下的三级问题：

A级：What’s your hobby? What do you think of it? Why do you like it?

（*Students：My hobby is.... I think it’s.... Because....*）

B级：What’s your hobby? Do you like it?

（*Students：My hobby is.... Yes, I do.*）

C级：Do you like...?

（*Students：Yes, I like....*）

注：A级问题是为掌握较快的学生设计的；B级问题是为中等学生设计的；C级问题是为学习困难学生设计的。

《义务教育英语课程标准（2011年版）》指出：“面向全体学生，关注语言学习者的不同特点和个体差异。”所以在设计问题时，教师应该根据学生的能力水平设计不同程度的问题。当教师围绕“My Hobby”这一话题对学生展开提问时，对英语水平比较高、基础比较好的学生，教师会运用A级问题，即更为开放性的问题，调动学生自主思考的意愿，引导他们综合运用语言进行表达，使学生从yes/no的被动回答到主动交流，为学生思维和学习方式的转变搭建支架。对中等学生，则主要聚焦课堂基础知识，可以采用B级类问题适当引导学生表达。对学习困难学生，则鼓励他们能够重复说出知识点或者简单回答即可。我们尊重个体差异，使不同学生获得不同程度的发展和提高。

（2）多元供给策略——“作业超市”

教师根据学生学习可能性水平的差异，设计一定量的作业，其要求置于各层次学生的最近发展区之中，使作业练习与学生学习状态及水平相互适应，让学生根据自身的基础、兴趣、需要进行自主选择。

- 策略目的

采取作业分层的策略，给学生创设自主选择、协调发展的空间，让不同层次的学生依据自身需要，在作业超市中自由选择适合自己的作业。这样可以充分发挥学生学习的自主性，让每个学生在适合自己的作业中迎接挑战、取得成功，从而逐步实现由依赖性学习向自主学习的过渡。该策略不仅能提高学生的自我意识，还能充分挖掘学生的潜能，培养其自我教育的能力。

- 操作方式

A. 作业量分层。对学习困难学生，适当减少作业量是有必要的。每课的基础练习必不可少，用以帮助他们掌握基础知识和基本技能。至于教师结合课文内容设计的一些拓展性练习，他们就可以选做或不做。如背诵练习，一般学生只需按教材要求背诵相关篇目即可，而对部分学有余力的学生，可以要求他们多背一些精彩片段。

B. 作业难度分层。针对学生在学习能力上有差异的客观现实，教师在设计作业时应注意把握好作业的难易程度，不同层次的学生对应不同的作业。作业可大致分为三个等级：基础性作业、发展性作业、创造性作业。

例如，学习《迟到》一课后，教师布置了以下作业：1. 摘抄本文中最令你感动的段落（基础性作业）。2. 读一读本文作者林海音的另外一篇文章《窃读记》，此文与《迟到》写法相似（发展性作业）。3. 运用本文的写法写一个自己与父母之间曾发生过的难忘的小故事（创造性作业）。请学生根据自己的能力自由选择作业。

让学生针对自身情况自主选择合适的作业，学生表现出了很高的积极性和创造性。很多学生都主动选择高等级的作业来完成，有的学困生则完成多项作业来争取更好的成绩，这样，他们的自主学习能力得到有效发展。

C. 完成作业时间分层。由于学生存在明显的个体差异，他们完成作业的速度和时间也有很大差别。作业在完成时间上也可以体现分层。如完成作文可用一到两个课时，也可以根据具体情况延长时间，让学生有充足的时间去构想，去打底稿，去查资料，以保证完成的质量。

• 实施建议

教师不要将学生分为好、中、差三个等级，并以此来分层布置作业，这样会使学习困难学生产生自卑心理。一定要使学生拥有真正的自主选择权，即使刚开始时他们的选择与自身的学习能力、学习现状不符。只有学生自己选择的，他们才有信心、有动力去完成好。另外，学生只有在不断地选择、实践中才能够对自己的知识掌握情况有正确的认知，并意识到应努力改善自己的学习状况。

3. 计划、评估，助力学习自主监控的策略

在学习过程中，自我监控是指个体利用某些评估标准评估自己学习进展的过程。它是一种执行过程，它激活或抑制其他过程，对思维过程和结果进行实时评价。[①]自我监控的目的是让学习者在学习中能够及时地进行自我校正和自我调节，由于监控的主体是学习者自己，会更利于其建立对学习的责任意识。因此，我们通过让学生学会确立学习目标、制订学习计划、评估学习成效、反馈并调整学习的策略，提升学生自主监控的能力。

（1）自主设计学习计划策略——“定位导航”

学习目标是学习活动的出发点，也是衡量学习效果的关键指标。确立具体明确的学习目标，是有效学习的开始。学习目标制定得越明确、越切合自己的

---

① 庞维国. 自主学习：学与教的原理和策略［M］. 上海：华东师范大学出版社，2003：107.

实际情况，学生的学习行为才能越有效。

- 策略目的

引导学生明确学习目标，进而参与制定符合自己实际状况的学习目标，并根据目标制订自己的学习计划，开展自主学习。

- 操作方式

如同开启导航系统，先定位目的地，再设计行进路线。教师在指导学生制定学习目标时要引导学生思考意愿和策略两方面的问题：

第一，我要到哪儿（目标）？为什么（动机）？

第二，我要怎么达到（计划、策略）？

在学生制定学习目标的过程中，教师及家长的角色是引导者，可以利用调查或访谈的方法，了解每个学生独特的需要。学生需要在导师个性化的指导下确立目标、制订计划、设计策略并调节学习进程。在整个过程中，导师要把学生的自主性放在首位，这样才能真正实现制定符合个人发展需求的学习目标的目的，使学习真正有效。

下面是一个双导师制促进学生成长的案例。六年的规划使小邬同学不仅出色地完成了学校的基础课程，而且在双导师的支持与帮助下成长为一名“极客”少年。

“极客”少年的成长计划

在同学们眼中，六年级的邬乐昊同学是一个超酷的少年创客，许多大人才懂的计算机知识他都能娓娓道来。他的成长凝聚了家庭与学校的许多心血。

1. 启蒙阶段

兴趣是最好的老师，老师和家长应保护好孩子的兴趣和好奇心。

小学一年级的时候，邬乐昊的爸爸给他买了一套电子积木类玩具，可以根据说明书搭建很多项目，邬乐昊立刻喜欢上了。在家长导师的引导下，小邬同学玩起积木游戏废寝忘食。每当小邬同学完成一个积木作品后都会特别开心，因为他挑战了连大人都感到困难的事情。这种成功的体验使他逐步建立信心，对学习产生了极大的热情。

2. 陪伴沉浸式教育阶段

在二、三年级，小邬同学由学校导师带着学习编程。采用的学习方式是：最开始导师做，他来观察；然后他提问，导师回答；接着导师做，他来改；最后他来做，导师检查。慢慢地，小邬同学脱离了对导师的依赖。

3. 项目学习

随着知识学习的深入，小邬同学的能力也在不断提升。学校导师适时引入项目学习，确定了一些力所能及的小项目，与小邬同学一起努力完成它们。项目学习可以帮助孩子把知识用起来，并且能很好地激发孩子的创新能力和问题解决能力。

4. 自主学习阶段

到了五年级，邬乐昊解决问题或者获取知识的方法从“先问导师”变成了“先搜索”，导师一般会给出搜索的关键字词。小邬同学会按照“提出问题→确定搜索关键字词→搜索学习知识点→探究知识点”的流程进行自主学习。

直接给出答案会使孩子丧失形成自主学习能力的机会。在这个阶段，孩子的知识面得以扩展，兴趣爱好也变多了。导师应该主动提醒孩子关注重点，避免因兴趣太发散而耽误学习。

孩子自主学习能力的培养需要家庭及学校的紧密合作，这是一个日积月累的过程。这种教育方式需要结合孩子的兴趣爱好做出长远规划。

（2）监控策略——“单元学习情况自查表”

自我监控是学生在自主学习过程中的自我评价和自我调适，是学习者实现学习目标的过程积累。实践证明，自我监控能够改善学生的学习状况，促进学生自主发展。

- 策略目的

通过“单元学习情况自查表”引导学生自我评价、自我反馈、自主调试，提升学生自我监控能力，让其开展有序、有效的自主学习。

- 操作方式

第一，辨别出自己要监控的行为；第二，记录、评估自己所控行为的某些方面；第三，自我调适，改进学习。

表3-3-2是四年级学生使用的数学学科的单元学习情况自查表。

表3-3-2　四年级数学学科单元学习情况自查表

班级：　　　　姓名：

	评价内容	我的评价	“同伴”[①]的评价
1	在本单元的学习中我做到了课前预习、课后复习		
2	在学习中我提出了一些疑问，并能通过课堂学习、同伴讨论和查阅资料来解决		
3	我每天都能按时交作业，及时改错		
4	能学到知识和方法		
5	我会用表格、提纲等自己喜欢的方式总结本单元知识点		
6	我还是有很大的进步		
7	本单元学习中我还存在一些问题		
8	我准备想办法解决自己存在的问题		

① 注：“同伴”是家长、同学或老师中任何一个了解学生学习状况的人。

监控策略既有自我监控又有同伴监控。自我监控与同伴监控是互为促进与补充的。例如，语文课上针对课堂学习态度、活动参与情况、合作意识等课堂表现进行的自评、互评，可以强化学生课堂参与意识、规范课堂行为。

4. 合作、分享，助力自主学习的社会性策略

自主学习不等于绝对独立的学习，更不排斥在学习中的求助与合作。“学习遇到困难时能够主动寻求他人的帮助”是自主学习中学习社会性的重要特征。教师要引导学生根据学习内容与自身学习需求合理开展独立自主与合作分享的学习，提升学生进行自主学习的社会性，促进学生的自主学习能力提升。

（1）独立思考+合作分享策略——“123策略”

- 策略目的

通过1分钟独立思考，2分钟同伴交流，3分钟集体汇报的形式，培养学生独立思考与合作分享的能力，完善自主学习的自主合作策略。

- 操作方式

针对教师设置的问题，学生用1分钟思考并形成自己的答案；用2分钟与同伴交流，丰富自己的想法；用3分钟进行集体汇报，汇报前需要对信息进行提炼与加工。当学生学会对自己的学习负责时，他才真正地成了学习的主人。

- 实施建议

在有限时间内使学生获得最大收益的关键是教师的提问。教师的问题应具有如下特点：第一，问题具有开放性；第二问题具有梯度性；第三问题具有复杂性、多面性。这样才能提升问题的质量，确保使用“123策略”的必要性和有效性。

以五年级的美术课——欣赏亨利·摩尔的雕塑《着衣母婴卧像》为例，呈现教师的提问技巧。

首先，初始问题不要太难，但问题要开放。

为学生搭建有利于思考的台阶，使每个学生都有话能说，有话要说，有话想说。

例如，本节课的第一个问题“这件雕塑是写实的还是抽象的？说说你的理由”。

这个问题更多指向视觉观察方面即造型问题，追加的问题“说说你的理由”则是激发学生进行深入思考。

其次，中间有梯度，逐渐攀高。

当课堂渐入佳境之后，问题的指向可以逐渐由视觉观察深入到视觉传达的观念和思想上，但同样也要为学生搭建桥梁。“你确定喜欢这件作品吗？为什么？”或“你确定不喜欢这件作品吗？为什么？”

这种问题也是围绕作品内容展开的，但需要观察后的思考，学生根据喜好来自主选择想要说的部分。教师追加的“为什么”是要引发学生进一步思考，引导学生大胆表达自己的感受。

最后，设计有争议的问题，提高课堂学习的质量。

当课堂进入高潮阶段，教师要设计有争议和有深度的开放性问题。本课问题为：“为什么作者不用写实来表现人像而要简化和夸张呢？作者为什么要把母亲和孩子雕成这样子呢？对此你有什么想法？”问题直指作品的中心内涵。

听到以上问题时，每个孩子都会有自己的答案，但还需要通过结伴探讨来丰富自己的想法。因此，教师要给出等待的时间。如此会激发学生更多、更深入地思考，得到更多的答案。例如，“简化的妈妈不像妈妈更像一座山，夸张的妈妈胳膊粗大让怀里的孩子看上去特别安全，如果运用了写实的手法来细腻地表现妈妈的形象，妈妈就缺少了力量感！艺术家用艺术的语言表达这对母子对自然的感受”。给学生足够的空间、足够的支持、足够的信任，以及足够的宽松，他们会给我们更多的惊喜！

（2）自主归纳+互动辨析——重构课堂结构策略

● 策略目的

通过“课前预习—归纳整理—互动辨析—应用感悟”的四步流程模式，指导学生系统掌握基础知识、基本技能和思想方法，形成明晰的知识网络和稳定的知识框架。让学生经历“归纳整理”和同伴间“互动辨析”的过程，丰富学生对学习内容的理解，并让其在“应用感悟”中加深对学习内容的体验，最终构建个人独特的认知网络。

● 操作方式

A. 重构课堂结构，让“归纳整理”成为复习课的重心，培养学生归纳与整理的主动性。将复习课以往习惯于“先理再练”或“边练边理”的课堂结构模式调整为“课前预习—归纳整理—互动辨析—应用感悟”的四步流程模式。重视“归纳整理”环节，并将“归纳整理”置于教师与学生，学生与学生“互动辨析”之前，保证有“归纳整理”的时间，更在实际效果上体现学生学习的自主性。在组织学生进行“归纳整理”时，学生可以根据自己的能力水平独自进行，也可以合作开展。

B. 学生“归纳整理”结束后，进行组际交流辨析，即根据本组对本单元的理解形成“归纳整理”的简单文稿：或陈述本组构建的知识网络；或提出本组发现的本单元的重难点、易错点；或展示本组根据本单元内容特点设计的综合练习；或向别组提出质疑。教师在此基础上及时进行归纳小结，恰当评价，指导全班学生综合大家意见对所学知识进行概括、优化和提升，形成相应的知识网络。

C. 通过“应用感悟”使学生的认知网络变得更加丰润，提高学生归纳与整理的灵活性和深刻性。

“归纳整理”不仅仅存在于某一个固定的环节中，而是要有效培养学生归纳与整理的兴趣和习惯，鼓励学生在“应用感悟”中理解、归纳、整理、创新。

例如，在上“长方体和立方体”的复习课时，教师可以利用日常生活中常见的牛奶盒为载体，通过解决有关牛奶盒的问题串起整节复习课，综合复习长方体和正方体的相关知识。同时，教师要鼓励学生独创复习形式，让学生根据自己对所学内容的理解，设计自己的复习课。让学生通过打擂的形式选择自己最喜欢的复习形式，每单元评一次，每学期再评一次，评出冠军小组和优秀个人并加以奖励。

· 实施建议

首先，低年级学生由教师带领进行归纳和整理，中高年级以学生为主体开展该项学习活动。

其次，建立求助机制，拓宽求知渠道。引导学生学会向同伴、师长、家人等求助。

最后，鼓励学生形成个性化的归纳整理成果和知识网络。

（三）方法对了，学习才有价值

学会学习，提升学生的学习品质是时代发展对教育提出的新要求。“学会认知”“学会共同生活”“学会做事”“学会生存”被看作教育的四大支柱。作为教育者，帮助学生学会设置适合自己的目标，才能培养他们的自主学习能力，提升其学习品质，为终身学习与可持续发展打下良好基础。

1. 学会把复杂问题转化为简单问题

“残缺之美”是六年级数学的一节复习课，教学内容是关于问题解决的。商红领老师引导学生在解决问题的过程中，充分利用圆的特征，以及调取圆与正方形的关系，通过对图形的操作、画图来解决问题，帮助学生建立概念之间、图形之间的联系，发展学生的几何思维水平和空间观念。

通过分析发现，学生对圆的认识多属于直观描述水平，未能实现关联。学生关于作圆的几何思维水平存在明显差异。学生学习的难点在于打破思维瓶颈，利用对称性解决劣弧寻找圆心的方法，建立半径的一部分与对称轴、圆心之间的关系。教学开始，教师创设了考古学家是如何确定铜镜的直径的情境，鼓励学生用数学的眼光进行观察。

学生在观察思考的基础上提出问题，把看似很复杂的、从未学习过的优弧到劣弧问题，转化成熟悉的圆的对称性问题。从优弧到劣弧是一个直观上的跨越，对学生的几何抽象水平提出了更高的要求。从“看不到”到“看到”的过程，是学生几何思维水平的一个跨越，更是学生创造性解决问题的过程。学生通过独立思考、同伴合作的方式，找到铜镜的圆心、半径或直径，并测量结果。通过对优弧的研究探索解决问题的方法，建立圆心、半径、直径与对称之间的关联，建立方与圆之间的关联，学生的几何思维水平得到了发展，并在分享、交流的过程中体验到成功的快乐。

2. 学会选择适合自己的学习方式

孟学文老师以科研项目“通过整本书阅读发展学生表达能力的研究”为依托，设计了符合本校学生认知发展规律的书单，采用必读、选读相结合的方式，满足每一个孩子的阅读需求。教师们还通过开展多样的阅读活动来提升学生的阅读能力，如组织了“走近最美作家”的阅读活动，让孩子们走上讲台，介绍自己最喜欢的作家及其作品，引导学生学会说作家找风格、说作品理脉络、解作品知背景、解人物悟情感等介绍方法，使“走近”有了策略。在“走近最美作家”活动开展一年后，教师们又组织开展了“我和读书有个约会”的活动。教师为每名学生设计“阅读成长档案袋”，把学生阅读后的感受、随记、阅读学习单、思维导图等过程性资料按照时间先后顺序整理成册，以此记录学生的阅读成长足迹。教师和学生有计划、有交流地共读一本书。在师生共读的过程中，教师教给学生做批注的方法、引导学生做个性化的读书笔记，让学生的阅读更有深度。在学生的邀请下，家长自愿加入班级的阅读活动，亲子阅读的开展为孩子们营造了更好的读书氛围。读书笔记中留下了孩子、家长、教师的阅读足迹，使学生、教师与家长之间建立了良好的交流与互动。每次阅读活动后，学生会填写活动评价量表，以此来评估活动的效果，还会认真归纳整理自己的阅读成果。

随着整本书阅读研究的深入，学生的阅读积极性提高了。通过对全校学生研究前期和中期（开展阅读研究两年后）调查问卷的对比，我们发现把课余时间用在阅读上的学生越来越多了。（见图3-3-1）

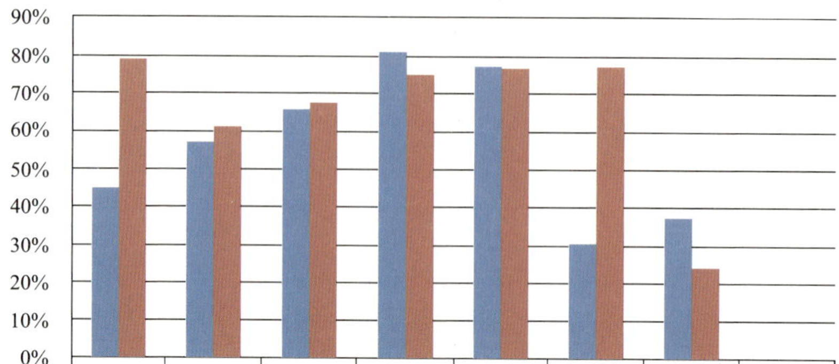

	阅读书籍	听音乐	看电影、电视	玩电子游戏	玩手机	运动	其他	
■ 开展阅读研究前	45%	57%	66%	81%	77.50%	30.50%	37.20%	
■ 开展阅读研究两年	79%	61.20%	67.50%	75%	77%	77.50%	24%	

图3-3-1　学生课余时间安排情况图

通过对研究前期和研究中期调查问卷的对比（见图3-3-2和图3-3-3），我们还发现，全校学生中愿意做读书笔记、写读后感等记录成长的孩子比例也由前期的30.5%提高到了74%。可见，大部分学生已经养成了不动笔墨不读书的好习惯。

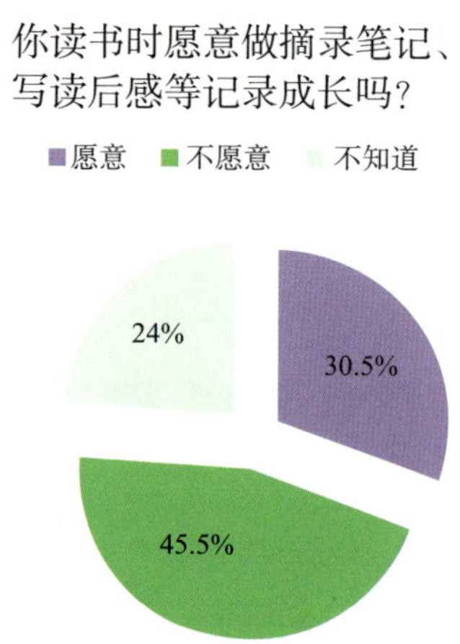

图3-3-2　研究前期学生做读书记录情况图

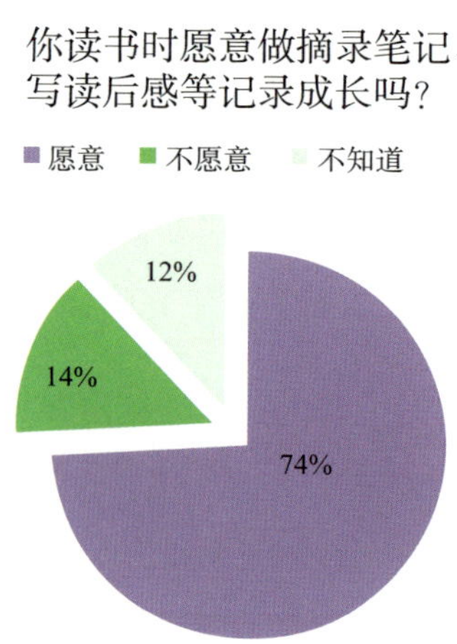

图3-3-3　研究中期学生做读书记录情况图

3. 学会在探究与合作中学习

（1）瓜皮拱

“拱形的力量”是教科版小学科学六年级上册“形状与结构”单元的第三课。本课选取生活中常见的拱形结构，引导学生在实践探究中不断发现问题，了解拱形受力的状况，找到拱形能承受较大压力的原因。本课首先提出增强拱形承重能力的假设，再运用瓜皮进行实验探究、验证，并让学生讨论、交流瓜皮拱承重的原因，在解决问题的过程中使学生感受科学技术与生活的紧密联系。

表3-3-3　拱形桥承重实验记录单

日期：　　第　　组

实验一：拱形桥是怎样倒塌的？（将它倒塌时的运动方向用箭头表示出来）	实验二：你们是用什么方法使拱形桥承重最多钩码的？（将它受力方向用箭头画出来）
最多＿＿＿＿个钩码 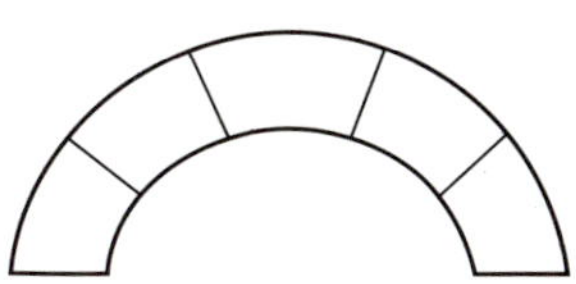	最多＿＿＿＿个钩码 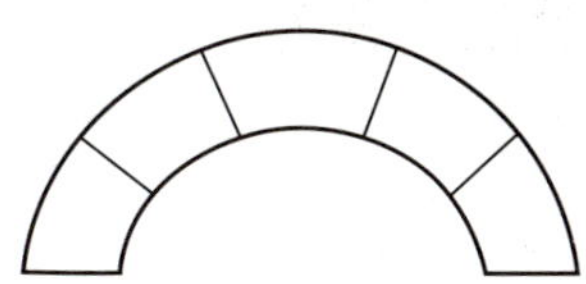

（2）创意墙

中关村一小教学楼里有一处走廊，曾经是僻静之处，但自从2015年4月初起，这里就不断有孩子光临，有的一待就是半天，到底是什么魔力吸引了孩子们呢？

原来这里是田春娣老师为孩子们准备的一面可以任意发挥的创意墙。来到这里，你首先会领取到一支油性黑笔，然后你可以选择一处画有你喜欢内容的墙面，或者另辟一块未描画的白墙开始自己的创作。这里既有女生喜欢的小清新和小可爱，也有男生喜欢的机械类、飞机类、怪兽类、火柴人类图画。每个被应允可以在墙上画“野画”的孩子都感到格外荣幸，他们都非常珍惜这个一

图3-3-4　学生集体创作——“机器人墙面大PK”

图3-3-5　孙皓兮的画——“一堵墙引发的穿越”

图3-3-6　线舞空间——“萌宠欢乐汇”

展才华的机会，都认真地完成每一笔线条！

在这里，我们看到了很多意想不到的内容。一个六年级的男孩在剥落墙皮的启发下，用画笔把砖推倒了，透过被推倒的砖块，我们看到了墙外的另一个世界。

孩子们喜欢创意墙，不仅因为这里可以表现自己喜欢的题材，还因为这里有跨班级和跨年级的合作，他们通过彼此的绘画语言进行交流——你没画完的我接着画，我画得不太理想的他来帮我加工，画与画之间的连接任由学生自己去联想，去创造。

通过创意墙绘，我们看到了孩子们的成长以及他们身上的无限创造力。一面墙，一个公共的空间让孩子们拥有了一份责任；一面墙，一支画笔让孩子们畅想自己成为艺术家的可能。

4. 学会在游戏中创造

游戏是每个学生都喜爱的，在体育课上引导学生积极参与游戏的创编更能激发他们参与体育活动的热情。这是一个体育课上的案例（见图3-3-7），原本传统的接力赛，经过学生的创编，变得更加生动而富有吸引力。

学生自主创编游戏可以放松身心。游戏时间就是学生的自主时间，是学生

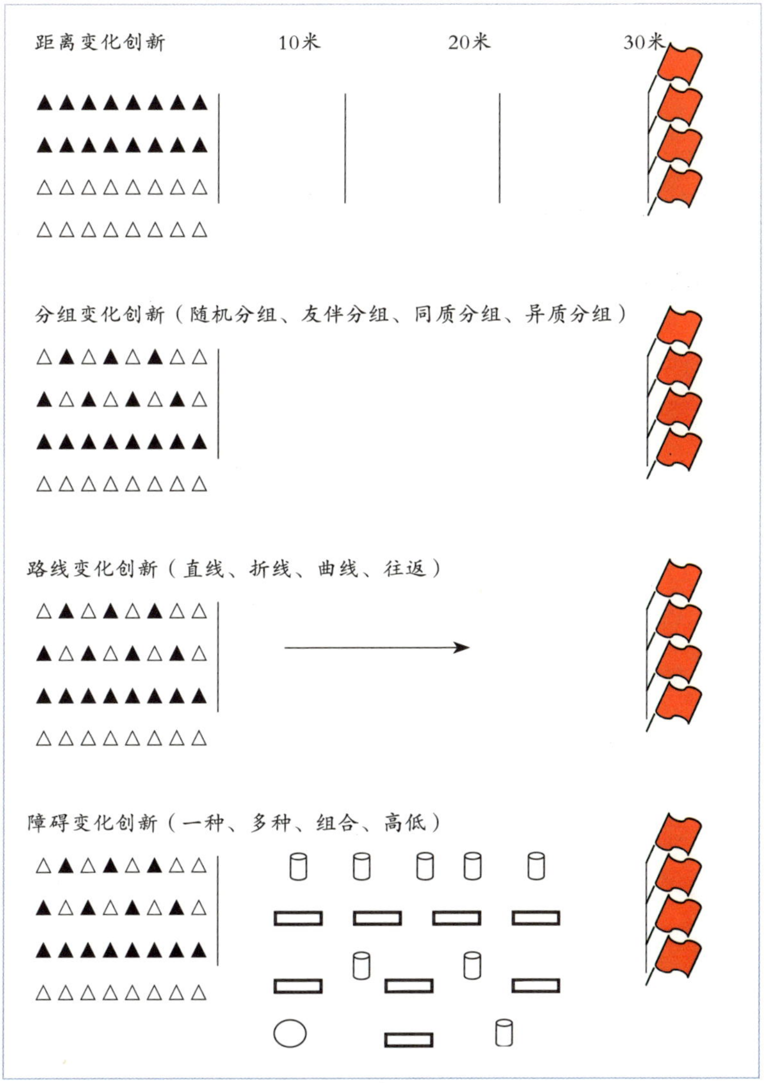

图3-3-7 迎面接力创新示意图

们感到最兴奋的、最激动人心的时刻。发挥学生的主体作用，尊重学生的个性，和学生一起做游戏，体育课才会更受学生欢迎。

四、瞄准核心素养，抓住“思维”这个牛鼻子

如何能让自主学习真实而持久地发生？“真实”是要关注学生的实际获得，学生在原有的学习水平上掌握不同学科的本质内容，有实际的能力提升。“持久”既包括不同学科学习的关联性、校内校外的连续性，更包括学生终身学习的动力和方法，为学生适应未来社会奠基。在科技发展日新月异的时代，终身学习已经成为必然要求。小学教育作为这一学习历程中必不可少的基础部分，不仅要为学生打下坚实的知识与技能基础，更要培养学生持之以恒的学习能力。如果把我们的课堂比作知识大餐，那么就要求我们的课堂既要有过硬的质量，保证营养搭配合理、易于吸收，又要提升口味，让孩子们能吃得津津有味，并且回味无穷。正如《中国学生发展核心素养》所指向的——今日的课堂需要聚焦学生终身发展所需的关键能力和必备品格。

（一）变思维“卡点”为思维“增长点”

要提供有营养的学科大餐，必须瞄准学科的核心素养，抓住学科最本质的内容、最核心的问题，以此进行合理“配比”。不同的学科是用不同的思维方式来认识世界的，学科间的本质差异也是思维方式的根本差别。因此，抓住“思维”这个牛鼻子，就可以让学生掌握学科最本质的东西，为学生学会一门课程提供路径。

1. 几何直观助力深度理解

“数的运算”是小学数学中“数与代数”领域的重要内容，是发展学生数感、运算能力等数学核心素养的重要基础。而“数的运算”内容因其自身的本质属性在儿童学习数学的过程中又是极其抽象的。运算教学的核心载体是“单位”，而“单位的运作和转换”对于思维水平尚处于具体运算阶段向形式运算阶段过渡的儿童来说，是非常难的。因此，这是小学生学习数学的思维“卡

点”。如何借助几何直观帮助学生从抽象到直观，从计量到计数，达成对数的运算本质的深度理解是我们在教学中要着重思考的任务。

图形因其直观生动的形象容易在人们的脑海中留下深刻的印象，可以说在数学学习中再没有别的什么比几何图形更容易“穿越”人们的大脑了。荷兰数学教育家费赖登塔尔早就把几何直观在数学学习研究中的价值推向了至高无上的境界。他认为几何直观能告诉我们什么是可能重要、可能有意义和可能接近的，并使我们在课题、概念与方法的荒漠中免于陷入歧途之苦，这用康德的话来说，就是“缺乏概念的直观是空虚的，缺乏直观的概念是盲目的”。

几何直观主要是指利用图形描述和分析问题，探索解决数学问题的思路，预测结果。数学问题中的诸多灵感大多来自几何直观。几何直观作为一种创造性思维，对于学生发现、分析和解决数学问题都有着非常重要的支撑作用。在很多情况下，借助几何直观可以把复杂的数学问题变得简明、形象。由此可见，几何直观是帮助学生借助图形来描述、分析、表达、思考数学问题的重要策略，借助几何直观能够撬动学生对数学中多个领域数学问题的深度理解。

有两种几何模型对数的概念的学习非常有效：第一种是数轴——一维长度模型，它的早期雏形是数尺、数线；第二种是方格纸——二维面积模型。可以说，这两种几何直观模型贯穿了整个小学数学中数的运算系统的学习。下面是利用方格纸帮助学生理解小数乘法的教学实例。

在20以内、百以内、万以内的整数加减法，以及“几个几”“包含除”“倍的认识”等整数乘除法的学习中，数线这一直观模型的介入对于学生理解运算的算理、本质都有重要帮助。随着数级扩展、数域扩充，当数的运算从整数的宏观领域发展到小数、分数的微观领域时，方格纸这一直观模型因其自身的天然属性承袭了数的运算的核心本质思想，在儿童数学学习中发挥着重要的作用。以“小数乘法”为例，在“小数乘整数”的学习中，引导学生借助方格纸画一画、分一分，能够帮助学生从度量的角度直观理解十进位值制的本质特征，

“小数乘整数”的实质是小数计数单位（0.1、0.01……）个数的逐个累加。学生在以往乘法学习中的认知是两个因数的积是越乘越大的，但到了“$0.2\times0.3=0.06$”这样的“小数乘小数”中，积为什么会越乘越小呢？这成为学生数的运算学习中的思维卡点。这时，借助方格纸图形语言进行思考，能够帮助学生理解问题的关键——新的计数单位的产生。

如图3-4-1所示，先表示出0.3，即把“1”平均分成10份（10个竖条），取其中3份（图中3个竖条），0.2×0.3就是0.3的$\frac{2}{10}$，即把0.3（图中3个竖条）再平均分成10份（图中30个小块），取其中的2份（图中6个小块）。这时，新的计数单位0.01（图中1个小块）就产生了。用这个新的计数单位0.01作为标准去度量运算的结果（图中6个小块），需要数6次，算式表征即“$0.01\times6=0.06$”。由此可见，从度量的角度看，小数乘小数运算的核心即新的更小的计数单位的产生、数计数单位的个数。说到底，计数单位的转换与运作依然是小数乘小数运算的本质。

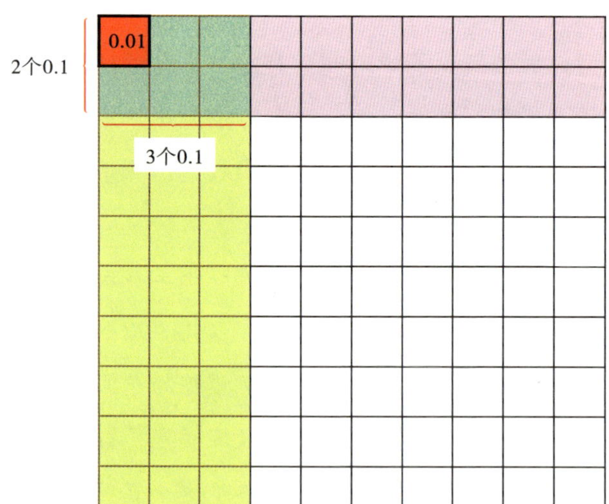

图3-4-1　运用方格纸进行数的运算

（董文彬）

几何直观是儿童认识数的运算本质特征的有力工具，在教学中启发学生以几何直观的方式来理解运算背后的意义、算理，能够帮助学生开启创新思维的大门，体验有创造性地学习数学的历程。学生通过初步感受几何直观作为一种全新的思考方式和学习方式在数学学习中的意义和作用，进而提升数学素养，同时也能为日后深入地学习和理解数学打下基础。

2. 利用认识冲突建立科学概念

科学概念是科学理论体系的基础，对基本科学概念的理解是小学科学教学的目标之一。学生走进课堂时，头脑并不是一张白纸，他们普遍存在一些前科学概念，当这些前科学概念与课堂教学内容发生冲突时，冲突的内容就会成为学生的思维“卡点”。因此，了解学生对各种自然现象及事物的直觉、想法，探究学生认知结构中的前科学概念，才能了解学生“卡”在了哪里。了解学生现有学习水平是教师制定教学目标，进行有效教学的前提，教师利用学生的认知冲突设计课堂教学会收到意想不到的效果。

“点亮小灯泡”是四年级下册科学课的经典教学内容。一般的教学设计，都是从观察小灯泡的结构开始的，观察之后请学生试着用一根导线、一节干电池去点亮小灯泡。从大量的教学实践观察来看，绝大多数的四年级学生，在没有教师引导之前，都会采用导线一端连接电池的正极，一端连接小灯泡的金属皮的方法去进行尝试。当然，这样做是不能顺利点亮小灯泡的。产生这种现象的原因是学生的前认知中还没有回路的概念，所以学生只会按照生活中的经验来实施实验。

当学生发现按照自己的想法无法点亮小灯泡的时候，他们就会感到困惑和不解。此时正是学生求知欲最强的时候，也是教学的最佳时机。教师如何引导就会显示出教师是如何对待学生的学习的，也可以由此看出教师的教学思想是否是以学生为中心的。

直接告诉学生应该将导线弯过来连接，并演示正确的连接方法，然后让学生实践，这样做学生能很快了解点亮小灯泡的方法。这种教学设计的直接效果看似很好，但是教师包办过多，替代了学生的思考。

当发现学生不能点亮小灯泡时，教师提醒学生仔细观察小灯泡的结构，并与其讨论小灯泡上的连接点的作用，再鼓励其继续尝试。结果，学生经过再次观察和讨论，顺利地找到了点亮小灯泡的方法，显得非常开心。在这个过程中，教师没有直接替代学生的思考，而是提供学习的建议和台阶，这样做能够培养学生主动发展的能力。在传统的教学方式中，学生的发展是被动的，学生只是被拴着绳索的羊，教师牵到哪儿学生就跟到哪儿。而本堂科学课的设计让学生从物体的结构与功能的角度，去思考新的方法，从而让学生自己找到解决问题的路径。这就渗透了思维训练的内涵在里面。

（倪成艳）

课堂要注重学生思维的发展，而思维发展需要通过对学科本质内容的研究与设计来实现，也需要在个体和周围现实相互交往的活动中实现。儿童的思维活动水平及方式、内容随他们的年龄和经验的增长而发生变化。课堂中需渗透科学的思维和方法，抓住学科的本质，把握学生思维的特点与方式，了解他们思维卡点、克服思维卡点，并将其转化为深度理解的增长点。

（二）教师转思维，学生真思维

让学生爱上教师提供的知识大餐，只讲究营养，学生未必买账。正像之前谈到的，教师心目中的好课不等于学生心目中的好课，更甚者可谓“甲之蜜糖，乙之砒霜”。在我们开展的北京市千余名小学生语文素养调查中发现，超过60%的儿童在“习作”上感到过压力，“一想到写作文就头疼”[①]。习作是语文学习中学生感觉最畏难的部分。想要化解这一难题，教师就得认真倾听学生的需求，回应学生的“第一需求”，合理选择课堂教学内容、转变教与学方

① 刘畅，项纯．今天的儿童怎样学语文：对小学生语文素养相关情况的调查［N］．中国教育报，2016-02-24（9）．

式，让自己提供的知识营养又美味。

通过调查发现学生在语文习作方面存在的问题是：对习作的兴趣不高，写作动力不足；不真实的习作情境和习作素材导致习作缺乏真情实感和个性创新；习作的交际功能根本无法彰显；评价方式单一，学生习作收获甚微。针对学生在习作方面的问题，我们深刻认识到，教师需要反思：是学生没有达到习作教学的标准，还是标准出了问题？是学生的习作没有真情实感，还是习作的内容与方式本就虚拟、形式化？

1. 改变标准，给学生爱上习作的理由

评价标准是影响学生习作兴趣的重要因素。现有的习作评价标准，多是习作评价者（教师、学校或考试规则制定者）的主观断定，而非站在儿童的立场，从儿童的角度去审视、去评价。这样的评价恰恰指向的是作为写作主体的学生以外的人。因此，反思评价标准进而转变评价标准成为习作教学改革的一项重要内容。应让学生参与评价标准的制定，让其了解并认可评价标准的内容。激发每一个学生的写作兴趣，一篇优秀作文就是“真情实感，独具匠心”，就是想要“读给别人听，展示给别人看”。

在一年级刚接班时，我就告诉孩子们，作文的主人是作者。老师只是帮助作者写得更好，表达得更准确。让孩子们知道习作是表达自己喜怒哀乐的工具。高兴了可以写，伤心了也可以写。我们制定的习作评价标准是：真情实感，独具匠心。只要是真事且抒发了自己的真实情感就是好作文。孩子们经常问我，作文写什么样是写好了？我告诉他们，只要写完就想读给别人听，就想展示给别人看，就是写好了。所以从一年级起，我们就有不定时展示自己作文的惯例。每次读完作文，孩子们就会将自己的作文粘贴到教室里自己喜欢的地方。于是，我们教室的墙上到处都是孩子们的作品，这是他们最引以为荣的事情。现在，微信已成为展示孩子作品的主阵地，成为家长认识孩子、了解孩子作文水平的平台。家长们的留言评论也是激发孩子们习作兴趣的重要力量。

我的习作教学会最大限度地尊重孩子们的所思所想。写作之前从没有范文，更没有所谓的指导。我会给孩子们充足的空间和自由度让他们进行创作。就连作文题目，我也会按照他们的个性进行更改。比如，在学完春天这个主题单元后，教材提供的作文题目是：“我是春天的小雨点”。这是篇想象作文，但是只是写雨点的话，会限制孩子的想象力。孩子们的作品也势必千篇一律。于是在征得他们的同意后，我将作文题目改成了“我是春天里的______”。我们利用一节课的时间来讨论作文选材。孩子们的选材格外新颖：“我是春天里的瞌睡虫”“我是春天里的一堆鸟屎”“我是春天里的落叶”“我是春天里的那款坚冰”……最后呈现出的每篇文章都表达了孩子们对春天的理解，表达了他们最真、最美的情感。

（张　江）

2. 改变形式，让学生期待下一次习作

语文的本质是运用语言进行交流，但为什么学生们爱交流却不爱习作？通过教师及专家的集体研讨，我们认为缺乏真实情境是重要原因，我们需要让学生在真实的情境中学语言、用语言。由此，我们开展了以书信写作为载体的主题探究式习作。这一实践探索旨在实现以下目标。

第一，写作情境真实，写作对象真实，学生可以敞开心扉无拘无束写真话、抒真情。

第二，走进生活，融入生活。习作素材来源于生活，要能唤起学生的生活经验。

第三，采用合作、探究的学习方式，使学生学会收集、整理、运用资料，发展学生的思维品质，提升综合素养。

第四，内容广、形式活，培养学生的创新精神和人文素养。

立足学生核心素养的发展，我们以《义务教育语文课程标准（2011年版）》中的习作培养目标为本，整合北师大版小学语文教科书中“读书”“特产”“书信”“地名”等主题单元，以“书信”这个主题为切入点，遵循互动性、生活性、趣味性三大原则安排了书信习作课程的内容。

为学生创设了真实的交际情境——与重庆人和街小学、广西博白县博白镇第五小学学生进行书信往来，以交笔友写书信的形式，通过各种主题活动，引导学生留心周围事物，学习收集整理资料，培养学生的批判思维能力和解决问题能力。书信活动中进行的各种交流分享，让学生学会了合作，更善于表达且乐于写作，进而提升了他们的综合素养。

在一封封书信中，遥远而陌生的两个小笔友相互了解：他们互相推荐好书，分享阅读感受；彼此介绍旅游中有趣的地方；互相推荐家乡的特产……。无论是关于哪个内容，学生如果想把这封信写好，都要完成一些超出习作本身的任务，如查找、整理、运用资料，进行综合性学习等。

下面是“赏特产美”这一主题活动的教学案例。

一是前期调研。学生通过书籍、网络、媒体等查找资料，了解家乡和祖国的特产。二是自主调查。小组合作设计特产项目学习方案，从课堂走向生活进行实地调查。三是特产研究课。以特产杨梅为例，初步掌握研究特产的方法。四是特产写作课。运用思维导图，厘清研究思路，培养学生运用研究的方法去表达事物基本特征的能力。五是交流展示会。小组合作对所研究的特产进行宣讲。锻炼学生的表达能力，并培养把语文知识活用到实际生活中的意识及能力。

整个活动关注学生的学习过程，明确学习的核心是跨越学科进行高阶综合性学习，为学生具备终身学习的能力奠定基础。

1. 引导学生从单一、显性的信息中，提炼出关键、隐性的信息

学生在提炼阅读材料《我爱故乡的杨梅》的信息时，零碎地找出了“杨梅像桂圆一样大小，长满了刺”等显性信息；教师灵活地引导学生从这些信息中提炼出“形状、颜色、味道”等隐性信息，并揭示这是杨梅独有的特点。教学过程中师生用表格的方式进行归纳。随后，用类似方法引导学生对自己所查资料进行分类、整理、提炼，为自己的研究服务。

2. 引导学生发展有类、有序、相互关联的思维

从课外非连续性文本中，学生们了解到杨梅盛产在江南的山丘中，那里春

季烟雨蒙蒙，夏季阳光充足。学生们发现了利于杨梅生长的温度和降雨量，还发现杨梅在中国湖南、广东、广西、贵州等地区均有分布。结合学生的生活经验，认识亚热带地区的气候特征，了解特产的盛产与环境有密切关系。据此，引导学生用思维导图来进行归纳整理（见图3-4-2），为发展学生质疑批判的高阶思维架起桥梁。

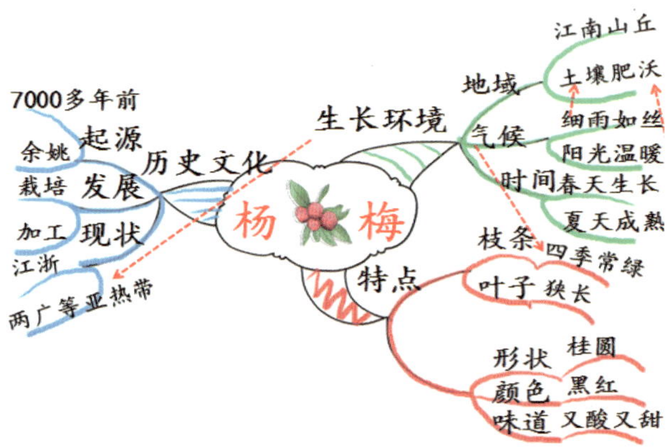

图3-4-2　用思维导图训练学生发散、关联思维

3. 引导学生从质疑、兴趣点入手，初步掌握研究的基本方法

引导学生从质疑、兴趣点入手，进行探究性学习。有一组学生因对苏东坡的诗词感兴趣，于是好奇东坡肉与苏东坡是否有关联，从而想进行调查研究。教师引导学生首先明确了三方面的问题：（1）此项研究的对象是什么？学生想研究东坡肉的由来及发展历史。教师就引导学生学习研究特产历史与其发展渊源的方法。（2）为什么有这项研究？因为学生对此有兴趣并且敢质疑，更重要的是有实地考察的行动力。（3）用什么方法进行有效研究？教师引导学生学习采用网络搜索、实地考察、访问和沟通等方法开展研究。

我们的主题探究性习作研究实践将知识、能力和情感自然地融为一体。首先，重视语文素养的培养。活动以研究特产为手段，将处理资料、课文品读、书面表达、口语交际和情感体验等内容融为一体。同时，在进行思维引导时自然地引入数学的分类归纳思想，在思考特产与生长环境的关联时引入中国气候地图，学生在实地研究特产的过程中走向了社会。其次，是以能力训练为主线。整个课例立足儿童研究能力发展，聚焦学生的自主、质疑、探究等跨学科能力的培养，从信息处理能力，到分类、有序、发散的思维能力，再到具体项目实施的研究能力无不有所体现。最后，是以情感体验为目标，赏特产美、系中国情。

在实践研究中，我们逐渐探索出了自己的课程模式，如图3-4-3所示。

图3-4-3　主题探究性习作研究的课堂模式

（杨雪飞）

改变传统的习作形式，以书信为载体，以趣味主题研究为内容，以笔友为真实交流对象，习作在学生中间已经实现“华丽转身”。每一封信，从内容、形式到遣词造句学生们都绝不马虎，甚至还会精心选择信纸，这些都展示出学生对写作的兴趣日益浓厚。学生在交流与合作中自发建立了关于写作的高水平标准，并不断进步，不断创新。看到学生写信的认真、期待回信的殷切、展开回信的喜悦，以书信为载体进行习作实践研究取得的效果已经远远超出了我们的预期。这一探索也得到了家长们的积极反馈，“少了命题作文的束缚，孩子感受到了表达的喜悦”“学生喜欢写信，喜欢有一个可以同喜同悲的伙伴，喜欢和笔友分享生活中有趣的事”。

（三）思维的可视化、立体化探索

把思维用某种方式呈现，使其清晰可见，不仅有利于教师了解学生的知识建构过程，更有利于思维的理解、记忆、结构化和传递交流。思维的可视化，需要学生经历从杂乱到清晰、从无序到结构化、从孤立到关联的思考过程。

1. 数形结合让思维可视化走向深刻

“数与形，本是依倚，焉能分作两边外，数缺形时少知觉，形少数时难入微；形数结合百般好，割裂分家万事休，切莫忘，几何代数统一体，永远联系，切莫分家。”这是我国著名数学家华罗庚先生描述数与形的关系时所写的一首小诗。这首小诗深刻揭示了“数”与“形”之间对立统一的辩证关系，以及数形结合的价值。

小学生的认知特点是由直观逐步走向抽象，他们对数学概念乃至运算道理的理解与掌握并不是一步到位的，也远非我们所期待的那样顺理成章，毫无困难。在数学学习中，很多学生只是机械地进行计算，而并不明白其中的算理，因此不能灵活地解决问题。这让我们不禁反思，在计算教学中，是让学生会套用公式、根据算法机械地进行计算，还是让学生学会思考？数学基本技能离不开思维的参与，一旦有高阶思维的参与，掌握技能就不能单纯地依靠模仿、练习，更重要的是对技能背后的数学概念的理解。孩子们的学习必须经历从直观操作，到逐步抽象、深化、提高，再到真正得以内化的过程。应用数学图形，让学生在理解的基础上进行有意义的训练，这样技能才能逐步内化为学生的能力。

以下是数学教师韩健博利用数形结合思想，让思维可视化并逐渐走向深刻的实践案例。

• 让孩子“画”起来！

虽然学生从四年级才开始正式学习乘法分配律，但从二年级学习乘法口诀、三年级学习乘法竖式计算时，我们就开始借助点子图进行渗透。在学习过程中，我们不仅让孩子们通过点子图和长方形格子图等几何直观来解释说明乘法分配律，理解算理，还让他们在自己动手画一画的过程中将相对抽象的思考对象“图形化”。这个做法使数学过程变得直观简洁，让孩子们展开了形象思维的翅膀，他们的认识变得更加深刻，学习效果也更加显著。

• 让数与图形“动”起来！

在想象并验证四栋建筑物所在位置会围成一个什么图形的过程中，孩子们的思维在现实生活和图形的世界里“摆荡”。他们在头脑中给数确定了位置，图形也随着数动了起来。通过头脑中的变换，孩子们理解了形与数的关系，发展了几何直观能力，形成了数形结合思想。

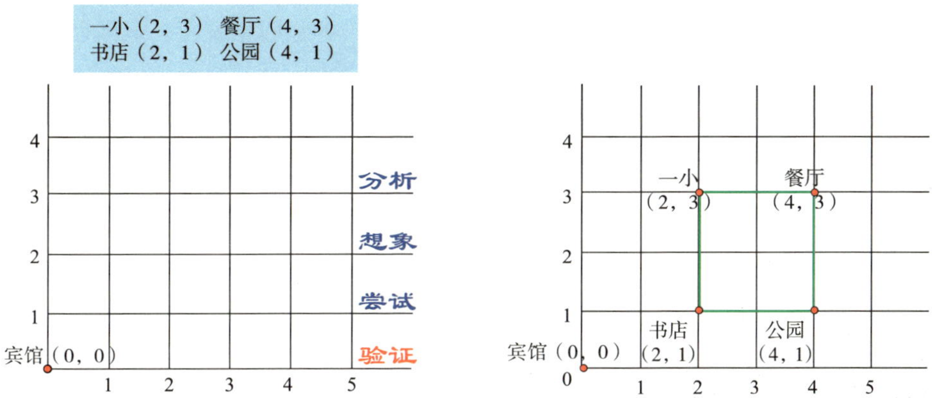

图3-4-4 表示四栋建筑物的位置

• 让“数与形”默契起来！

在应用数对来确定位置一课中，我们让数形结合助力几何直观，孩子们在形中思考、在形中想象、在形中推进、在形中升华，这是一种无以言表的快乐！

• 图形的作用运用出来！

在表达确定位置方法的过程中，孩子们从“不靠谱”到“靠谱”的传统一维方式，到逐步简洁清晰的二维平面方式：具体直观、方格图、格点图、数对、坐标系雏形……。直观让孩子们真正理解了数对的含义，感受到了数学之美。

（韩健博）

在这个不断探索和学习的过程中，我们发现学生们都特别乐于借助数与形的联系来进行深度思考，这也使他们的思维能力不断走向深刻。

2. 用画连接思维与表达

基于对学生年龄特点及认知规律的分析和国家艺术课程核心素养的要求，结合当前学生掌握的艺术知识相对孤立、审美感知力不强的现状，美术教师田春娣针对小学高年级学生研发了“画音绘乐”课程。该课程通过音乐学科与美术学科中存在的点、线、面的共性，从单科教学转向探讨各艺术学科之间的相互联系，分析不同艺术学科共同的美学价值，研究如何使不同的艺术形式相融，使学生的听、视、动觉等多种感官发生综合作用。这有助于发展学生的联觉能力，帮助学生突破思维定式，深化对艺术的理解，更好地理解美、运用美。

“画音绘乐”课程的学生读本将学习内容科学、系统地划分为三个单元：第一单元为点的节奏；第二单元为线的舞蹈；第三单元为点线面合奏。每个单元都巧妙地将音美学科中点、线、面的元素融合在一起，从一个大艺术观的角度，引导学生感受艺术语言，通过音乐的特点了解点、线、面在画面中的构成。以《牛斗虎》这首著名的民族打击乐曲为例，该曲节奏紧凑，给人紧张激烈的感觉。美术中哪些色彩的搭配能反映出这种紧张的感觉呢？毫无疑问是对比色。此外，鼓槌敲击鼓面的声音很容易让人联想到点，《牛斗虎》的乐曲中演员敲击鼓的位置不同声音效果也不一样，敲击鼓面时声音浑厚，而敲击鼓边时声音清脆。在执教此课时，我们引导学生对这两个音色进行联想，在音乐的启发下，孩子们画出了点（见图3-4-5），来表示他们听到的不同声音。

图3-4-5　学生听完《斗牛虎》之后的作品

从学生们的作品中我们不难发现，联觉刺激了想象，他们对音乐有了自己不同的理解。敲击的力度强弱对图形的大小和色彩也产生了影响，敲击时节奏的快慢，构成了画面中富有韵律的构图变化。

（田春娣）

音画联觉是一种创新的艺术学习形式，不仅能够帮助学生突破思维定式，还能帮助他们深化对艺术的理解。在课程实践的过程中，“画音绘乐”获得了众多学生的好评，它为艺术学习能力较弱的学生提供了机会，让很多不会画画但对音乐有感觉的学生能够通过绘画表达自己的感受，提升了学生学习艺术的兴趣和信心。用艺术的形式展示出自己的体验、思考，是另一种意义的思维可视化。音画联觉的巧妙结合，相互促进，提升了学生的审美情趣和创意表达能力。

3. 关联思维的立体化

融合课程基于学生发展核心素养及该课程的本质特征，形成了课程的核心素养：自主探求、关联思考、合作共享、创意表达和综合解决。其中，最能体现融合课程独特价值的是，该课程能够有效培养学生关联思考的能力。关联思考即能够整体地认识事物，发现事物之间的关系。无论是人类的认识发展过程还是教育教学内容的演变，都遵循着由整体到分化再到整体的过程。认识的深化必然伴随着将头脑中碎片化的知识进行分类、整理、关联和逻辑构建。融合课程中涉及的多学科知识关联、多种学习方式关联、学习与生活关联等为学生关联思维的发展创造了条件。

我们通过借鉴与应用美国的课堂和家庭中非常常见的手工主题书——“翻翻书”（lapbook），重组课程内容，带动多学科学习资源的创新。教师带着孩子们做了以“天气”为主题和以“年”为主题的翻翻书。这个过程中，基于各学科知识内在的整体关联性，教师从学生的生活经验和心理特点出发，用学生的眼光去寻找那些现实、有趣、富有挑战且与学生生活密切相关的素材，并以此使学生在主体外部活动中锻炼动手操作能力，促进学生主体外部活动向内部活动的转化，实现学生多学科知识的联结，提升其关联思考的能力。

天气翻翻书中包括天气转盘、抽拉温度计、可调整大小的风力仪、小小书、模拟云朵和可爱的图片。这种翻翻书与学习内容关联性强，且能让枯燥的知识变得生动鲜活。

在跨入2018年之际，我们与学生共同创作了“年”的翻翻书，基于各学科知识内在的整体关联性，以及学生经验与需求的关注点，整合了科学——一棵树的四季、艺术——色彩和画面、数学——年月日、语言——四季古诗和文字、传统文化——年兽和节气、生活——四季服装等学科内容，将这些素材融入一本以“年”为主题的翻翻书。（见图3-4-6）

在翻翻书的创编与制作过程中，教师在对已有教材资源分析、组合、联系、延伸的基础上，以“天气”和“年”为主题将课程内容进行重组和拓展，使其更贴近学生的认知起点和认知方式，将有限的教材内容丰富化、立体化、动感化，创造性地开发出适用于融合课程的配套学材。如果说思维导图是将思维可视化、平面化地呈现了，翻翻书就是元素更加丰富、形式更加多样的思维导图，是关联思维的立体化呈现。

图3-4-6 学生作品——“年”的翻翻书

核心素养导向下的教育变革是立体的，它的提出必然带来课程标准、学科核心素养、教材编写、课堂教学、学习评价等一系列的变革。而课堂教学正是实现教育改革的最后一公里，着力课堂教学的变革，是让核心素养落地的关键。找准切入点，抓住“思维”这个关键点，让课堂教学更有品质、更有趣味、更有格局，让学生的学习真实而持久地发生，使学生形成终身发展的关键能力和必备品格。

绘图：赵哲辰　2008 级（7）班　11 岁

绘图：薛雨晨　2012 级（10）班　12 岁

绘图：刘忆果　2013 级（2）班　11 岁

学校不是一座孤岛，有限空间的再生长

课程资源是课程设计、实施和评价过程中可以利用的一切人力、物力及自然资源的总和，也是学生开展有价值的学习不可或缺的重要条件。以往的教学中，人们往往只重视教材、教案、教具等资源。随着互联网技术的发展，学校或课堂不再是唯一的学习场域。我们需要重新定位和认识学校发展和课程建设的资源，改变对课程资源的传统认知，走出课程资源的思维定式，打破固有的资源边界，重构、发现、创造“最好”的资源，为学生的自主成长提供有力的支持。

在儿童教育上，学校不是一座孤岛，而是和家长、社区乃至社会力量紧密相连，共同承担促进儿童全面和可持续发展的责任。为此，学校需要打破围墙，寻求优质资源的支持，为学生的学习和实践提供更广阔的空间、更丰富的选择。为了让“最好”的资源落地，我们提出了“三打开”的建设途径，即

“打开教室、打开校门、打开云端”。通过打破教室、校园的围墙界限，把孩子们带到研究所、博物馆、科技馆等场所进行学习，让课程资源由课内延伸到课外，由学校延伸到社会，并借用线上、线下资源，扩大课程外延和学生的探究空间，使社会环境和自然环境都成为学生探究的对象和学习的“课堂”，实现有限空间的再生长。

一、打开教室——营造创意空间，让学习变得不一样

打开教室，让学生走入不同空间，让学习发生在楼道、屋顶……让学校的每一个角落都为学生的学习服务，都成为学生获取知识、丰富体验的宝地，让他们的主体性得到充分发挥，享受开放式学习和探索带来的快乐。

（一）打破教室界限，让学习变得好玩

1. 葵园科学实验室——科学无极限，一起做实验

“科学无极限，一起做实验！”这是中关村一小葵园科学实验室的响亮口号。葵园科学实验室是中关村一小微信公众号的特色栏目之一，以每周一期的更新频率向学生们普及科学实验的过程与方法。

实验由学生和家长或科学教师共同完成。学校有丰富的家长资源，由科研专家组成的家长团队能够确保实验的科学性与专业性，与专业研究人员一同经历实验研究的过程，可以使学生们重视操作规范、崇尚科学精神，为他们未来的学习打下坚实的基础。同时，优秀的科学教师团队保证学生对科学实验的浓厚兴趣，鼓励学生大胆质疑，培养学生的实践能力、探究勇气。

葵园科学实验室栏目会选取最基本、最简单的实验，以保证实验的可重复性、可操作性，使观看视频的学生能够快速找到实验材料开展实验，提高学生的学习兴趣与动手能力，变单纯的观看为亲自动手实践。同时，其中部分内容也会引入比较先进的实验仪器或方法，以吸引更多的学生关注。

科学实验室栏目旨在培养学生的科学素养，为此，学校专门打造了一间实体的葵园科学实验室，为受到栏目鼓舞而自愿进行科学实验的学生提供场地与

实验仪器。通过线上线下的联动，聚集喜爱科学探究的学生，提升科学教育在校园内外的影响力。

科学实验室栏目自开设以来，已邀请到多位中国科学院的研究人员参与录制，每期实验的观看率与点赞率平稳上升，栏目受到师生、家长和社会的一致好评。

2. 挑战天下——科技节

一年一度的科技节特色活动，是属于学生的科技盛会，至今已连续举办了14届。活动分为集体项目和个人项目两大类，各届具体项目安排略有不同，但宗旨皆为“不让一个孩子当观众”，激发和提升孩子们在科技节活动中呈现出的创新能力、思维能力和动手操作能力。

在2017年第14届科技节活动中，集体项目首次增设花车巡游班级集体展示项目。如图4-1-1所示，当动感的音乐响彻葵园，一支支由中关村一小的孩子们组成的花车队伍从校门缓缓驶来，花车巡游由“军事科学”“物理科学”“计算科学”和“生命科学”四大主题组成。在老师和家长们的协助下，孩子们勇于创新、积极动手，设计制作出一辆辆炫酷的花车。规模宏大的花车队伍一直延伸到校外，孩子们同花车队伍一起穿过学校周边社区，周边的居民和行人纷纷驻足观看。

图4-1-1　孩子们开着自己制作的花车巡游社区

历届传统的集体项目比赛是按年级分设项目的。学校会预先公示比赛规则，并留出两周左右的时间让孩子们设计、制作作品。学校会先在班级里进行预赛，再选拔出最优秀的选手参加全校比赛。等到科技节到来这一天，孩子们纷纷亮出自己设计制作的“神器”一决高下。

图4-1-2　纸船竞赛

本届科技节三年级的集体项目是纸船竞赛，即看哪个班级的选手能在最短的时间将自己制作的纸船划到对岸。随着一声令下，只见学生们乘坐着自制的纸船奋力前行，池中水花飞溅，引得观众们阵阵喝彩。四年级的投石机比赛是一项比谁投得准的比赛，随着石头沿抛物线滑过，学生的欢呼声一浪高过一浪。五年级的缓降装置比赛别具一格，即看哪个班级的小球在轨道内滚动的时间最长。各班制作的轨道五花八门、层层叠叠，小球在轨道中自由穿梭。六年级挑战的是难度系数最大的定点发射小车。孩子们利用不同的科学原理，让小车行驶到指定地点，每一次的试跑都让观众们捏一把汗。

图4-1-3　投石机比赛

集体项目过后，是人人都能参与的个人项目，即88个挑战小屋活动。虽然取名为“挑战小屋”，实际上就是一张桌子、一把椅子，以及每个挑战所需的比赛材料，裁判由一名学生及一名家长担任。个人项目都是一些令人脑洞大开的、和科技有关的闯关小游戏，如“只有报纸”“纸绳拖重”“A4穿越”“制造彩虹”“扎不破的气球”“折纸大炮”“超市惊奇”等。

图4-1-4　孩子们在操场上放飞风筝

科技节中还有一群特殊的人，他们胸前贴着“家长志愿者”的标志，忙着给孩子们加油打气、拍照留念，比孩子们都兴奋。这就是我们的家长——每届科技节中不可或缺的重要角色。他们凭借自己在航空航天、建筑设计、电力电气等领域的扎实知识和精湛技能，变身孩子们的专业顾问，和孩子们一同享受这道科技盛宴。

3. 童嬉纸鸢——风筝节

风筝起源于中国，是中华传统文化宝库中的一颗明珠。为了让孩子们了解并传承中华优秀传统文化，学校自2016年开始，每年在阳光和煦、微风吹拂的四月举办中关村一小风筝节。风筝节通过各种不同的主题让学生从多角度深入了解和感受与风筝相关的文化，例如2017年的主题是“童嬉纸鸢·寄语丝路”。

第一个环节中，学生们首先要熟悉中华文明的伟大文化遗产——丝绸之路。在教师的带领下学生们了解了丝绸之路的起源，并将其发展历程做成思维导图。比如“张骞出使西域”的故事在书中要几千字才能说完，但学生使用思维导图分析整理并提炼要点后，很快就能把历史事件的脉络讲得一清二楚。

第二个环节是学习制作风筝，要求是围绕“丝绸之路”主题制作出有自己风格的风筝。科学老师和班主任会在课堂中留出专门的时间对全班学生进行培训，之后学生回家完成风筝的制作。学校会给每个孩子发两根竹坯，其他的材料由学生自选，对风筝的材质、大小、风格均不设限，重在创意。

第三个环节是风筝节最吸引人的环节——放飞风筝。到了风筝节这一天，孩子们纷纷将制作好的风筝拿到学校，在学校操场上放飞。迎着春风，在阳光明媚的午后，孩子们在操场上奔跑，心跟着风筝在空中飞翔。一只只风筝承载着一个个梦想，留下一张张笑脸！

第四个环节是风筝节的最终环节——网上风筝评比。总分100分，其中创意设计占40分，制作工艺占40分，钻研风筝的研究小报占20分。研究小报可以围绕不同的主题来写，既可以研究风筝的历史、文化、诗文，也可以探寻风筝的科学原理或制作过程，字数、大小、形状都不限。网上评比出的前100名优秀风筝可以在校展览，其作者还可获得学校特别定制的风筝节徽章一枚。

风筝节活动营造了活跃的校园文化气氛，丰富了广大学生的课余生活，弘扬了中华民族的传统文化，为学生提供了一个展示自我才华的舞台，既激发了学生对科学技术的热爱，也让他们在了解风筝、制作风筝、放飞风筝、介绍风筝的过程中，提升自身的动手、动脑能力和审美能力，体会创新精神和团队意识。

4. 体育节

体育节为孩子们丰富运动体验，强健体魄提供了舞台。每年一次的体育节，都会根据不同的主题来设定活动内容。足球、篮球、排球等球类，彩带、呼啦圈、健美操等各类体操，街舞、机械舞、拉丁舞等各类舞蹈，体育与艺术的完美结合让体育节呈现出创意满满、欢乐不断的场面。我们还会邀请一些体育明星参与体育节，这既丰富了学生体育节的活动内容，又激发了学生参与体育运动的兴趣。

2017年第十三届体育节以“动感十足·乐享葵园”为主题。动感十足，以彰显葵园学子的青春活力；乐享葵园，以成就葵园学子的健康体魄。这届体育节，学校邀请了北京国安队原队员南方和中国男子体操队队员尤浩、邓书弟作为嘉宾参与其中，同时还聘请他们为中关村一小体育辅导员，与全校师生一起为中关村一小的体育发展贡献力量。

图4-1-5　国安队原队员邵佳一在足球运动倡议书上签名

图4-1-6　世界体操冠军尤浩和邓书弟带着葵园的家长和孩子们进行亲子操表演

在体育节上，学生们用精彩的表演诠释对体育的热爱。不论是气势恢宏的武术表演，还是整齐划一的啦啦操表演，都体现出一小学子们无限的活力与热情。同时，笼式足球联赛、排球节、篮球技巧大赛等赛事，也是体育节的重要组成内容。这些活动是体育与健康课程的延伸，不仅能够帮助学生更好地理解体育，而且能够激发学生对体育运动的兴趣，在增强学生身体综合素质的同时，帮助他们养成终身锻炼的习惯。

图4-1-7　体育节上孩子们用足球表演

高高兴兴一身汗，宜动、易乐、益健康。将体育运动与健康的理念落实到每一天，让孩子们在运动中强身健体，在葵园里健康成长，用健康的体魄书写葵园光辉灿烂的未来。这是我们的体育精神，也是我们对葵园学子的重要期许。

（二）步入奇妙学科教室，触摸科技前沿

1. 挑战小屋：创新思维有了用武之地

每一所学校都有一些喜欢挑战“新、奇、特”的学生，他们不循常规又具

有丰富的想象力和创造精神。为了满足这部分孩子的学习需求，我们开设了可选择课程“DI创意秀”，并建设了相应的学科教室——挑战小屋。“DI创意秀”课程主要是由教师创设各种各样的问题情境，学生通过同伴合作完成挑战任务的创新思维活动。课程引导学生从多个角度寻找解决问题的方法，避免思维的定向性，其不仅提升了学生的多元思维意识，也为他们提供了广阔的想象空间和创造空间。原本枯燥的课堂活动被“外星人物品”“白蚁危机”“创意交换卡”等一个个挑战活动所替代。小组成员需要充分发挥创造力、团队协作精神与独立解决问题的能力来应对每一个挑战，在不断收获快乐的过程中挖掘自己的潜能。

同时，挑战小屋也是DI头脑创新思维竞赛的活动场地，学生把课堂学习中获得的知识与技能应用到赛场上，取得了不错的成绩。据统计，小屋里现已走出21位科技类“全球DI总决赛”的世界冠军。

图4-1-8　孩子们参加“全球DI总决赛”

2. 宇航基地：让天文科普教育课程化

在中关村一小乐群楼的三层，有一个“宇航基地”。这里到处是充满天文元素的设施和设备，穹幕星象图、观星仪、天文望远镜、天体模型、宇航仓……，来到这里，孩子们仿佛进入了太空世界。“宇航基地”是可选择课程“谈天说地”的学习场所，课程面向对天文学充满好奇心的学生开设。“谈天说地”使天文科普教育课程化，其所涉及的天文知识十分符合学生的年龄特点和接受能力。学生们借助“宇航基地”提供的学习资源，通过知识学习、天文小实验、小制作、观测等活动，对宇宙的形成与发展、恒星的一生、太阳系、四季星空的变化及天文学热门话题进行讨论探究，初步获得天文学的相关知识。

“宇航基地”也是学校兴趣小组“天文俱乐部”的活动场所。俱乐部组织的中秋赏月、天文知识竞赛、摄影等主题活动受到学生们的喜爱，也激发了学生学习天文知识的热情。

3. 机器人大本营：编程教育从这里开始

机器人课程是中关村一小的特色校本课程。学校自2002年起就开设了该课程，并编写出版了校本教材《机器人》。“机器人大本营”是机器人课程的主要学习场所，按功能分为编程区、插接区、活动区。学生们一进入大本营，就仿佛进入了机器人的世界：人形机器人“小胖”、VEX功能机器人、踢足球的机器人等众多功能各异的机器人，都在等待着孩子们和它们互动。

随着人们对机器人技术智能化本质认识的加深，机器人技术逐渐向人类活动的各个领域渗透，如生活、娱乐、军事、工业、医疗、科研等。学校结合机器人的应用特点，从问题分解、模式识别、抽象提取、算法设计四个方面提升孩子对机器人智能世界的理解。在制造功能各异机器人的过程中，孩子们在大本营中开展小组讨论分析问题、核心测试、改进程序等关键步骤，最终完成机器人的设计和制作，并进行简单的场地任务，在边实践边改进的过程中提升自己的思维能力和动手能力。在探知欲的驱动下，越来越多的孩子涌向机器人这一拥有无限潜能的领域。

图4-1-9　叮咚！“小胖”机器人已上线！

4. 视听动漫秀场：信息时代，美术课的新“学”法

“视听动漫秀”课程是学校艺术与审美领域的可选择课程之一，因其具有较强的趣味性、可操作性和娱乐性等特点，成为孩子们非常喜欢的一门课程。视听动漫秀场就是这门课程的上课所在地——一间放有很多iPad设备的美术教室。

“视听动漫秀”的课堂上，孩子们化身小导演、小编剧、小美工师、小配音演员。他们分组合作编写剧本，选取自己喜欢的道具，绘制、制作视频素材，用iPad进行定格拍摄，并通过软件合成短片。短片完成后由学生们自己配音并上网搜索适合自己作品的背景音乐，最后形成各式各样的小影片。这些作品会被上传到校内云端相册里，同学之间可以互相点赞、评论。

“视听动漫秀”把信息技术手段与学生艺术创作结合起来，让学生在学中玩，在玩中学。这既提高了学生的学习兴趣和艺术素养，又给学生提供了合作、交流、创作和实践的机会。

图4-1-10　孩子们在欣赏自己的作品

（三）亭台楼阁，学习随时、随处发生

1. 梨园小巷：京剧传统文化的学习地

梨园，在古代是对中国戏曲的别称；梨园小巷在葵园里是学生上京剧课的地方。梨园小巷以红色为装修基调、楼道门框以京剧里的盔头为主、海水江牙为墙面底部，楼道的灯上镶嵌着各种戏曲人物行当，墙面上印有京剧的发展史和关于戏曲知识的内容。梨园小巷雕梁画栋，洋溢着浓浓的国粹韵味，置身其中，令人感叹中华文化的博大精深。在梨园小巷，即使你不是京剧团的成员，也能了解到相关的戏曲文化。

梨园小巷设有两个排练厅、一个教室、一个戏曲服装室、一个资料室。在教室里，孩子们通过京剧课掌握戏曲的相关知识。在排练厅里，孩子们留下勤奋刻苦练功的身影：飞脚、前桥，干净利落；水袖、长绸，摇曳生姿；唱腔、表演，声情并茂。在舞台上，孩子们演绎着生、旦、净、丑，行当齐全，唱、念、做、打，样样精通。京剧中处处是知识，句句是学问，样样见功夫。在这里，每个喜爱京剧的学生都能找到适合自己的行当和角色。

图4-1-11 孩子们在排练京剧

伴着悠扬动听的胡琴声，在梨园小巷里，时常可以看到孩子们在反复练习。京剧团成员训练和演出的过程，也是每一个孩子践行“做最好的我”的过程。梨园小巷成为传承中国优秀传统文化的地方。在这里，孩子们不仅能获得艺术的熏陶，还能强身健体、磨炼意志，更能从中领悟到儒家思想“仁、义、礼、智、信”的精髓，感悟优秀传统文化的魅力。

2. 悠然亭：以自然为学材

大自然是最好的“学材”，这本学材没有学科边界，我们要读懂它，需要随时随地的学习。“悠然亭”就是这样一个鸟语花香，师生可以随时驻足研习的自然教室。

教师与学生常常陶醉于悠然亭郁郁葱葱、生机勃勃的美景中，他们以天地为背景，一起歌唱童谣、朗诵诗歌、创作诗歌、描绘自然，感受人文艺术之美。有时学生们也会突然萌生研究一种植物的想法，这个植物叫什么、它有什么生活习性、如何种植、怎么测量相关数据、怎么开展相关研究？这时，便可邀请三五个老师、小伙伴一起进行合作研究，感受科学探索的魅力。

学生说：“悠然亭像一块吸铁石，吸引着来自四面八方的我们。在这里，我们不仅会学习、更懂生活。在这里学到新的知识马上就能应用到生活中，例如，这次的主题是如何成功培育一棵植物，每天一有时间我就到这里观察植物的变化并做记录，我也可以在这里检验自己是否真正地掌握了这些知识，做到活学活用。悠然亭是我学习的地方，也是我在葵园的家。”真正好的教学资源，是让学生们能够融入其中、乐享其中，并在其中自主成长的。悠然亭给学生们提供了一个从大自然中汲取知识和生活智慧的乐园。

（四）屋顶空间再造，让学习在空中“飞”一会儿

1. 空中小农庄：在屋顶与植物亲密接触，收获成长

在中关村一小的教学楼顶层，有一片属于全校学生的快乐园地——空中小农庄。它是学生们课余时间的放松室，雾霾天气时的“大”氧吧，科学课堂的实验室，美术课堂的写生角，语文课堂的习作间……

以空中小农庄为实践基地的课堂深受学生们的喜爱。学生们在这里认识植物种类、了解植物的生长变化，钻研新的栽培技术，感受科学技术对新农业的影响，亲身体验植物种植、管理、收获的全过程，并运用这些知识指导自己和他人的种植实践，科学探究的兴趣与能力得到了有效的提高。不少学生还依托空中小农庄开展小课题研究，在玩中学、做中学。其中的一项研究成果——《弱光条件下不同光质LED及荧光灯照明促进西红柿、紫叶生菜幼苗生长的差异研究》，还获得了北京市青少年科技创新大赛二等奖。

孩子们在老师的鼓励下成立了农庄微社团——“美境社团”，社团通过培养学生骨干，以点带面辐射全校学生，把绿色带进各班教室。2016年和2017年，借助空中小农庄这个平台，社团的成员们参加了“中法校园种植大赛”。在这一活动中，一年级学生的种植、管理工作，蝉联两届金奖——“整体表现最佳奖”。这个活动也将走进自然、关爱生命、美化生活的理念融入了学生们的学习和生活。

科学老师会结合季节、社会热点或节日开展相应主题活动。如以春、夏、秋、冬四个季节的交替为纵线，以动物、植物在四季中的不同变化特点为横线，确立科学教育主题，开展植树节、世界水日、世界地球日等活动。科学老

师还分别在低、中、高三个年段开展不同的科学活动，如让一、二年级的学生学习种植种子的基本技能，了解植物的生长过程，开展制作树叶标本等趣味活动；让三、四年级的学生学习扦插种植、日常管护等基本技能，观察记录植物的生长过程；五、六年级的学生则围绕“绿色改变生活”的主题，开展与植物有关的调查、实验，培养学生动手能力和创新意识。

孩子们通过接触自然，观察校园各处生物的细微之处，发现其中的美好与变化，感受大自然的美好，实现与生活的紧密融合。

图4-1-12　孩子们在空中小农庄学习

2.笼式足球场：学校场地有限，想踢球就这样做

笼式足球场是学校为了满足孩子们对足球活动的热爱而专门打造的足球场地。学校利用楼顶的空间，建造了两个封闭式空中足球场。目前学校利用这两块场地开展足球课程、课后训练和校园足球联赛。笼式足球场利用软网将球场封闭，避免在踢球时，球从楼上飞落，造成伤害。学校充分利用了小场地和封闭形式的优势开展笼式足球。在练习时，学生能有效地增加短距离往返练习的

图4-1-13　笼式足球场上的孩子们

次数和身体的灵活性。比赛时采取3对3的攻防形式，既有团队的合作，又有个人能力的展现。因为场地的特点，比赛开球后，不会因球出界而中断。还因为场地小，学生在10分钟的比赛时间内可以攻防转换很多次。而且在球门的设计上，采用了大尺寸的球门，因此学生们的进球效率很高、观赏性很强。学生们还和老师一同根据场地的特点制定了比赛规则，每次比赛后他们都有意犹未尽的感觉。

目前，学校3至6年级共有48支班级代表队。赛场上，孩子们为了同一个目标全力拼搏、通力合作，不轻言放弃，把对足球的热爱用最直接的方式展现在全校师生的面前；赛场下，每个班都有自己的啦啦队、宣传小组，他们自行设计队徽、宣传海报，并撰写赛事新闻稿件。围绕笼式足球联赛，学生也自发成立了三个微社团：足球竞赛宣传微社团，足球竞赛管理微社团和足球啦啦队微社团。足球竞赛宣传微社团主要负责全校的足球赛事宣传活动，他们会利用中午的时间在广播中播报比赛的比分，保证同学们第一时间掌握比赛的消息。足球竞赛管理微社团负责每场比赛的赛场秩序和裁判等工作，保证比赛的公平性，同时还负责比赛照片的收集和整理工作。足球啦啦队微社团负责各班啦啦队的表演活动，同时负责记录最精彩美丽的瞬间。这三个微社团成为沟通足球联赛和学生观众的桥梁。

打开教室，是尝试突破传统教室的资源局限，充分挖掘和整合校园中的教学资源，建设有学科特色的“学科教室”。中关村一小以开放多样的课堂教学方式，激发学生的想象力、创造力，让学生借助这些资源，更好地成就“最好的我”。要实现学校“做最好的我”的核心价值选择以及“最好成就大家”的行动理念，只有每个“轮子”都转起来，中关村一小这辆“车”才能更快地前行。

二、打开校门——教育不是孤军奋战，构建教育共同体

打开校门，打通学校与社会资源间的壁垒，做好对社区资源的整合与应用，利用多种社会上的教育资源，凝聚各方力量，实现真正意义上的资源共建共享。这个过程也可以促进学区教育教学质量整体提升，并实现弘扬中关村区域文化，服务社区、服务社会的目标。中关村一小依托地理位置优势，充分发挥家长和专家在课程建设中的作用，为学生提供丰富而又专业的课程，构建大的教育场。

（一）中科院创新人才早期培养基地

中关村地区是国内高科技产业和技术的聚集区，拥有丰富的教育资源。中关村一小位于中关村的核心地带，得天独厚的地理位置为学生的发展创造了极好的条件。我们秉承“科学启智，教育立身”的精神，注重对学生创新精神的培养。

为了给学生们提供更加优质的教育服务和教育资源，培养学生的创新思维和动手能力，2011年，中关村一小“中国科学院早期人才培养实验基地”挂牌成立。我们借助中国科学院和中关村社区的智力资源、人力资源，与中国科学院各科研院所合作开展创新人才早期培养的研究和实验，致力培养“小小科学家”，为国家培养拔尖创新人才奠定基础。在“请进来、走出去”的理念下，我们邀请中科院院士、博士等科研人员来校授课，也让学生走进社会、走进科研院校等社会实践基地，将知识与实践相结合，有目的、有计划地把课堂搬进实验室，让老师和学生们在一流的实验室里体验科学的严谨和探索的乐趣，变知识为能力、变兴趣为爱好。

（二）科普资源群

中关村一小附近共有19家科研院所，如何开发利用这些优质科技资源，吸

引这些科研院所与学校一起开展科学教育，是摆在学校面前的一道难题。我们通过建立科普资源群、结成资源合作单位等具有创造性的形式，引领学生走出课堂、走出校门、走入社会。我们开展了“走进科学院，走近科学家”系列活动，并组织了“百场科普讲座”活动，其间通过讲座、访谈等形式让学生们有机会与科学家面对面交流。

图4-2-1　量子科学领域首席科学家潘建伟院士在中关村一小开学典礼上致辞

图4-2-2　“小院士采访大院士”活动

比如，2016年9月1日，在中关村一小以“敢于质疑 持之探索 刷新未来”为主题的开学典礼上，我们邀请了量子科学领域首席科学家潘建伟院士给学生们带来了量子科普的开学第一课，为孩子们打开了认识科学的大门，引爆了孩子们的科学热情。中科院早期人才培养实验基地还特批成立了中关村一小“葵园量子精灵实验室”，并由潘院士亲自为实验室授旗，让学生们可以在属于他们的实验室中尽情探索。

“小院士采访大院士”活动是孩子们与科学家面对面交流的宝贵机会。自活动开展以来，孩子们采访过的院士有天文台宇宙领域的武向平院士、月球探索领域的欧阳自远院士、空间中心探月工程领域的江景山院士等。“小院士们”在采访活动中，充分体会到大院士专心致志、持之以恒、实事求是、无私无畏的精神，并以这些精神激励自己在今后的学习生活道路上勇往直前。

在采访中国航天技术研究所502所的吴宏鑫院士时，吴院士把他少年时代的语文老师给他的寄语转送给我们的“小院士”，他说：“我不祝你一帆风顺，也不祝你万事如意。我希望你有逆水行舟的心理准备和乘风破浪的勇气。你今后的生活道路，不可能是一帆风顺的，也不可能万事如意的。任何事往前走都如逆水行舟。我把我的老师给我的寄语也送给你们。你们也需要这种精神。你们现在要小升初了，我当时也是小升初！所以这是我对你们的寄语。其实我的生活也是如此，不管任何情况下我都保持坚定不移的态度。”

中关村一小不仅与中国科学院各院所保持紧密的合作关系，还与中国科技馆、中国科学技术协会、北京教学植物园、北京自然博物馆、北京林业大学百奥协会、自然之友等多家单位建立了合作关系。在长期的实践中，我们逐步建立了以中关村一小科普教育为核心，以中科院多家研究院所和其他社会机构为校外实践基地的多个科普项目（见图4-2-3）。

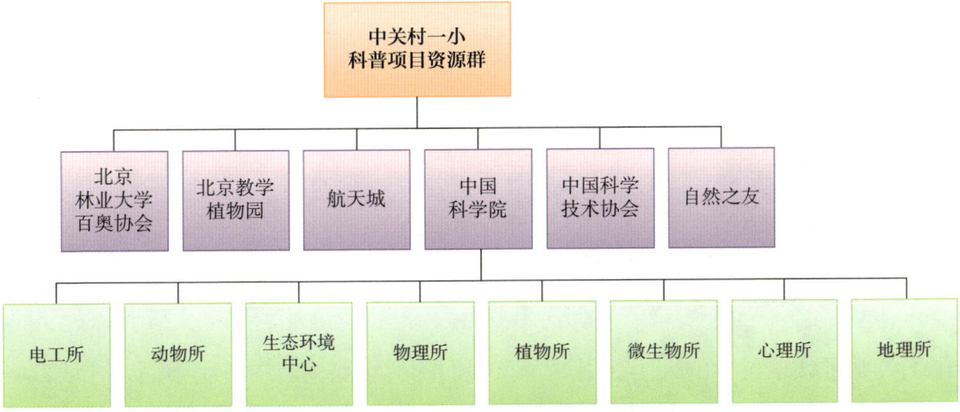

图4-2-3　中关村一小科普项目资源群

多个科普项目的建立为学校科学教育提供了真实、广阔的实践空间，也带给了学生真实的科学体验，使学习的过程变成了充满趣味性、挑战性的探索与实践。

“科学为基，人文为本”，少年科学院秉持的这一理念成为我校开展科技教育的重要载体，体现了科学教育和人文教育的融合。少年科学院引领一小学生全面发展。学校在少年科学院下设立机器人研究所、DI研究所等25个科技类学生社团。每个社团的负责人均为在校学生，我们希望学生能够在自己的研究领域中充分展示自我，提升与他人沟通、交流的能力及管理才能。

（三）科学家课程

为了更好地利用专家资源，让每一个孩子都能获得与专家近距离接触的机会，学校定期开展的“葵园有约”活动，会邀请中科院专家和家长志愿者来校给学生普及科学知识。

1. 神奇的物理学

“神奇的物理学”课程由中科院物理所院士专家担任课程顾问，参与课程设计及授课的16名老师几乎都有在斯坦福、哈佛、牛津等大学留学或工作的经历，回国后他们在各自的科研领域也都做出了重要的贡献。这门由他们精心设计的寓教于乐的课程，让孩子们从有趣的实验现象入手，通过动手实验，学习一定的科学知识，了解基本的科学方法，锻炼科学思维。通过这门课程，物

图4-2-4　科学家给孩子们上课

理所把最新科研成果，如高温超导、纳米、石墨烯等带进了课堂。这些科学大餐，深受孩子们的喜爱。

同时，我们的科学老师、语文老师和科学家们一起编写出版了校本教材《神奇的物理学》。本教材是从科学家的视角告诉学生如何学习物理学知识；学校三、四年级的学生还出版了一本科学小说——《外星来信》。在创作的过程中，师生们都认识到科学教育中必须有科学家的深度参与，科学教育应该是教育界和科学界联手共同推动的事业。科学家对教师专业上的指导，不仅能够加深和扩展孩子们在课堂上所学的科学知识，也能加深教师自身对科学的理解。科学家们通过参与校本教材的创编，为孩子们提供现代科学的宏观视野，帮助教师将科学的观点和方法巧妙地融入课程设计之中，把知识点和有趣的科学故事结合到一起，从而吸引孩子，让他们爱上科学。

图4-2-5 《神奇的物理学》教材

图4-2-6 《外星来信》小说

2. 自然观察家

“自然观察家”课程是我校科学老师和中科院生态环境中心的陈梅雪博士一起开设的中年级科学可选择课程。该课程旨在通过教给学生基本的观察方法，提高学生对身边自然现象的观察力与理解力。在该课程的开始阶段，我们邀请了本校教师与科研人员进行同课异构，即聘请研究人员担任科学可选择课的教师，与学校科学教师分别就同一内容进行授课。我们发现科研人员授课的科学逻辑性很强，但是对课程内容的讲解略显枯燥，互动环节中学生的兴趣不高。例如，科研人员和教师分别上了一节关于“观察草本植物，制作干花”的课，科研人员在教授干花制作的过程中引导学生观察了草本植物的根、茎、叶、花等器官，并引导学生比较了不同植物相应的器官差别，学生制作的贺卡多为具有完整器官结构的标本；而在本校教师的课堂上，学生则更为主动活跃，他们对草本植物的颜色、形状等特征进行了观察，并以自编故事、自主设计等方式提交了精美的贺卡作业。因此，我们决定充分发挥科研人员和教师各自的优势，进行教研结合，通过教师科研素质的提升带动学生科学素养的提升。

在这一过程中，教师和科研人员就某一主题共同准备教案，共同备课。课堂以教师授课为主，科研人员全程听课。以“想象不到的水”一课为例，教师和科研人员一同将授课目标定为引导学生关注身边的水环境，增强节约用水的意识。本校教师的原教案为讲解北京的缺水情况以及讲授可采用的各种节水办法，学生课后完成节水宣传作业。在教研准备环节，研究人员建议课堂以引发学生思考为主，所有知识点不必设唯一答案。例如，在讲授北京市用水量巨大的环节，研究人员建议向学生提出问题：“用什么方法可以知道你家的用水量？”在节水内容的环节，从食物生产用水量入手，将科研成果中有关农业生产用水量的内容引入教学，引发学生对生活用水量有更深层次的思考。课程结束后学生的作业呈现出了多元化的特点：有的结合教学中的思考问题对家庭用水量进行了实际测量；有的以教师给出的农业生产用水基本数字计算了每日早餐的用水量；有的勾画了未来社会的水循环系统；有的用诗歌的形式表达了节约用水的想法……。在共同教研基础上的课程开发与实施，使教师的授课思路得到了拓宽，学生的科学视野也得到了开阔。

3. 丰富多彩的野生动物

在自然科学领域，生命科学是近年来最为活跃、发展最为迅猛的学科，许多涉及动物的研究俨然成为科学技术研究的前沿。以动物为研究对象的学科，涉及诸多分支或交叉学科，如动物学、分类学、生态学、行为学、形态学、生理学、分子生物学、细胞生物学、生物化学、发育生物学、神经生物学、实验医学、生物技术与工程，以及农业科学中的畜牧学和兽医学、农业昆虫学、生物防治等。了解动物学的基本知识，是我们通向生命科学的一把钥匙。对于青少年儿童来说，动物也是最受关注的目标物之一，特别是在他们成长发育阶段，对动物流露出一种天然的喜爱。

“丰富多彩的野生动物”课程由中国科学院动物研究所高级工程师、国家动物博物馆科普策划人张劲硕博士设计和授课。该课程旨在为喜欢动物的学生提供一个与动物学专业人员交流的平台，通过介绍丰富多彩的野生动物，培养学生对野生动物的观察力和想象力。学生们在学习该课程的过程中不仅可以享受野生动物和大自然带给他们的快乐和惊喜，而且还可以学会怎样运用科学的方法对生命科学进行探索研究。

目前该课程已经开设7年。通过对动物、生命的了解，学生们更加珍爱自然和生命，他们的观察力和想象力也得到了提升。学生在这一课程中了解和掌握了基本的科学方法，敢于质疑、敢于提问、敢于批驳，坚持以科学的态度看待问题，学会动脑筋，善于发现问题和解决问题。

4. 超级脑力

你知道我们的大脑有多重吗？你知道我们的大脑摸起来是什么感觉吗？你知道我们的大脑是通过什么方式来思考的吗？你知道大脑和我们的聪明程度有着怎样的关系吗？你知道如何更加高效地使用大脑吗？相信你对我们的大脑很好奇，那就快来参加“超级脑力”选修课程吧！

这是可选择课程“超级脑力”的宣传语。这门由中国科学院心理研究所研发的脑科学课程，让孩子们从大脑的物理特性出发，由内而外地了解大脑的构造，让他们从科学的角度了解大脑。科研人员会对大脑的基本功能和高级功能进行讲解，让孩子们知道人的视觉、肢体动作、思维及情绪都是受大脑控制的。此外，科研人员还教给大家科学使用大脑的方法，让平时苦于没有记忆方法的孩子们，学会轻松的记忆方法，拥有好玩的记忆体验。

科学家课程教会学生在观察中提出问题，自主研究，形成实事求是的态度，培养他们对问题的敏感性及勇于创新的意识。同时，我们还引导学生结合自己感兴趣的行业和领域开展研究性学习和社会实践活动。例如，有的学生对植物感兴趣，我们就鼓励他们走进学校的空中小农庄，研究植物的嫁接方式和无土栽培；有的孩子希望将来成为经济学家，我们就建议他们从小学生理财入手确定研究性学习的专题，并为他们请来北大经济学专家进行指导；有的孩子希望成为杨利伟叔叔那样的航天员，我们就带他们到航天城体验一日航天员生活；还有的孩子想当科学家，我们就让他们加入“葵园学术会客厅”院士采访团，零距离接触中科院的科学家。对小学生来说，让其从小接触并初步了解不同行业和领域的工作，有助于他们找到适合自己个性和才能施展的方向。这对学生的健康成长而言，无疑将是一笔宝贵的财富。

经过多年的实践，我们欣喜地发现孩子们会学、会用、会玩、更爱科学了。这些科研人员是中关村一小最宝贵的资源，他们不仅为孩子们带来最专业、最前沿、最有趣的科学课堂，而且为孩子们的内心植入科学的理性思维。他们的努力不断激发起孩子对科学的兴趣、提高孩子的科学探究能力、唤起孩子追求真理的科学精神，最终形成影响孩子一生的科学素养。

（四）10%学科实践活动

“各学科平均应有不低于10%的学时用于开设学科实践活动课程”是2015年7月《北京市实施教育部〈义务教育课程设置实验方案〉的课程计划（修订）》中的新亮点，也是学校课程改革的主要发力点。

学校结合6-2-6课程体系，制订了基于学生真实生活环境的“STU-DENT+”学科实践活动方案，该方案以自主学习（Study）、教学与资源优势结合（Together）、促进理解（Understand）、能力拓展（Development）、研学交流（Exchange）、意识与实践能力创新（New）为核心理念，促进学生自主行动（Take action）。

实践活动的开展采用“教师与学生一起选题—设计活动方案—实施方案—作品展示”的形式。学科实践活动课程是师生双方在活动开展的过程中逐步建构生成的课程，而非根据预定目标预先设计的课程。随着实践活动的不断展开，学生的认识和体验不断深化，创造性的火花不断迸发，新的活动目标和活动主题不断生成，学科实践活动的课程形态随之不断完善。

图4-2-7 “STUDENT+”学科实践活动方案

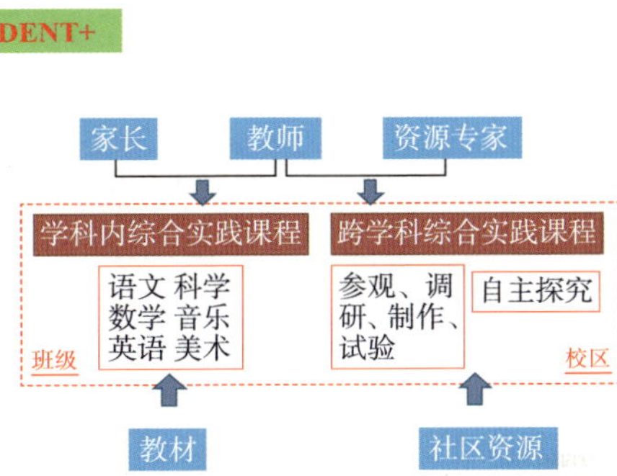

图4-2-8 学科实践活动课程

1. 把课堂搬到博物馆

博物馆里有各式各样的古代钱币，历朝历代的皇家服饰，体型各异的恐龙化石，种类繁多的植物标本，如此鲜活丰富的课程资源，岂能任其闲置？2015年4月22日，中关村一小便把课堂搬到了中国国家博物馆和北京自然博物馆，引导孩子们在博物馆里学习知识，进行探索研究。

每个班级、每个学生都是带着自己的课题研究任务来到博物馆的。学校为每个学生配发了课程手册，按照上面的任务单，一至三年级的学生去北京自然博物馆，感受丰富多彩的动植物世界；四至六年级的学生去中国国家博物馆，体验中华传统文化的魅力。任务驱动下的参观实践活动，为孩子们的博物馆之旅带来了不一样的体验。

在中国国家博物馆，六年级（2）班学生周凯怡说：“我们的任务是观察古代皇帝的服饰，完成成语接龙。按照课程手册上每项任务关键词的引导，我们几乎看遍了所有的展览室。”五年级（1）班学生白雨珂说：“以前跟着爸爸妈妈参观博物馆时，走马观花似的，没有什么目的。而这次活动是一次有目的性的学习，我们通过自己的探索，找寻答案，比在教室里学习历史知识有趣多了。”

在北京自然博物馆探索大自然奥秘的三年级（1）班学生王简文凭借多次参观北京自然博物馆的优势，担任起小组导游的任务。他说，充当小导游不仅锻炼了自己的语言表达能力，也让他更有团队意识，“因为我要随时关注每一个队员的动向，确保大家没有掉队”。

在参观过程中，孩子们或是依次了解各个历史时期的重大事件，对中国古代历史形成初步的整体认知；或是针对自己感兴趣的动物植物样本进行重点研究，获取更深入的知识……。这种开放式的学习不但激发了孩子们的学习兴趣，满足了孩子们个性化的学习需求，而且使他们的观察能力、表达能力、组织能力和人际交往能力得到了提升。

学生成长服务中心开发的“探索博物馆的奥秘之旅”博物馆课程，以“找寻生命的起源”“中华文明我传承”“铭记历史、展望未来”3个主题组织学生开展社会实践和科学探索活动，旨在让每个孩子成长为“会学习、懂生活、能负责、敢担当”的人。

2. 一虫一叶一世界

“天地与我并生，而万物与我为一”，世界是一个整体性的存在，人与天、地、山、川、鸟、兽、虫等自然万物皆是这个整体的组成部分。为了弘扬“绿水青山就是金山银山”的理念并让学生树立“亲近自然，关怀生命”的意识，在第五个世界野生动植物保护日到来之际，中国林业文联联合多家野生动植物保护协会与中关村一小共同举办了“‘我的一虫一叶一世界’暨‘放眼绿水青山　建设美丽中国’”科普巡展活动。本次活动共展出100余幅野生动植物摄影作品，并在全校范围内进行野生动植物知识科普教育，激发了孩子们对大自然的兴趣。活动开展之前，来自人大附中朝阳分校的大哥哥、大姐姐们走进葵园，介绍我国的珍稀动植物，并以“小导师”的身份培训了我们的小讲解员。

活动开幕式上，中关村一小的孩子们以“我的一虫一叶一世界”为主题进行了动植物研究成果分享。六年级的依晨与和钦以“一花一草伴童年”为主题，带大家领略了空中小农庄的美丽风光，还分享了她们的种植心得：种植不仅带给人怡人的空气、优美的环境、赏心悦目的风景，更让人体会到“付出+

图4-2-9　来自人大附中朝阳分校的姐姐在培训小讲解员

收获=幸福感、自豪感”的内涵。为了减少PM2.5的排放，还北京一个蓝天，来自六年级的艺斐和五年级的俊廷主动承担起净化空气的重任。他们以“北京市常见树木吸附大气颗粒物的能力比较”为研究课题，在北京林业大学的校园内，对不同季节中侧柏、榆树、油松、国槐、毛白杨五种树木的叶片进行采集。在老师的指导下，两人采用平衡滤膜的方法进行实验，通过数据分析将这五种树木吸附大气颗粒物的能力进行了排序。通过这次科学课题研究，他们对大气颗粒物污染有了更深入的了解，增强了环保意识，同时也感受到科研工作者的辛苦和严谨的科学精神。

蚂蚁是什么？如果你认为它们只是一个个小小的黑色或棕色的昆虫，那你可就小瞧它了，它可是很厉害的建筑师！为了能够仔细观察蚂蚁的生活习性，二年级（11）班的同学们为蚂蚁准备了一个新家——蚂蚁工坊，在日常观察的基础上画出了一幅幅有趣的漫画。

居民对树木吸附大气颗粒物认识调查

表1　北京市减霾情况调查

	调查人数	认为北京雾霾严重	认为颗粒物影响正常生活吗	认为树木能减少空气中颗粒物吗
网络调查	81	78（96%）	78（96%）	75（93%）
实地调查	105	103（98%）	103（98%）	97（92%）
合计	186	182（98）	181（97%）	172（92%）

表2　对不同树种减霾能力的调查

调查人数	侧柏	油松	毛白杨	国槐	榆树
网络调查（81）	22（27%）	16（20%）	15（19%）	23（28%）	5（6%）
实地调查（105）	23（22%）	28（27%）	25（24%）	13（12%）	16（15%）
合计（186）	45（24%）	44（24%）	40（22%）	36（19%）	21（11%）

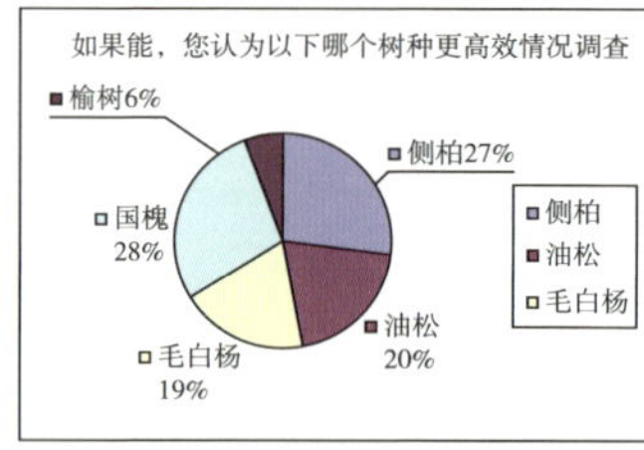

图1 网络调查哪个树种更高效

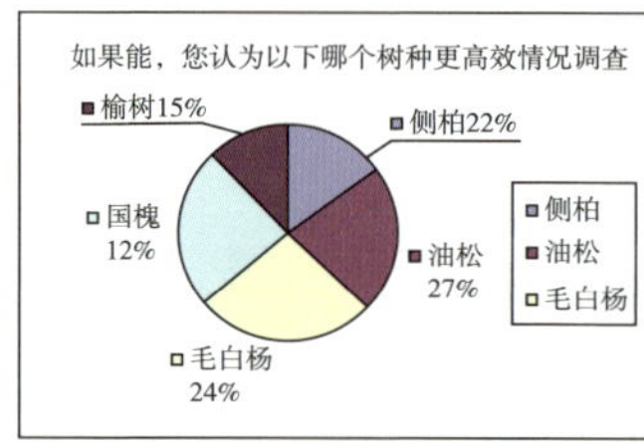

图2 实地调查哪个树种更高效

图4-2-10　对北京市常见树木吸附大气颗粒物能力的研究成果

我们用放大镜仔细观察小试管里的蚂蚁

图4-2-11　观察蚂蚁画漫画

因为喜欢昆虫，盛雄还在班里找到了志同道合的小伙伴，组成了“捕虫大队”。只要有时间，他们就去大自然中寻找有趣的昆虫。在研究成果分享环节，盛雄向大家介绍了蜘蛛的种类及几种特殊的蜘蛛，如金钱活板门蛛、翻滚蜘蛛等。孩子们感慨道：“原来蜘蛛的世界也这么有趣呀！”孩子们的研究带我们离开了冰冷的建筑和喧嚣的城市，回到了大自然的怀抱中。在这里，我们听到了清脆的鸟叫；在这里，我们闻到了甜蜜的花香；在这里，我们看见了湛蓝的天空……

3. 小葵花自然之旅

“小葵花自然之旅”是中关村一小以春游活动为载体，融合多项学科内容的体验课程。我们希望通过自然之旅，把课程带进大自然，让学生走进广阔的天地，去汲取自然的智慧，寻找创作的灵感，体会生活的乐趣。

2014年10月的“小葵花自然之旅”设置了多项可选择的课程内容，如把大自然当学校，了解一种蔬菜或农作物的生长状态；掌握一项航天科普知识，与人合作完成指定任务；体验一项科技小实验，领略生活中的科技之光等。学生们可以根据自己的喜好，选择不同的课程内容。开课前，老师会和学生一起做课程准备，组团、分工、自发地进行课程设计，每个人都是参与者、管理者、组织者。

只要用心观察生活，写作也能带我们走进自然。如2017年4月开启的题为“对话盛开在诗词里的春天”的“小葵花自然之旅”。学生们通过“语言与人文”领域可选择课程中“国学启蒙”模块内容的学习，更加热爱古诗词，热爱中国传统文化。“读以致用，思以达情”的语文学科核心理念，引领学生在读、思的基础上乐于把自己的真情实感诉诸笔端，这样妙趣横生的春天就会出现在孩子们的笔下，出现在我们的心里。

课程是新鲜的，收获是喜悦的！多彩的活动释放着孩子们的天性，释放着孩子们无限的可能。我们把体验权还给孩子、把自主权还给孩子，让孩子们汲取到更多课本以外的知识，感受到同伴之间的友爱，让孩子们在课程中自信、友爱、快乐地成长。

4. 冰上勇敢者的游戏

自成功申办2022年北京冬奥会以来，全民参与冰雪运动的热情日益高涨，冰雪运动在校园中的推广也日渐加强。随着海淀区冰雪运动普及推广工作的不断深入，中关村一小积极参与并逐渐构建出冰雪运动的相关课程体系及配套活动设施。在课程设置上，我们增加了“冰雪运动”可选择课程，激发了学生的学习兴趣、丰富了学生的课程体验；在课程资源上，我们带领学生到周边雪场、冰馆进行学习、体验和训练，不仅让孩子真切体会到了冰雪运动的乐趣，也培养了孩子拼搏、自强、团结的运动精神；在课程保障上，我们定期开展校内体育活动，积极参与市、区级比赛。冰雪运动课程从关注学生实际获得出发，增强了学生的意志品质，提升了学生的运动素养。

在冰雪运动课程体验上，我们将学生分成花滑、速滑、冰球3个小组，并带领学生前往五棵松冰世界开展冰雪运动体验活动。学生们在教练的指导下穿好冰鞋，进入冰场学习滑冰。很多初学的学生刚上冰面就感到很不适应，有的滑倒，有的不敢前行。在教练和老师的指导帮助下，学生们渐渐能够在冰面上缓慢滑行了。当然，这中间不乏一些有滑冰基础的学生，他们主动帮助那些没有滑冰基础的学生，同学之间你教我学、十分有趣。在滑冰的过程中，孩子们不仅了解了冰上运动的基本知识，亲身体验了冰

图4-2-12　孩子们在2016年第一届北京市海淀区中小学冰球联赛中斩获B组冠军

上运动带来的快乐，更加深了对体育精神的理解。同时，我们从众多喜爱冰雪运动的学生中，选拔出了一群热爱并且较为擅长冰球项目的学生，组成了“葵龙”冰球队，并且在2016年第一届北京市海淀区中小学冰球联赛中斩获了B组冠军。在历时一个月的8场小组比赛中，一小的冰球小勇士们个个精神饱满、斗志昂扬，用精湛的技艺和奋勇拼搏的精神赢得了现场观众的阵阵掌声。

冰球作为一项速度快、身体对抗性强、激烈程度高的体育运动，一直被称为“冰上勇敢者的游戏”。学校将冰球运动纳入体育与健康可选择课程中，是一种大胆的尝试。但事实证明，它不仅丰富了体育课程的形式，为孩子们创造了一个新的展示平台，而且锻炼了孩子们的体魄与心智，较好地体现了学校倡导的“宜动、易乐、益健康”的课程理念。

5. 富有“工匠精神”的创新课程

让每一个孩子“会学习，懂生活，学做人，树品行”是中关村一小的核心教育理念。为此我们从课程资源的建设着手，着眼于培养学生的兴趣爱好，开发学生的潜能，点燃学生的激情。为促进学生个性的发展和学校办学特色的形成，学校引进了富有“工匠精神”的生活类创新课程，如国医启蒙、财经、烘焙、布艺、木工等课程。

（1）国医启蒙课程

国医启蒙课程致力于让每个学生都成为自身“生命健康自主小卫士”。该课程以《黄帝内经》为理论来源，以杨志勋教授主编的适合儿童学习的《国医启蒙教育读本》为教材。该课程对孩子良好思维方式的形成和健康生活方式的养成具有重要而长远的意义。课程结合学生日常生活学习，安排学生学习生命的基本概念及饮食八戒等口诀；教学生揉梁丘穴，敲胃仓穴，刮列缺穴等；带学生认识厨房里的中药；讲大医家的故事，例如，扁鹊见蔡桓公，尉迟追袍，张仲景坐堂……

“学医先学道，做事先做人”是国医启蒙教育的精髓。国医启蒙课程旨在培养学生敬畏天地心、孝顺父母心、感恩一切心并养成良好的生活习惯与学习习惯，帮助学生沿着做人、健康、成才之道，成为“三道合一”、全面健康成长的少年儿童。

（2）财经课程

财经课程旨在培养学生树立理财意识并具有初步的理财能力。理财意识是指一个人对其经济状况全面认识、评估和把握的能力；理财能力包括财务预测能力、财务决策能力、财务计划能力、财务控制能力和财务分析能力。财经课程从思维与图式、技能与算法、人格与行为、迁移与建构四个层面让学生在宏观上对财经学形成初步的理解，主要包括动机目标管理、动态资源规划、投资收入实现、消费责任信用、风险储蓄控制五方面的内容。

对于小学生来说，对理财的学习可以从管理零花钱开始，养成不乱花钱、勤管理钱的习惯。课程中，我们把对金钱的理性认知和积极人格相融合，告诉孩子正确理财的意义在于积极导引人的行为，理财意识决定了人未来的经济命运，合理的理财方式能够帮助人创造幸福的人生。

（3）烘焙课程

我们开设的烘焙课程不仅教学生制作月饼、艾窝窝、驴打滚等中式传统小吃，还教学生做小饼干、小甜品等大家喜闻乐见的西式美食。该课程突出“实践创造能力，实践塑造品质”的教育理念，在讲解美食的制作原理的同时，教学生有效识别健康食材成分，科学调配食材配比，安全烘焙健康食品，引领学生对口感与美感的追求，让学生在实践中体验烘焙的乐趣。鼓励学生把作品分享给老师、小伙伴以及长辈。在寓教于乐的教学中，学生不仅学会了如何安全使用烘焙工具，也学会了如何尊重科学、尊重匠人精神。

（4）布艺课程

布艺课程以布艺制作为载体，旨在以贴近生活的方式引导学生观察生活，热爱生活，并锻炼学生的手脑协调能力，提高想象力、创造力及专注力。

课堂上，学生通过教学视频及老师的细心指导，制作布艺作品，学习平针、回针、藏针等常见的缝制方法，将学会的缝制方法运用于作品创作之中。制作布艺作品时，通常会产生许多废弃的布料，学生们将它们都收集起来，通过粘贴、组合的方式制作成精美的布艺贴画。创意布艺课程坚持“授予方法，学生自主创作”的理念，注重提升学生的生活技能与情感表达能力。

（5）木工课程

木工课程是旨在让学生学会安全使用基本工具，让学生对传统榫卯结构有基本认知与实践，从而能够进行自主创作的一门课程。

图4-2-13 孩子们的布艺作品

学生们在木工课程的学习与实践中，要先绘制图纸、测量尺寸，确保作品零部件的精确程度，接着使用合适的工具进行切割打磨，最后进行组装及表面处理。随着课程的推进，学生们逐渐掌握锯、锉、钻等工具的使用，了解不同木料的纹理、特性，并加深对榫卯结构等的认知。

木工课程起到了普及中国传统文化的作用，木作前的规划设计培养了学生的规划能力，制作的过程提升了学生动手实践能力，培养了专注、耐心的品质。木工课深受学生们的喜爱，给学生的生活、学习增添了一抹色彩。

课程资源的开发与利用最终是要从学校走向社会和自然的。根据课程目标和内容，明确校外可供开发和利用的课程资源。在调查的基础上进行资源分析，将各种资源进行归纳整理，分辨优劣，综合考虑，从而实现优化利用。

三、打开云端——未来已来，准备好了吗？

“互联网+”为学习环境的改造、学习资源的丰富和系统化、学习方式的个性化提供了千载难逢的机会。我们充分利用互联网的优势，通过升级校园网络环境硬件、完善基础网络平台建设，建立了集校园宣传、教学服务、资源共享、协同办公、创新式学生成长评价为一体的“葵园云平台”。该平台使学校真正成了“学习随时随地，资源无处不在”的智慧云校园，如利用大数据统计学生选课情况、调研学生学习状况、进行学生学习质量跟踪、建立学生电子档案袋等。这是一个为学生提供自主学习、个性化学习的平台，它推动了学生在互联网背景下学习方式的变革。

（一）让教与学可移动

1. 智慧校园：可视教研、信息交互

智慧校园将引起教师角色的转变，使教师由单一的知识的传授者变为学习的启发者、引导者和促进者。在此背景下，学校的主要任务是培养高水平的学习者，并使其成为课堂的主角。

伴随着“云平台”的出现，网络化教材也开始走进校园。网络化教材不仅再现了纸质教材的内容，而且可以分层级、立体化地关联教师教学和学生学习过程中可能使用的知识点资源、习题资源、扩展类学习资源等。这一方面方便了教师的备课、上课；另一方面也满足了学生差异化学习的需求。

与此同时，借助云平台，课堂也开始由传统课堂向融合虚拟课堂方向转变。课堂交互活动的过程及结果都保存在网络空间中，为教师的教学反思、学生的个性化学习提供了支持。

我们在智慧校园建设的工作上有着突破性进展，不仅在校内设立多台走廊电视同步三个校区的教学工作，还设立了多台一体机利于三校区的信息交互。

随着教研的不断开展，学校积累的教学资源越来越丰富。我们通过网络服务器分别建立了学科组、年级组及学校资源库，用来汇集教师们的教研成果，鼓励教师们通过资源共享与评价，实现教学水平的共同提高。

为了实现教学与互联网的有效结合，学校设立了微信直播课堂，使家校之间的联系更加密切。在微信直播课堂上，学生们通过课题汇报、背诵古诗、讲解试题等形式展示自己的学习成果。每个学生都像小主播一样，精彩绽放。家长们通过直播课堂能够清楚地看到孩子们在课堂中的表现，并及时在家校微信群里给予反馈，给孩子们点赞。家长们还可以参与课堂的互动和讨论，家校共上一堂课的做法极大地激发了学生们的学习热情。

图4-3-1　孩子们在观看走廊电视

图4-3-2　学校教育教学资源的共享

2. 云平台促进云学习

在传统的课堂教学模式中，教师以书本为工具、以讲解为途径、以板书为辅助，对知识进行传授。这样的课堂往往导致学生学习比较被动，缺乏对学习内容的理解和真情实感。随着信息技术的发展，课堂教学中运用多媒体手段展示教学内容的教学方式越来越普遍。在这种方式下，学习内容变得直观形象，学生的学习积极性大为提高，想象力、创造力得到了锻炼。

学校开设了“翻转课堂”，将学生的个体学习与同伴学习有机结合在一起。翻转课堂突出体现了先学后教教学模式的优势，使学生的自主学习、质疑、沟通等能力得到了有效的发展。“足球爱好者小豪同学想用若干根相同的小棒拼出一个形如足球的多面体，可是他拼了很多次仍没有成功。小豪怎么做才能拼出一个完整的足球呢？”在“足球中的数学问题”微课题研究中，陈老师就带领学生一起体验了翻转课堂的魅力。其实在课前，陈老师已经在学校校园网上发出了邀请函，“足球中蕴含哪些数学问题？感兴趣的同学请报名参加微课题研究小组”。见到邀请函后，中关村一小三个校区不同年级、不同班级的爱好者们汇聚到了一起，共同开展足球中的数学研究。

形如足球的多面体到底是什么样子？借助3D打印机，陈老师指导学生们打印出了一个足球框架，并通过校园网中的视频资源开始课前自主研究。陈老师建议学生们先从正方体、五面体中寻找面数、棱数、顶点数的变化及规律。最后通过计算，小豪的问题得到了解决。趁热打铁，陈老师又引导学生们发现了形如足球的多面体中棱数和所有多边形边数的关系，以及顶点数和所有多边形顶点数之间的关系。同时，学生们通过上网搜索，也发现了与本研究相关的故事，并提出了“足球赛的赛制需要多少场”等新的问题。

短短一节课，学生们不仅利用网络解决了数学问题，还锻炼了自主学习的能力，这种方式也让不同年级对同一主题感兴趣的学生彼此间有了交流。在整个过程中，教师不再使用课堂的大部分时间来讲授知识，而是采用引导法来满足学生的需要并促成他们的个性化学习，让学生获得更真实的学习。

3. 微课资源平台

（1）微课资源平台建设

云平台中的微课资源平台是教师课堂教学的重要补充，也是学生学习空间的重要扩展。通过微课资源平台，教师在备课中所准备的大量材料在课堂前、后都可以持续发挥作用。教师在微课资源平台上准备的视频、PPT、Word等形式的教学资料，可以直接通过平板中的APP在课堂中使用。这样既方便了教师教学，也为学生的学习提供了极大的便利。

对教师而言，基于微课平台的校本研修，课例观摩，评课，反思和研究，探讨微课在教学中的应用模式等，都可快速提高教师的课堂教学水平，促进教师的专业发展。对学生而言，基于微课资源建设的学习社区能更好地提供适应学习者个性特征的学习支持和服务，满足学生的个性化学习需求。按需选择学习资源，既可查漏补缺，又可强化巩固，弥补和拓展了传统课堂学习的不足。

（2）“平板互动”教学

如图4-3-3所示，“平板互动”教学为教师轻松实现翻转课堂提供了支持，其通过线上资源的分享、课上平板电脑的使用，结合其他辅助设备，实现了师生之间高效的双向互动。

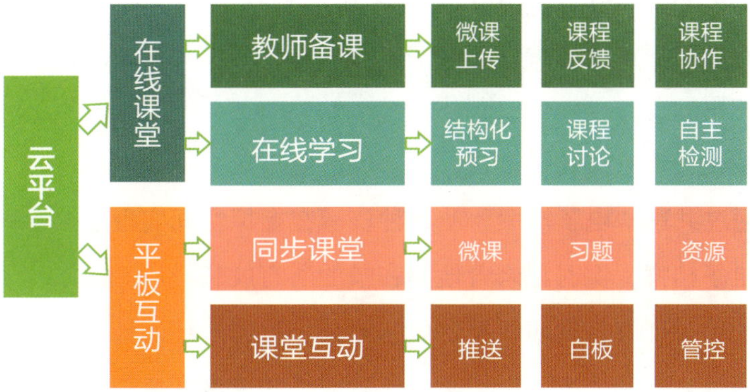

图4-3-3　借助云平台的课堂教学情况

“平板互动”教学的实施给学校师生带来了很大的变化。通过云平台在线课堂系统与平板互动APP，教学过程不再孤立。课前、课上、课后的所有环节都方便、快捷、高效。教师通过平台准备的课程，在课上方便查看，课后学生还可以在平台中继续学习，学习情况反馈在平台中。教师可以根据学生回答问题的表现给予学生奖励积分，同时学生可以看到自己的积分总数和积分排行位置，这在很大程度上鼓励了学生。教师通过平板互动中的白板能够快速地对学生的问题进行反馈，学生也可以快速查看教师的反馈结果。学生端的信息也可投放到大屏幕，展示学生们收集的资料。同时学生可以参加教师在课堂上发起的各种活动。

（二）让学生在校园的轨迹可见

1. 看得见的成长

学生的自评、学生间的互评一直是困扰教师的问题，因为这类评价往往停留在一对一、多对一的模式，常常导致全体学生听着大家评价一个人，耗时费力，很难在课堂上实现有针对性地评价每一个学生。

现在，教师们尝试通过iPad让学生完成对本节课学习效果的自评及学生间的互评，这样不但使评价更加具有针对性，还节省了时间。同时，教师还能够从后台发现学生学习过程中的问题，帮助学生及时纠正。班级的投影上会显现积极发言的人数、作业全对的人数等（见图4-3-4）。这种直观的数据展示，不但方便教师把握课堂节奏，还使学生对课堂参与度一目了然，从而起到鼓励和鞭策的作用。

2. 可视化展现方式促进改变

学校通过共享“电子档案”使各种资源在虚拟空间实现连接。每个学生都有自己的电子档案，实时记录着他们在校的所有成长经历。比如，学生在校期间所获得的荣誉证书、发明成果的展示照片、优秀成绩的精彩时刻、成长重要事件的感悟等。电子档案可以将学生学习成绩的梯度变化与身心状态的监测整合在一起，全面深入地把握教育教学的效能；还可以将教学管理、教学评估等进行整合，教师也可以实时控制、评价教学实践的过程与效果。由此可见，电子档案可以为教育教学提供周到细致、优质高效的服务。

图4-3-4　基于iPad的课堂评价系统

（三）基于技术的学习方式变革

在“互联网+”的时代背景下必将产生新的学习环境、学习资源和学习方式。学习方式的变革无疑是课程改革中不可缺少的一环。学校尽可能多地为每个学生提供资源与技术的支撑，不断改进学生学习方式，实现“学习随时随地，资源无处不在”的智慧云校园。

1. 课堂中的“高空跳伞”

STEAM课程是Science（科学）、Technology（技术）、Engineering（工程）、Art（艺术）和Mathematics（数学）等学科的融合，它强调的是学习过程与现实世界的联系。在STEAM课程“降落伞”一课中，我们先让学生们戴上VR眼镜体验降落伞降落的全过程，然后再让学生设计图纸，动手制作降落伞。通过VR眼镜，学生们真切地感受到降落伞在降落过程中要尽量慢，这样就清楚了在设计过程中应该注意什么。我们颠覆了以往科学课跟着视频学制作的模式，希望孩子们能在仔细观察、亲身体验和动手制作的过程中建构起关于科学、技术、工程、艺术和数学的知识，让孩子们在“做”中“学”。

图4-3-5　孩子们在STEAM课程“降落伞”一课上的学习

图4-3-6　微信平台成为孩子们分享、交流的场所

2. 学习自媒体

微信群、微信公众号等已成为家校沟通与合作的重要手段。在学校开展的北京市立项规划课题“小学自主教学实践研究”的研究过程中，教师们充分利用微信平台，鼓励学生把自己的解题过程、思考过程，通过语音、视频等形式发到微信群中；有的班级利用微信公众号发布学生作品，供学生们分享交流；还有的学生在教师和家长的鼓励下，通过微信朋友圈充分展示自己的才华，成为学生们互相学习的资源。这样的方式成为教师常态教学的一个助力。

雾霾天气时我们采取停课不停学的方式。孩子们利用网络，在家就能参与课堂学习。班主任老师在家校微信群里布置的作业，孩子们总是能及时、高效地完成，在网上提交后，还能得到同伴和家长的鼓励、表扬，这也提高了孩子们的学习热情。

3. 点对点的个性化教育服务

互联网技术面对的是个体用户，它会针对每个用户的个人能力和喜好，回应每个用户不同的需求，它让学生的个性化学习成为可能。

教育发展趋势是对学生的学习进行个性化的指导。我们利用网络平台给学生布置作业，作业的批阅是由系统直接完成的，学生可以查看自己的错题及原因，并在系统的引导下修正错误并理解知识。同时，学生可以选择降低难度再次练习，通过后再次挑战原题或者在网络系统中查看教师的讲解视频，直至学会解决该问题。之后，系统还可以根据学生的错题提供同类型的问题，供学生再次进行练习，实现对不同学生的个性化指导。

图4-3-7　利用网络平台来了解学生的作业完成情况

还有些老师尝试利用“一起作业”等平台，给学生布置作业，并通过后台了解学生完成作业的情况，发现学生的错误，再通过私信给学生提供支持与帮助，实现了对学生的精准指导与帮助。同时，学生可以再次提交作业更新自己的成绩，教师也会在班级微信群中分享学生的学习成果，对学生进行表扬与鼓励。在这个过程中，很多孩子的英语、数学成绩明显得到提高，他们也对学习产生了浓厚的兴趣。

我们坚持“不让一个学生当观众”的教育理念，关注每一个学生学业水平的提升。人和人是有差异的，每一个学生都有适合自己的学习进程，而要满足这些不同的需要，仅仅依靠课堂和在校时间是不够的。这就需要打破时空界限，给学生提供更多的平台和支持。

（四）互联网思维带来的转变

“互联网+”时代的教育变革也给教师的教学观念带来了一定的冲击，提升教师信息技术素养迫在眉睫。教师不但需要主动改变自己，通过角色重塑诠释互联网时代的教师的意义，而且需要主动接受并利用信息技术给教学带来的优势和便利。同时，面对信息时代的知识大爆炸，教师要为学生的学习保驾护航，即帮助学生过滤无效的学习资源，为其推荐高效的学习资源，并避免滥用学习资源，使每个学生都能找到适合自己的学习资源。

1. 不受时空限制的多对多交流

“叽叽喳喳吧”原本是校园里一个可以畅所欲言的地方，一直深受学生们的喜爱，但是由于空间狭小，每次能容纳的人较少。现在我们利用互联网，开通校园网交流平台，将“叽叽喳喳吧”搬到网络上，使全校学生都能够充分地参与讨论。

2. 强调用户体验

“说三道四”是我们定期举办的学生交流座谈会，但参与的学生仅仅是各年级、各班级的代表，参与的人数非常有限，反馈内容也容易出现较大的偏差。现在我们利用校园网和微信等交流平台，将小规模的座谈会变成多数学生参与的交流会，同学们你一言，我一语，献计献策，有效地改进了学生活动的设计与策划。

3. 用户至上

以往我们通常以纸质问卷的形式进行“我心目中的好老师”调查，收齐问卷后由后台人工提取数据，耗时、费力、效率较低。互联时代，我们在“培育100”家校沟通平台上发送“我心目中的好老师”评选活动，后台既显示每位老师的任课情况，又自动统计投票数据，大大提高了办事效率。

4. 重视高频需求

过去学生以人工的方式进行选课，效率较低，要花费很长时间才能完成。现在我们通过互联网在线选课系统，采用优先级选课的方式，最大可能满足不同学生的需求，保证选课的公平性、合理性。

学校不是一座孤岛，我们打破围墙，通过联结、跨界、创新，有效整合和利用资源，为学生的学习和实践提供了更丰富的选择空间。打开教室，让每一间教室富有自己的个性色彩，让身在其中的孩子找到适合自己的位置。打开校门，拓展课程的空间，整合人力资源，构建特色课程，探索学校发展的新路径。打开云端，接轨“互联网+”时代的前沿技术，拓展课程的时间与空间。“三打开”相互补充、相互促进，让学生随时随处可以获得所需的资源。

绘图：吴婉芊　2010级（5）班　11岁

串
社团
珠
军事
参谋部
魔方
社团

寻找学生自主成长的“源头活水”

让孩子具备自主成长的能力，是中关村一小不懈探索的重要课题之一。为此，我们在课程供给端为学生提供丰富、多元的课程资源，扩大学生自主选择的可能；在教学方式上进行自主学习实践研究，提升学生自主学习的能力；在资源支持上整合优质资源、有效利用社会资源，拓展学生自主学习的空间。然而，这些都只是为学生成为“最好的自己”提供了外在的条件，如何充分彰显学生的灵性，唤醒学生的自我力量，点燃其内在驱动力，发掘学生成为“最好的自己”的“源头活水”，才是我们真正面临的挑战。

“德者，本也”，我们认为，“德性”是一个人安身立命之根本，是一种促进人自我生长的力量，德性能将人的理智、情感、愿望引至“最好”的状态。德性的养成，是一个包含知、情、意、行诸方面的人格形成过程。为此，我们提出“自主德育”的理念，以个性化支持平台为落脚点，致力于帮助学生养成良好的行为习惯；通过积极心理教育营造良好环境，滋养学生的情感，唤醒学生的灵性自我；以葵园家校共同体为合力之源，为学生的自主发展注入更多力量。

一、德性是一种力量，促进学生遇见更好的自己

德性是一种基于个人体验和个人觉悟，并能够直达人心，引发学生思想内部矛盾运动的道德情感活动。我们需要借助生动活泼、多元化、个性化的实践活动平台，增强学生的参与感，让学生在真实的活动中实践道德，在道德体验的过程中加深对道德的理解与认同，在道德实践活动中实施自我评价，不断发现自我、提升自我，让德性成为一种力量，促使学生遇见更好的自己。

（一）葵园的约定——“葵园少年”养成记

“少成若天性，习惯成自然”，一个人行为和素养的养成，关键在少年时期。儿童的道德教育不能停留在泛泛的呼吁、宣讲层面，而应有切实地实施道德教育的抓手。中关村一小以学生良好行为习惯的养成作为学校自主德育建设的切入点。在近几年的实践中，学校对学生行为习惯的要求逐渐细化，从“三个学会”到“四个多一点”到“五个一个样”再到“中关村一小学生行为准则”，实现了从点到面地对良好行为习惯的规定。

1. 大事作于细，从“三个学会”说起

老子有言：“天下难事必作于易，天下大事必作于细。”德育应体现在学生的坐立行走、言谈举止之中。因此，培养学生的良好行为习惯应着眼于小处，从切实可行处入手。

2002年，我们做的一项调查发现，学生在校期间总是旁若无人地大声说话，从不考虑这样做是否影响他人；面对到校的客人无动于衷，从不展现作为小主人的热情与礼貌；上完厕所后不冲水，无所顾忌地离去，从不理会厕所内异味冲天……。为此，我们有针对性地提出了“三个学会”，即：学会说话、学会走路、学会冲厕，并根据学生的年龄特点，分年级段细化了每项的具体内容。其中，“学会说话”是教会学生使用礼貌用语，见到师长主动打招呼，在公共场合要轻声说话，不影响他人；“学会走路”是教会学生在操场、楼道安全、文明行走，在楼道中慢步轻声，上下楼梯靠右行；“学会冲厕”号召师生共同编写文明提示语，他们先后设计出“我也爱干净，请你爱护我”“来时你

轻轻地开，走时你轻轻地关”等十多条文明提示语。

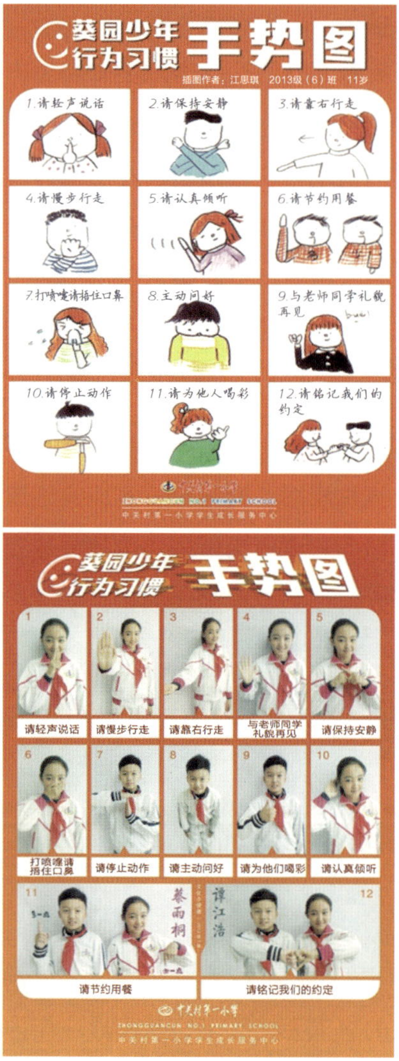

图5-1-1　葵园少年行为习惯手势图

为了使学生从“要我这样做”转变为“我要这样做”，让良好的行为习惯内化为学生的自觉行为，我们在“三个学会”的基础上又提出了“四个多一点”的要求，即：多问一声老师好；多一次轻声慢步下楼；多主动冲干净厕所；多俯身拾起一片垃圾。我们利用校园广播、电视、板报、班会和年级集会等形式对学生进行“四个多一点”的教育，首先使学生明确“四个多一点”的具体内容和要求，进而让学生落实到实际行动中，在实践中不断规范自己的行为。

所谓“君子慎其独”，学生践行良好的行为习惯应是发自内心的，是从他律走向自律的。在“四个多一点”已初见成效时，我们进一步提出“五个一个样”作为学校学生的行为要求，即：轻声说话，教室内外一个样；主动问好，客人老师一个样；慢步右行，检不检查一个样；及时冲厕，提不提醒一个样；主动捡纸，有人没人一个样。我们希望，以一种内生的力量带动学生成为更好的自我，将学生的生命引领到一个新的道德高度。

从“三个学会”到“四个多一点”再到“五个一个样”，这是我们基于儿童道德认知发展规律的实践与探索。通过行为规范的指引和要求，中关村一小的学生不仅在语言文明、行为文明、卫生文明等方面取得了很大的进步，而且对道德的认知与理解也得到了提升。在总结自己学习和生活的基础上，学生们根据我与自我、我与同伴的关系行为规范形成我与集体关系的“班级公约”。

“班级公约”由各班学生在开学之初集体讨论制定，并承诺严格遵守公约内容。在“班级公约”的规范与引导下，学生们的责任意识与担当精神得到彰显。2016年9月，学生们为自己量身打造了“中关村一小学生行为准则”，又形成了“葵园的共同约定”，即“葵园公约”：

1. 见师长，遇客人，露微笑，问声好；
2. 同学间，和睦处，言得体，行为端；
3. 遇矛盾，冷静思，换位想，能包容；
4. 个人物，整理好，他人物，不乱动；
5. 勤洗手，多喝水，爱运动，讲卫生；
6. 用餐时，礼节好，能光盘，营养全；
7. 如厕后，及时冲，节约纸，不乱扔；
8. 上下楼，靠右行，慢慢走，轻声语；
9. 看图书，归原位，讲诚信，守承诺；
10. 集会时，遵要求，快静齐，人人夸。

图5-1-2　孩子们手绘的“葵园公约”及荣誉证书

“葵园公约”一经确立，便在全校范围内得到实施。学生们在日常生活中，无时无刻不在践行“葵园公约”，展现出葵园少年良好的精神风貌。我们看到，每逢学校有嘉宾来访，都有“文化小使者”热情、大方、有礼地引路和介绍，他们的言行举止正是葵园少年“最好”的模样！

2. 六大平台，促进学生个性化成长

行为习惯的约束与养成，并不意味着我们希望孩子们都成为相同模样的人。我们希望良好的行为习惯能成为促进孩子自主成长的德性力量，而最终的目的是唤醒学生的自我力量，实现学生的个性化自主成长。

图5-1-3 “文化小使者”为北京市副市长王宁一行做介绍

学生行为习惯和道德品质的形成须经过“知情意行”的发展过程，因此，活动体验是学生成长过程必不可少的内容，离开了活动实践，学生难以获得道德情感体验，难以形成良好的道德品质，也难以将道德认知内化于心、外发于行。为了寻找学生自主成长的实践途径，为了让学生的良好行为习惯成为内生的力量，我们为学生打造了六大自主平台支持他们的个性化成长。这六个平台分别为：自主展示平台、自主实践平台、自主选择平台、自主提高平台、个性化问题解决平台和自主管理平台。

自主展示平台的主要内容为学校的大型活动，特别是每年举办的“五节一杯”，即科技节、艺术节、体育节、读书节、英语节和数学宇航杯。这些大型活动既强调合作精神又注重个体的生命体验，有助于促进学生的个性化成长。自主展示平台始终秉承一个理念，即让每一名学生都成为活动的真正参与者，让每一次活动都成为学生成长的平台。

自主实践平台的主要内容为六年级主题研究性学习、葵园小讲堂、社会大课堂和社区服务等。自主实践平台是联系学校与社会，培养未来小公民的重要途径。六年级主题研究性学习中的学业规划，是带领学生走进中学，让他们体验中学的课程与文化。葵园小讲堂将各行业的精英请进校园，让学生们开阔视野，了解社会。社会大课堂则是带领学生真正走进社会，让学生体验社会的各种风貌。社区服务是让学生走进与学校关系紧密的社区，了解社区为学校做出的贡献，同时为社区提供力所能及的服务。

2014年到2017年，学校共开展20次葵园小课堂，内容涉及经典诗词、科学知识、安全卫生等多个方面。葵园学子7次走进社区开展主题活动，他们在平时的项目学习中更是多次与社区联系，围绕传统文化、艺术、科技等主题进行社会实践。

自主选择平台的主要内容为学生志愿者活动、微创客行动和学生微社团活动。自主选择平台为学生搭建了完全开放的选择模式，让学生在“安心”的环境中敢于选择，敢于表达。通过进行学生志愿者活动，学生的公民意识逐渐树立；通过微创客行动，学生的创新意识和灵感得到激发；通过微社团活动，学生可以与志同道合的伙伴成立属于自己的微社团并开展活动，目前学校有245个微社团，这个数字充分说明了自主选择平台所带来的巨大推动作用。

自主提高平台的主要内容是学校的各种大型学生社团和俱乐部，例如葵龙冰球队、笼式足球俱乐部、篮球俱乐部、排球俱乐部、小梅花金帆京剧团、九点阳光合唱团、爱之声管乐团、小葵花舞蹈团、葵园戏剧社、异想天开DI俱乐部、机器人俱乐部、星空天文俱乐部等。对于部分找到自己兴趣点并且懂得选择的学生，学校在保护其兴趣的前提下，为其提供适当的专业指导，帮助这些学生把兴趣变为特长。通过自主提高平台，许多学生找到了适合自己的成长道路。

个性化问题解决平台的主要内容是心理小屋、校长信箱、学生访谈和座谈、学生导师等。心理小屋为学生及时解答成长中的疑惑，提供有针对性的辅导；校长信箱为学生与校长直接对话提供了渠道，使校长成为学生的知心朋友；学生访谈和座谈帮助学校充分听取学生对各项活动的意见，了解学生的真正需求；学生导师更是创建了一种新型的师生关系，使学生在课堂外也能得到专业指导。个性化问题解决平台为学校与学生间的充分对话创造了众多机会。

自主管理平台的主要内容是学生联盟、学生提案和公民学堂，该平台体现出了学生自主管理的最高层次。学生联盟协助学校管理学生事务，让学校的管理运行更加高效。学生提案赋予学生对学校事务的决策权，是学校尊重学生的最好佐证。公民学堂为学生成长为一个合格公民打下了坚实的基础。自主管理平台为以上五大平台提供最有力的保障，使学生的“声音”响彻校园的各个角落。

以自主展示平台的升旗活动为例，为了学生的成长，我们选取社会热点或焦点话题，将升旗仪式打造成一门活动课程。我们还创新升旗仪式的实施方式，赋予每一名学生展示自我、发现自我的机会，让升旗仪式成为学生每周期盼的活动。来自六（5）班的张雍俊说：“升旗仪式变成了学生自愿报名，大家对每周的升旗仪式都很期待，都想看看有什么新奇的主题，看看有没有自己的同学，这样做我感到很有意义。”

表5-1-1　2017年升旗仪式总结

序号	日期	主题	内容
1	2.27	温暖葵园　助我成长	2017 学生十件实事
2	3.6	了解冬奥　爱上冰雪	2022 冬奥会知识
3	3.13	葵园生活　自己创造	84 朵闪亮的葵花评选
4	3.20	班级外墙　流动的风景	班级外墙文化展示
5	3.27	四月，让我们一起跑步吧！	介绍跑步的方法
6	4.10	舞蹈中的 9.62	舞蹈团展示
7	4.17	校园安全　自己负责	校园安全知识歌
8	4.24	天舟升空　航天再出发	介绍天舟一号
9	5.8	节约用水　我要行动	普及节水知识
10	6.5	校内校外　安全第一	校外安全知识歌
11	6.12	防止溺水　度过安全的夏天	普及防溺水知识
12	6.19	《论语》伴我去远行	五（1）班展示
13	6.26	舌尖上的食品安全	普及食品安全知识

续表

序号	日期	主题	内容
14	9.4	重温要求规范　做有规矩的葵园少年	葵园共同约定复习
15	9.11	最美的舞者	舞蹈团展示
16	9.18	遵守国歌法　做懂法少年	学习国歌法
17	9.25	新楼名　新期望	教学楼命名
18	10.16	创新外墙文化　展现班级风采	班级外墙文化展示
19	10.23	用手势规范我们的言行	手势图发布
20	10.30	让歌声回荡温暖校园	合唱团展示
21	11.13	葵园小屋　我们的家	班级内部文化展示
22	11.20	科学无极限　一起做实验	科学实验室启动
23	11.27	冬季锻炼好处多	冬季运动注意事项
24	12.4	宪法日，我们一起学宪法	学习宪法内容
25	12.11	规范行为，争做优秀班级	评选葵花班级
26	12.18	对话盛开在优秀传统文化中的诗词	读书节启动会
27	12.25	“最好”的我们陪伴“最好”的学子	葵园好家长升旗

六大平台拓宽了学生学习的时间和空间，让学生能够把学习与实践、尝试、体验、探索紧密地结合在一起，让每一个学生在中关村一小都能找到自己的定位和生长点，实现个性化成长。

（二）微社团，学生自主成长的王国

丰富而多元的微社团，充满生机和活力的微社团活动，在很大程度上促进了校园文化的发展，弥补了说教式德育的不足。学生加入微社团后，很快就能获得归属感，通过参加微社团活动，还能够慢慢获得认同感并产生荣誉感。同时，学生通过参与微社团日常管理等工作，生成对微社团的责任感和使命感，最后形成积极向上的生命力量。

1. 一种态度——如何优雅地张贴一张海报

图5-1-4　活跃在学校的微社团

走进中关村一小的校门，你会发现几乎没有一块墙壁是空白的，校园中、楼道边、教室外的墙壁上都贴满了大大小小、各式各样的海报。这些海报色彩丰富，海报上的学生们笑得开心灿烂。尽管这些海报风格各异，但细心看看就会发现，每张海报上都有一个“微社团”的标志。微社团是中关村一小学生开展实践活动的一种形式。四年时间，微社团已经形成了一个小社会，245个微社团构成了全新的校园生活圈。

认识微社团，就要从这一张张海报说起。

在一小的校园里，海报由学生自己张贴。来自五（9）班的贾博雯同学在2017—2018学年成了微社团的新任主席。她的工作中，有一项是检查全校海

图5-1-5　微社团学生出版物

报的张贴情况，为此她总结了正确贴海报的方法："首先要保证海报贴正，如果贴歪了，会让人感觉很不好；其次要用宽胶带将海报的四周贴牢，这样才能延长海报张贴后的"寿命"，贴胶带的顺序是先上下，后左右，这样才能保证海报不鼓起来。贴海报看似简单，但要贴好真不容易！"知道了如何贴，还要知道应贴在哪儿。开放的校园一直是一小所秉承的理念，因此校园中的任何地方原则上都可以张贴海报，但必须遵守以下原则：（1）要保证海报能平整张贴；（2）绝对不能覆盖其他同学的海报；（3）绝对不能覆盖其他墙壁文化；（4）相同的海报要张贴在校园中的不同区域；（5）每张海报都是珍贵的，不要随意损坏。有了方法，有了约定的原则，一张张精彩的海报被优雅地贴到了校园的各个角落。从一张张海报的张贴，我们可以看出一种态度：学生在认真对待学校生活，学校也对学生表达着积极的肯定。

2. 一个牵挂——一张海报代表着一个微社团

一张新海报地贴出，可能表明一个全新的微社团诞生了。微社团是中关村一小特有的学生组织，是学生活动的新形式。微社团成立的过程很简单：

首先，你必须拥有一个特别的想法；其次，你需要几个支持你的伙伴，你们一块儿领取微社团申请表并认真填写；最后，等待微社团的申请审核，如通过就可以拍照并制作宣传海报，海报一经贴出就表明一个新的微社团诞生了。

学生想申请成立微社团第一个要面对的问题是提出一个特别的想法。学生想法的背后可以反映出他的认知水平及学校的校园文化和课程体系对他的影响，最重要的是能反映出他的真实喜好。一小的必修课程和可选择课程为学生打开了学习的视野。成熟的自主教育体系为学生提供了行动的保障，最为重要的是，学校“做最好的我”的核心价值选择为学生确立价值观提供了保证，即每个人都是独一无二的，一定要聆听自己的真实想法，充分肯定自己的选择。

3. 一种文化——应该加入一个微社团

“你应该加入一个微社团！”是微社团的宣传口号。这句口号表达着这样一个观点：如果到现在你还没有加入一个微社团，那就说明你太落后了！微社团已经成为校园的主流文化，我们也总结出了它受欢迎的原因。首先，微社团可以让学生交到更多的朋友。人们常会因为有共同的兴趣而成为朋友。微社团借助个性化的主题将有相同爱好的学生吸引到一起。这样，他们结交朋友的概率就大大提高了。同时，由于微社团对年级、班级没有限制，不同年级和班级的学生能够在一起活动，这打破了行政班的界限，促进了学生间跨班级、跨年级的互动。其次，微社团可以让学生学会交流与表达。沟通能力与交往能力是学生的核心素养之一。学生社会化的过程，也是沟通与交往能力不断增强的过程。微社团的成立

图5-1-6　微社团学生综合素养

必须有几个朋友的支持，学生必须通过交往才能获得朋友。同时，微社团的活动时间、地点和具体内容都需要学生之间通过沟通自行决定，这极大地促进了学生沟通能力的发展。最后，微社团带来了真实的团队合作。在班级中，学生参与团队合作时可能是被动的。但在微社团中，要想完成任何一项小任务，团队合作都是必不可少的。真实的合作让学生感受到了团队的力量，学生从小就学习成为一名怀有开放精神的团队合作者。

4. 一种生态——微社团让学生拥有真实的获得感

微社团是一个开放的平台，全校学生都可以参与其中。微社团更为学生搭建了一个个全新的舞台。量子发明驿站微社团的成员在开学典礼上与我国量子卫星首席科学家潘建伟探讨了量子的秘密；未来城市建设微社团为北京设计了更为便捷的轨道交通示意图；朗诵微社团将校园广播站的播音水平提上了新的高度；表演微社团、喜剧微社团、默剧微社团、三只鹦鹉话剧社联合起来将学校的戏剧日变成了戏剧周；吉他微社团、Dreaming Girls微社团、Michael Jackson微社团让艺术节的演出更加多元化；ZBA篮球微社团与他们的导师一起组织了学校三对三篮球赛；数独微社团和高等数学微社团一起举办了校园数独大赛；国韵传承微社团和历史人物研究微社团将中华之风传遍校园；手拉手心连心微社团更是将“学弟学妹帮助日”进行到底……。245个微社团开展了许多有创意的活动。我们认为，当这些活动不是来自学校“官方”而是来自学生“民间”时，校园才真正充满灵气。

（三）绿色评价机制，让道德自然生长

人的成长是一个不断寻找和实现自身意义的持续性过程，这就意味着我们要用发展的眼光来看待每一个人。为此，中关村一小建立了促进学生自主发展的绿色评价机制，目的在于让学生发现自己，了解自己，主动监控、调节与改进自己，从而实现自主发展。图5-1-7和图5-1-8呈现的就是绿色评价机制之一——年级荣誉墙。

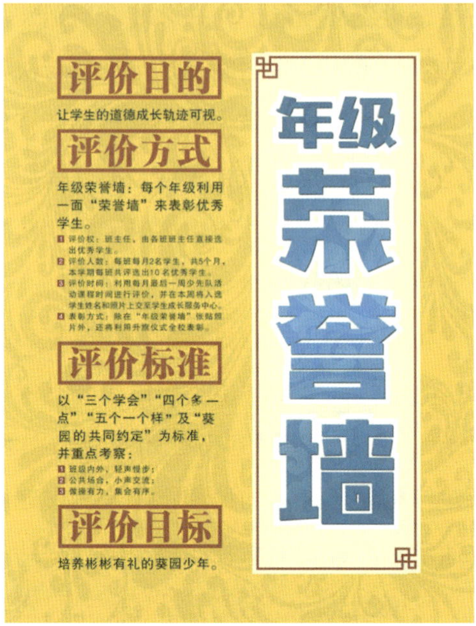

图5-1-7　年级荣誉墙评价机制

图5-1-8　六年级荣誉墙

绿色评价机制以学生为主体，让学生成为评价的主人，包括三个层次：（1）学生知道评价标准。学生知道评价标准才能明确努力的方向，并在学习过程中实现自我监控和调整。（2）学生认同评价标准。好的评价标准需要学生发自内心的认同，这样才能使学生主动地向目标努力。（3）学生参与评价标准的制定。学生是发展的主体，学生参与评价标准的制定，能帮助他们树立“学习主体”和“主人翁”意识，并能促进他们主动学习、自主成长。

为了使中关村一小的葵园少年们自律、自控、自知、自新，我们形成了“144朵闪亮的葵花”和“葵园之星”主题评价方案。这两个方案用以增强学生对评价的参与感，让学生形成自我分析、自我评价、自我调节的习惯与能力，引导学生在自我评价与他人评价中更好地发展。我们还构建了基于葵园币的德育评价系统，学生通过赚取和使用葵园币，促进自身德性的自然生长。

1.“144朵闪亮的葵花”主题评价

2017年，中关村一小三个校区共有144个班级，为了增强学生的荣誉感，使学生获得多元评价，促进师生更好地交流对话，我们开展了“144朵闪亮的葵花”主题评价活动，具体评价方式如下。

（1）每月进行2个主题的评价表彰活动，每个主题每班推荐1人。

（2）根据不同主题由各学科教师或班主任推荐学生。

（3）升旗仪式国旗下颁奖环节获奖学生上台领奖。

（4）制作获奖学生的集体宣传海报并为作品可以结集成册的获奖学生制作作品集。

“144朵闪亮的葵花”主题评价活动采用教师推荐与同伴推荐相结合的方式开展。教师推荐是教师根据学生课堂表现、作业完成情况和学习态度等进行推荐；同伴推荐是同伴根据同学在课堂上进行小组合作的情况、和同学交往的情况等进行推荐。该活动的目的是帮助学生加深自我认知，不断完善自己。2017年3月至6月我们的评价主题包括八个方面，根据评价主题的特点，这八个主题的评价主体主要是教师，如表5-1-2所示。

表5-1-2 “144朵闪亮的葵花”主题评价

时间	主题	评价人
2017.3	文学修养	语文教师
	美术表现	美术教师
2017.4	运动健康	体育教师
	英语表达	英语教师
2017.5	音乐展现	音乐教师
	数学思维	数学教师
2017.6	行为准则	班主任
	科学精神	科学教师

2.“葵园之星”主题评价

为了关注学生的个体差异及发展的不同需求，注重评价的真实性、情境性，提升学生的领悟力、解释力和创造力，我们确立了“葵园之星”评选活动。活动的目的是让学生在各个方面的成就都能得到充分发掘与肯定，激励学生在不同领域做“最好”的我，最大限度地展现学校文化的包容性与创造性。

“葵园之星”的评选面向中关村一小的所有学生，评选内容涵盖学生校园生活的方方面面，同时重视学生在家庭、社区、社会中的表现。具体评价标准如下：

（1）品格优秀、热爱祖国、尊敬师长、团结同学、善于合作与分享。

（2）学习成绩、学习态度、学习方法良好。

（3）某项能力突出的：语言表达能力、写作能力、逻辑思维能力、数学分析和计算能力、动手能力、科学创造力、外语沟通与表达能力、音乐造诣、美术表达能力、运动本领等。

（4）在学校活动中有突出表现的：科技节、艺术节、体育节、读书节、英语节、宇航杯、劳动技术实践活动、春秋游社会实践活动、开学典礼、升旗仪式、广播站、文化小使者、叽叽喳喳吧等。

（5）在学校社团活动中有突出表现的：艺术类社团、科技类社团、体育类社团、微社团、学生联盟等。

（6）其他一切值得表彰的情况。

“葵园之星”的评选采用学校推荐、班主任推荐、科任教师推荐和自我推荐4种方法相结合的方式，每月评选出不少于10名的葵园之星。在每月的第一周确定本月的评选方向，第三周完成材料上交，最后一周利用升旗仪式国旗下颁奖环节为获奖学生颁奖，进行全校表彰。对“葵花班级”的评选，除参考当月每班的行为习惯观察表外，凡班级中有学生在当月获得“葵园之星”称号的，该班级自动获得当月的“葵花班级”荣誉称号。

“葵园之星”的评比，增强了学生的主人翁意识，加强了学生与班级、学校乃至社会的联系，激发了其社会担当意识，提升了“我与葵园共成长”的责任感和使命感。

3. 基于葵园币的德育评价系统

葵园币是在中关村一小校园中流通的“货币”，单一面值100元。葵园币自身具备流通属性，能将校园中各种德育评价有机地联系起来，使评价具有系统性和层次性。

学生获得葵园币主要有以下三种方式，如图5-1-9所示。

第一，从教师处获得。凡是中关村一小的教师，不论是班主任、科任教师，还是科学家课程的科学家导师，家长课程的家长导师，每学期初都会得到一定数量的葵园币，用以奖励学生。葵园币以中关村一小学生核心素养——尚礼明德、健康乐群、自主善学、求真崇美、开放创新——为基本评定依据，具体奖励标准由教师自己制定，既可以从学习态度和学习能力方面考虑，也可以从个人品质方面考虑。教师对学生的评价展现出了最大限度的多元化，这促进了学校“做最好的我”的核心价值选择落地生根。葵园币为教师奖励学生提供了新的路径和方式，统一的货币形式也便于学生操作。

第二，从学生成长服务中心获得。学生成长服务中心是学校德育评价的核心部门，负责发放各种校级活动的葵园币。如图5-1-9所示，个人层面包括学

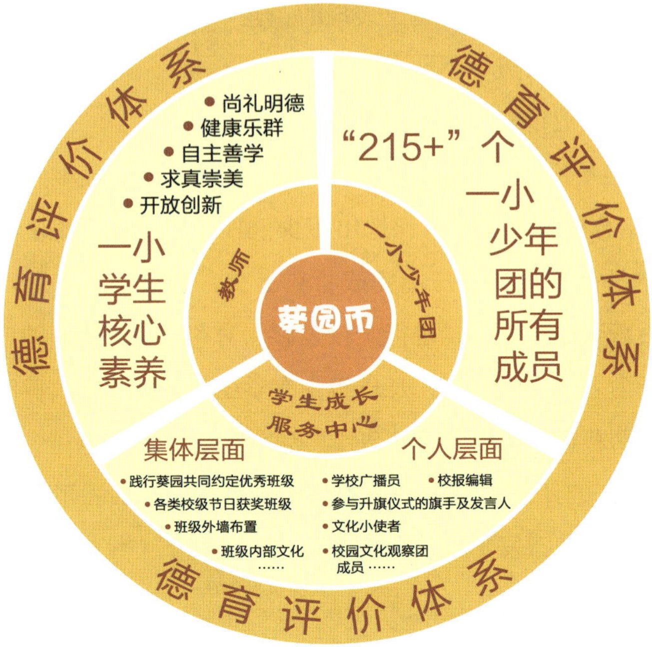

图5-1-9 获得葵园币的途径

校广播员、参与升旗仪式旗手及发言人、文化小使者、校园文化观察团成员、校报编辑等。班级层面包括最受同学喜爱的班级外墙布置、最受同学喜爱的班级内部文化布置、践行葵园共同约定优秀班级、各类校级节日获奖班级等。年级层面包括年级荣誉墙等。学校层面包括国旗下颁奖、英才少年、葵园少年展望计划等。学生参与以上任何一个层面的活动，都可以获得葵园币。这充分调动了学生的积极性，学生都努力为自己、班级、年级争得荣誉。

第三，从中关村一小少年团获得。少年团是中关村一小特有的学生组织。每名学生都可以通过自己的努力成立一个受学校认可的学生团体。少年团的本质是鼓励学生自主发展，激励学生勇于将梦想转变为现实。经过三年发展，目前学校已有超过215个少年团。

通过以上三种途径，葵园币在校园中得到了最大限度的普及与推广。葵园币将个人评价、班级评价、年级评价、校级评价全方位地结合在一起，搭建了一个简单易行的评价模型，同时保证了评价的公平与公正。

每一张葵园币都代表着学生的努力与成就，为了使葵园币持有人的努力得到回报，学校设计出了多样的支配方式，如图5-1-10所示。

图5-1-10　葵园币德育评价系统

（1）葵园少年发展银行。葵园少年发展银行负责葵园币的设计和发行，设计工作全部由学生完成并通过全校投票确定每学年的葵园币样式。除了设计和发行葵园币，葵园少年发展银行最重要的作用是引导学生进行葵园币的存储和使用。理财教育已经成为小学阶段的一门重要课程，葵园少年发展银行鼓励学生储蓄葵园币，以此帮助学生树立积极的理财观念。一张葵园币，通过30天的储蓄，就可以变成两张，通过获得利息，学生建立了储蓄的意识，练就了不乱花钱的定力，为今后真正地管理财富积累了经验。

（2）葵园便利店。葵园便利店备有各种文具，学生可通过自助的形式进行购买。简单的购物过程，背后体现的是学生的自主选择，不盲目购物的观念在这里得到了充分实践。同时，便利店还会定期举办主题活动，与葵园少年发展银行一起向学生介绍何时应该储蓄，何时应该消费的理念，使学生获得更加贴近真实生活的体验。

（3）葵园少年体验中心。葵园少年体验中心是连接葵园币与校园活动的重要纽带。学生可以将葵园币捐赠给少年体验中心。学校会将学生捐赠的葵园币换成文具，每学期期末捐赠给困难地区学校的学生。在这里需要强调的是，我们鼓励捐赠，告诉学生捐赠是一种能让自己心情愉悦的财富支配方式，但并不做过分的引导，以保护学生的“初心”。

葵园币德育评价系统在校园中受到师生的热烈欢迎。教师发放葵园币表彰优秀的学生，学校发放葵园币表彰优秀的学生和班级。学生得到葵园币后体验不同的支配方式。学校的德育评价在形式和内容上得到了有机统一。德育评价的统一，有利于校园活动的开展，有利于激发学生主动参与的热情，也有利于学生获得平等的对待。围绕葵园币，我们还开设了用葵园币作为门票的主题书吧，鼓励学生把阅读当成终身习惯。葵园币德育评价系统促进校园评价工作高效、有序、持久地开展，让学生获得了满满的正能量。

德性是人意志的凝结、品质的固化，是具有自主性的道德力量。我们认为，“最好”的教育，能在培养学生良好行为习惯的基础上保证学生的个性化成长，使学生遇见更好的自己！

二、营造心育环境，为学生的成长引航

在美丽的葵园里，明媚耀眼的葵花与学生们天真稚嫩的心交相辉映，我们希望每一个孩子都能绽放葵花一般灿烂的笑脸。所以，我们一直致力于为学生提供“最好”的心理成长环境，在每一颗心灵播种下健康乐观的种子，并给予精心的呵护，为学生的身心健康保驾护航。

（一）成长会谈，让阳光照进心灵

每个人都不是一座孤岛，尤其对正在成长中的儿童来说，他们更渴望被倾听和被理解。基于学校“帮助每一个孩子心灵成长”的心理健康教育理念，我们将心理咨询发展为成长会谈，以启发和引导的方式，将阳光带进学生的内心

世界，唤醒学生自我成长的力量。

图5-2-1　心理健康教育模型图

1. 尊重学生差异，让世界因你我的不同而美丽

我们相信，在教育的百花园里，每一名学生都是独一无二的花朵，每一名学生都可以在一定领域成为“最好”的自己。学校在开展心理健康教育工作时，尊重学生的个体差异、年龄差异、性别差异，并在尊重差异的基础上开展积极的心理健康教育工作。学校通过开设性别差异课程、开展朋辈辅导活动等方式，让学生认识差异、理解差异，学会互帮互助。

学校在各学科的建设过程中，积极渗透心理健康教育。同时鼓励班主任自主开展有效、有针对性的心理健康活动。五、六年级班主任协同开展了男女生性别差异主题教育课程，如“男女生沟通技巧”“认识自己——阳光男孩”“尊重自己——幸福女孩”等。这些课程分别从生理和心理上给予男生、女生正确的引导，让即将进入青春期的男生、女生做好心理准备。

在朋辈辅导活动中，高年级学生同低年级学生积极交流，为其传递经验和力量。比如高年级学生从开学第一天就与一年级学生建立起同伴关系，并通过“小先生学堂”以及“鸿雁传书”行动等一系列活动帮助低年级学生尽快适应学校生活，这也培养了高年级学生的责任感，促进双方共同成长。

受积极心理学的影响，我们将心理咨询发展为成长会谈。学生可以通过预

中关村第一小学“成长会谈”协议书

当我们一起尝试聊起内心深处的困扰，或生活里属于你的秘密时，心理老师承诺为你做的事情是：

1. 保密：不会向除你以外的第二个人透露你的心事，如果心理老师想为了你，去和你的老师及爸爸妈妈进行沟通，也必须获得你的同意。

2. 尊重：和心理老师的谈话，以你的感受为中心。如果心理老师的问题你不喜欢，或者谈话本身你不喜欢，你可以随时中止，随时告诉心理老师你的感受，心理老师会无条件地尊重。

3. 守时：我们约定好的时间地点，心理老师不会失约，如果临时发生变动，心理老师会提前一天私下通知你。

而心理老师希望你做到的：

把自己当作咨询室里的中心，真实地表达自己，按照自己的想法，可以拒绝，可以提要求，可以说一切想说的话，希望你自在。

如果你了解了上述的咨询要求，并且愿意进行本次咨询，请和心理老师一起在协议书上签字。

采访者：________

心理老师：________

图5-2-2 “成长会谈”协议书

约的方式在“心灵小屋”中接受个体咨询或团体辅导。在“心灵小屋”外贴有详细的咨询预约流程和“心灵小屋”的管理制度。每一名预约会谈的学生会签署“成长会谈”协议书，心理老师承诺谈话的保密性，并且建立专人管理的会谈记录保险柜，保证每一名学生都能够感受到温暖和安全。

此外，学校还为每一名学生建立了一份心灵成长档案。档案由学生、家长、班主任三方共同填写，以有效地了解学生的心理状态，开展更加细致地心理工作。经过一系列的活动，学生们在相处和合作中渐渐懂得了生命的珍贵，也体会到了友谊的难得。这些情感聚集了学生最原始的能量，让他们相信每个人都可以成为“最好”的我。

2. 一切答案都在自己心中

我们相信学生有自我成长、自我修复的能力。在心理问题上，我们也相信学生比老师更懂得学生。因此，学校鼓励三至六年级各班设立心理委员，心理委员的职责是：每月发布心理话题海报，收发《心理知识周报》，在心理老师的指导下回应班内同学心理调解需求。心理老师会定期开展心理委员工作会议，对心理委员进行培训，为其讲解共情、倾听、理解和不强迫的基本工作准则，让心理委员能够做好心理老师的小助手，也让班级同学更好地获得同伴的心理支持。

学校高年级学生还自主成立心灵驿站社团，协助心理老师回复低年级学弟学妹来信中的问题。心灵驿站社团同时向心理老师提供稿件，保证每周的《心理知识周报》的出版和发布。《心理知识周报》分为学生版和家长版两个版块，向学生和家长传递有针对性的心理知识。

（二）心育课程，发现自我的可能性

教育者，养成人格之事业也。学校一直把“品德成人”作为学生文化的一项重要内容。积极心理学认为，智慧、勇气、仁爱、正义、节制、升华这六大类美德是一个人形成良好性格的基础。学校的心理健康教育工作也一直致力于培养学生积极的心理品质。

1. 开发创意课程，建造学生生命意义的觉醒地

在学校心理健康教育工作中，我们注重将友善、勇敢、自律等积极心理品质的培养融入学校课程研发中，有针对性地进行课程开发。

对于中年级的学生而言，通过游戏来理解合作、互助、责任等概念是最恰当的，因此学校在三、四年级开设了“游戏与心理”可选择课程。学生自主选课以后，会被随机编为固定小组。小组成员共创组名、组训，以团队的形式完成一个又一个的任务。这些任务包括：疯狂多米诺、操纵机器娃娃、冰雕找碴、帮助盲人跨越障碍、木偶剧编排等。学生在活动中体验合作，分享内心的各种感受，进而增进生命的价值感。

学校心理教研组基于高年级学生好奇心强，喜欢探索世界的心理特点，自主研发了每两周1课时的“心理导航”可选择课程。“心理导航”课程以两周一次的旅行为情境，带领孩子看到世界各地很多有意义的人和事，并通过相关事例的讨论，让孩子对自己、对世界有更深入的认识。课程共有四个主题，即“我与自己”“我与他人”“我与环境”“我与生命”，每学期一个主题，用四学期完成该课程。课程的主要内容包括：给未来的自己写信、天使行动、梦想秀、拍摄公益广告等主题活动。

2. 引进特色课程，打造学生的个性化成长绿地

学校重视低年级学生的情绪管理，尤其重视学生从幼儿园到小学的心理过渡。2015年，在中国教育科学研究院的带领下，我们引进了英国儿童情绪健康与人际能力发展项目“果果和朋友”。该项目旨在促进儿童身心健康发展，引导孩子正确认识情绪和情感，学会与人交往、面对困难和解决问题。三年来，共有75个一年级班级，3000余名学生、近百名教师参与该项目，是目前我国除港澳台地区外参与此项目教师和学生人数最多的学校。我们立足于积极心理学的视角，引进“儿童技能教养法”，用寓教于乐、实用而有趣的方法帮助学生克服成长中的困扰。我们还借鉴美国心理辅导工作中的朋辈辅导，在培养学校心理委员的同时，推进同伴之间的积极会谈和交流，促进学生的个性化成长。

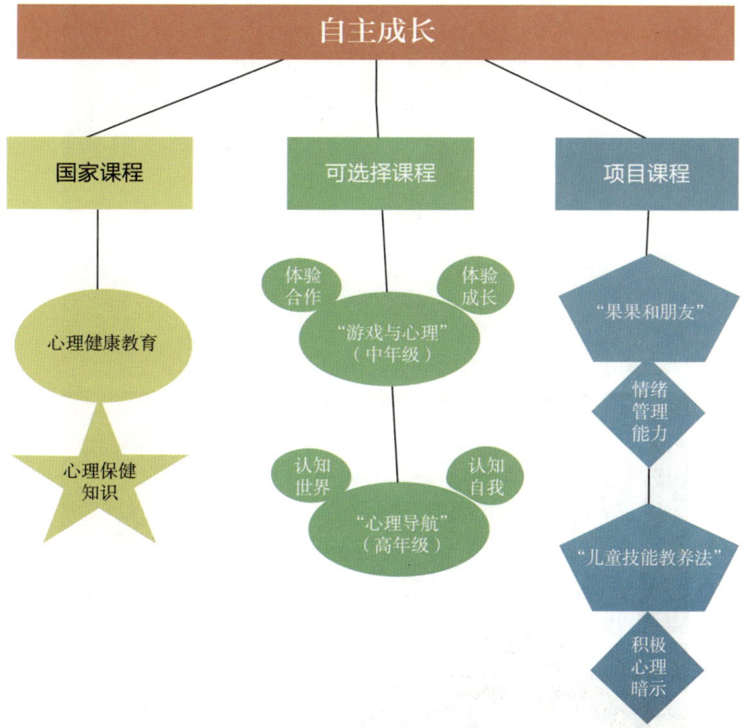

图5-2-3　特色课程结构图

“果果和朋友”课程课例节选及老师对课程的反馈

赵骏和陈志红老师组织了“星星和垃圾桶”的活动。在活动中，老师先说出一些代表负面情绪的词语，并根据这些词语分享发生在自己身上的事情。之后从神秘盒子里抽取一些应对不良情绪的方法，若对自己有用的就放在“星星”里，没用的就放在“垃圾桶”里。情绪调节的关键是学会在面对负面情绪时运用恰当的解决方式，让自己好受一些。这个活动让学生们更加了解“果果”的黄金规则——“让自己好受一些，同时不能伤害别人或自己”。

通过一年的课程实施，一年级的老师们有了很多感悟。

一（15）班的郭晓丽老师认为，“果果和朋友”课程立足于儿童，

图5-2-4 “果果和朋友”小学生情绪健康课程

在尊重儿童的前提下，给儿童尽可能多的表达机会。她发现孩子们越来越敢于表达自己的想法，并且不过多地在意别人的看法了。

一（7）班的宋彦丽老师认为，“果果和朋友”课程特别可贵的一点是对儿童的尊重，以及对儿童心理问题最真诚、最亲切的关怀。孩子们能和故事中的人物一起经历喜怒哀乐，一起面对生活中的问题。在这个过程中，他们懂得了换位思考，懂得了体谅他人，懂得了以正确的方式面对生活中的问题。果果开放的心胸感染到了孩子们，他们呈现出最阳光的姿态。

一（5）班的李文革老师认为，“果果和朋友”课程弥补了现有课程对儿童心理情绪关注不足的缺陷。课程设计了一个个儿童成长过程中遇到的或可能遇到的情绪或心理问题，并提供了切实可行的解决方案，这对孩子的健康成长大有益处。

一（8）班的唐春璐老师认为，“果果和朋友”课程的实施不仅让孩子学会了站在他人的角度思考问题，用平和的心态处理问题；而且对教师组织日常教学也很有帮助，因为学生学会了倾听他人说话，发言前要举手等好的行为习惯。“果果和朋友”课程在帮助孩子的同时也在帮助教师。

中国教育科学研究院对学校实施的“果果和朋友”课程进行了评估，评估发现学生、教师、家长三个层面的群体均能从中受益。

学生层面：培养学生自我认识和应对负面情绪的能力，提升学生的人际交往能力和适应学校生活的能力。

教师层面：提升教师在心理健康领域的教育教学水平，提高教师深入观察和理解学生的能力，以及开展活动教学的能力；有助于教师形成个性化的教育教学风格，更好地满足学生的需求；提升教师应对学生负面情绪的能力和调节自我情绪的能力。

家长层面：提升家长深入理解孩子的能力，使家长能在日常生活中关注和理解孩子的情感需求，促进孩子的社会性发展；让孩子获得更加温馨和谐的家庭生活体验，为其今后发展打好基础。

3. 加强学科渗透，创建学生阳光生命的体验地

任何一门学科的学习，都需要学生的智力因素和非智力因素合力发生作用，非智力因素主要是指学生的学习心理品质，良好的学习心理品质通常表现为强烈的求知欲、积极的自我评价、良好的学习方法和自我控制能力等。[①]学

① 赵枫岳. 良好学习心理品质的特征及其培养途径［J］. 河南工业大学学报（社会科学版），2007：91-94.

校尝试在各学科中积极渗透心理健康教育，让学生内在的积极力量得到培养和增长，养成良好的学习心理品质。语文、品德与生活等学科，本身就是对学生心理品质的一种培养。如语文课文文质兼美、思想性强，对学生是一种爱和美的教育。数学、体育等学科，则注重在过程和方法上对学生进行心理健康教育的渗透。音乐、美术等学科，可培养学生对美的感受力和创造力。

学校将各科教学作为实施心理健康教育的重要途径。我们编写了“金葵花系列读本”，通过阅读活动对学生进行心理干预，帮助学生克服焦虑情绪。我们在“班级心理小说”课程中融入“叙事疗法”，通过学生的自传体叙事，引导学生感受积极的自我。通过加强学科渗透，我们帮助学生挖掘潜在的美好品格，让其感知生命的丰富形态。

（三）技术驱动，帮学生找到心灵归属感

学校重视呵护儿童心灵的校园文化建设，不仅有效利用现代心理技术，还通过广播、网站、微博、微信等多种途径为学生建立心灵归属感，营造校园心育文化，发挥环境育人的功效。

1. 技术的支持与运用，帮助学生提高获得快乐的能力

为做好学生的心理健康教育工作，学校建立了沙盘治疗室、测评室、心理咨询室和康复训练室等心理辅导教室，并依据教室的不同功能配备了相应工具。同时还引进了注意力训练、心理行为测评量表等软件资源，为学生提供咨询、辅导和发展指导。我们希望利用这些现代心理技术，营造心育大环境，为孩子注入更多动力。

在沙盘治疗室里，学生可跟随内心，摆出属于自己的“秘密花园”。在测评室，学生可清楚地观察到自己的情绪变化，以此学习控制情绪、提高专注力。在心理咨询室，学生可与老师进行“成长会谈”。在康复训练室，学生可通过感官与运动结合的方式，提升运动协调能力。

表5-2-1　学生个体沙盘游戏治疗法记录表

<table>
<tr><th colspan="9">基本信息</th></tr>
<tr><td colspan="2">姓名</td><td>xxx</td><td>性别</td><td>x</td><td>年龄</td><td>x 岁</td><td>班级</td><td>x 年级 x 班</td></tr>
<tr><td colspan="2">开始制作时间</td><td>10:20</td><td>结束制作时间</td><td>10:40</td><td>制作总耗时</td><td>20 分钟</td><td>记录人</td><td>xxx</td></tr>
<tr><td colspan="2">第几次制作</td><td colspan="3">第一次</td><td>讲述时间</td><td colspan="3">45 分钟</td></tr>
<tr><td rowspan="26">沙盘制作过程</td><td>步骤</td><td colspan="7">玩具摆放位置、学生动作状态</td></tr>
<tr><td>1</td><td colspan="7">将 1 个和尚放在沙盘的正中间</td></tr>
<tr><td>2</td><td colspan="7">将 1 个亭子放在中间偏左上的位置</td></tr>
<tr><td>3</td><td colspan="7">将 1 个桥放在左边中间的位置</td></tr>
<tr><td>4</td><td colspan="7">将 2 个亭子放在中间偏左上的位置</td></tr>
<tr><td>5</td><td colspan="7">将 1 个鹦鹉放在左边偏上的位置</td></tr>
<tr><td>6</td><td colspan="7">沙盘下方的左右角各放 1 个博士</td></tr>
<tr><td>7</td><td colspan="7">将鹦鹉移动到右边中间的位置</td></tr>
<tr><td>8</td><td colspan="7">将两对小人放在上边稍偏左的位置</td></tr>
<tr><td>9</td><td colspan="7">将 7 个小矮人放在右边偏上的位置</td></tr>
<tr><td>10</td><td colspan="7">将 1 个耶稣放在左上角的位置</td></tr>
<tr><td>11</td><td colspan="7">将 1 个圣母放在左上角挨着耶稣</td></tr>
<tr><td>12</td><td colspan="7">将上边的两对小人移到一起，并往左边移动一点</td></tr>
<tr><td>13</td><td colspan="7">将 1 个打伞的印度贵族放在左边中间偏上的位置</td></tr>
<tr><td>14</td><td colspan="7">将 1 个织毛衣的奶奶放在左边中间的位置</td></tr>
<tr><td>15</td><td colspan="7">将一对小人放在下边偏左的位置</td></tr>
<tr><td>16</td><td colspan="7">将中间的小和尚移出沙盘，放回架上</td></tr>
<tr><td>17</td><td colspan="7">将 1 个小天使放到刚移走的小和尚的位置</td></tr>
<tr><td>18</td><td colspan="7">将 3 个亭子和桥分别移动到右边和下边的中间位置</td></tr>
<tr><td>19</td><td colspan="7">将 1 个披着纱巾的印度女郎放在左边中间的位置</td></tr>
<tr><td>20</td><td colspan="7">将一套桌椅放在中间稍偏右下的位置</td></tr>
<tr><td>21</td><td colspan="7">将 4 个小人放在 4 个椅子上</td></tr>
<tr><td>22</td><td colspan="7">将一对粉红头发女孩放在中间位置但没站稳，后移至 7 个小矮人后面</td></tr>
<tr><td>23</td><td colspan="7">将一对新人放在桥上</td></tr>
<tr><td>24</td><td colspan="7">将唐僧、孙悟空放在中间，向左移动印度女郎</td></tr>
<tr><td>25</td><td colspan="7">将 4 只猫咪放在蓝房顶房子的右下角的位置</td></tr>
</table>

续表

	步骤	玩具摆放位置、学生动作状态
沙盘制作过程	26	将亭子和城堡放在左上角
	27	将一对新人放在中间偏上的位置
	28	将 1 个草原上放羊的小女孩放在左下方
	29	用玻璃石、贝壳点缀沙盘各个角落
	30	将两个小公主放在中间靠近小矮人的位置
	31	将圆柱形城堡放在小公主左侧
	32	将房子放在右下角，向上移动鹦鹉
	33	将两把吉他放在两个小矮人前
	34	将床放在中间，婴儿放在床上，妈妈放在床左边，用心调整妈妈的姿势倾身向婴儿
	35	将小和尚放在左下唐僧的左边
	36	将 1 个佛陀放在右边
自我描述	这是一个大千世界，有中国风的内容，如亭子、和尚、唐僧、孙悟空；有欧洲的风情，如沙盘最上边的两对小人就像自己在英国公园里看到的雕像；还有印度女郎；有不同的信仰，基督教和佛教。还有不同的生活主题，如上面的那一对新郎新娘和小矮人代表幸福的生活；围桌而坐的 4 人，代表和谐的家庭；圣母和妈妈关爱婴儿的场景，代表母性和爱；唐僧用拐杖拦着悟空，表示着约束和管教，而有时这种约束是不必要的；还有小猫一家的温馨；博士努力学习；等等。摆完后，自己感觉有点乱，但看见自己喜欢的东西都想摆上去。	
作品照片		
见证人感受	沙盘可以呈现出来访孩子的内心世界，这个沙盘呈现出来的内容虽丰富但无序。在沙盘中呈现出很多意向，有代表约束的唐僧与孙悟空师徒，象征生命中的征程和任务达成；有代表信仰的宗教，象征生命中的需求和希望。同时，旅行中的见闻，和谐的家庭，母亲的关爱，也都在沙盘中有零星体现。 这个处于青春期的孩子，其心中的元素比较混乱，没有主次，缺乏秩序感。所以后期可以和孩子一起梳理生活中各个元素之间的关系，思考各个生活元素之间是否有冲突，以及应该如何应对。	

2. 自媒体时代，搭建传播心理健康知识的网络平台

随着移动互联网的发展，以微博、微信为代表的自媒体正在成为信息传播的重要途径。中关村一小注重构建心理关怀的校园文化，并利用网络平台传播心理小故事与心理健康知识。心理教师建立的“付老师和孩子们”心理课专题博客，发有专业知识解析、读书笔记、课堂随想等原创博文四十余篇，收到上百条评论和回复。学校微信公众号开设“阳光信札”专栏，心理教师以“船长”的身份回复“船员”来信，陪伴学生一起应对心中起伏的“波涛”，让学生向着阳光和温暖航行。学校网络平台鼓励学生、家长与教师之间积极沟通，开启心灵对话，形成家校连接、师生连接的网络心理平台。

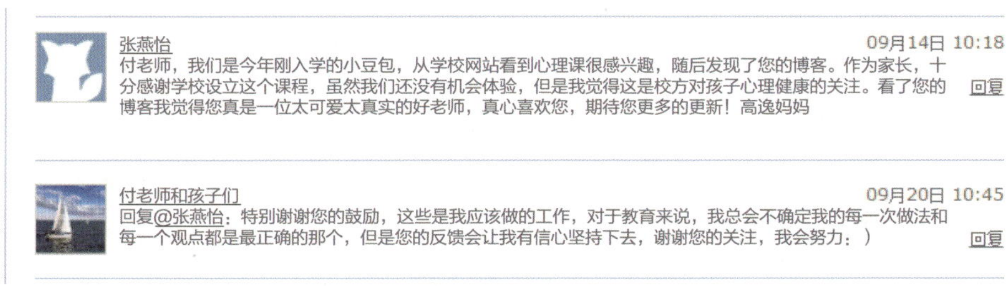

图5-2-5 “付老师和孩子们”微博截图

图5-2-6 学校微信公众号“阳光信札”截图

我们看到，孩子们根本不介意班上同学知道自己要去上心理辅导课。相反，他们对此感到十分自豪和光荣，往往当着全班同学的面，高高举起手来告

诉班主任自己需要请假去上心理课。自愿参与心理辅导的学生对自己目前存在的问题或是遇到的困难非常清楚，同时，他们也很清楚自己现在需要得到什么样的帮助。当大多数成年人对于求助心理咨询师这种行为尚存在着偏见和芥蒂的时候，孩子们已经能够正确地认识心理咨询，并且非常积极地求助心理咨询来解决自己的问题。这足以说明我们开展的积极心理健康教育已产生了良好效果。

通过创设“最好”的心理环境，我们让孩子拥有积极向上的内驱力，为学生身心健康成长创建坚固的心灵堡垒。

三、学生健康成长需要“最好”的教育合力

中关村一小致力于构建葵园家校教育共同体的合作平台，不仅鼓励每一位老师争做“葵园好老师”，更积极引导每一位家长、每一名学生成为葵园好家长和葵园好学生。我们希望葵园家校教育共同体能够形成合力，为学生的学习、生活提供最好的支持与帮助。

如图5-3-1所示，中关村一小已形成了由家长学校、家长导师、家长志愿者、家校科研及各年级各班微信群等构成的家校教育共同体。通过这个教育共

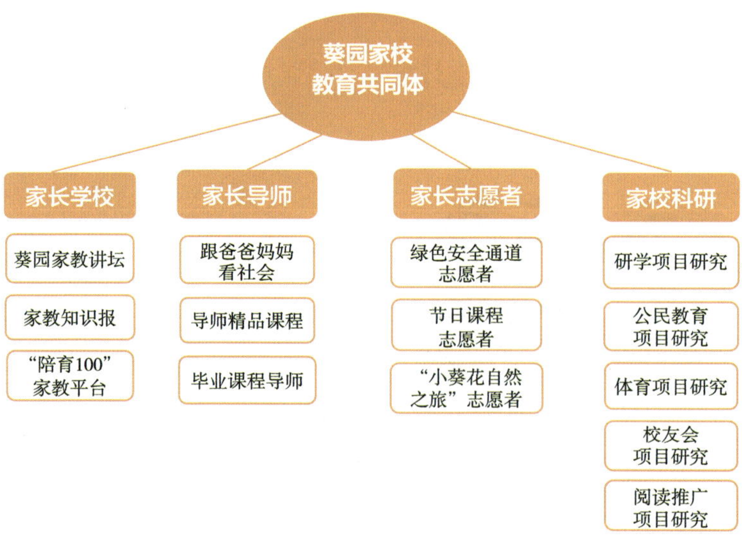

图5-3-1　葵园家校教育共同体组织架构

同体，家长可直接参与学校的日常管理，了解孩子每一天的成长与进步，与学校老师通力合作、协同并进，共同为学生成长提供广阔的空间。

（一）家长学校的学生们

在葵园，不仅学生们努力学习，家长们也不甘落后，都在努力成为家长学校的好学生。家长们定期通过“葵园家教讲坛”“家教知识报”“‘陪育100’家教平台”等方式了解最新的家庭教育知识，关注学生的动向，并学习如何与学校合作共同辅导孩子。家长们在家长学校学习的过程中，既可以与其他家长互相探讨，又可以与学校教师进行深入交流，不断更新自己的教育观念，与学校共同助力孩子的健康成长。

每学期学校都会组织葵园家教讲坛，讲坛以家长们最想知道的问题、最需解决的困惑和烦恼为主题，邀请家庭教育方面的专家到校为家长们答疑解惑。每期家教讲坛都受到家长们的支持与欢迎，不少家长还主动联系相关领域的专家，为家教讲坛提供授课资源。

每当举办“家长开放日、家校座谈会”等日常家校合作项目，葵园里都会格外热闹。在“家长开放日”这天，家长不仅走进学校，还走进课堂，增进了对学校教育及学生校园生活的了解。在“家校座谈会上”，家长与学校教师、管理者互相交流，增进了解。学校教师、管理者深入听取家长对学校教育的困惑，帮助家长解除疑虑，并将家长们有益的建议落实于今后的工作中。

家长会怎样开才有意义？家长与孩子真正需要的家长会是什么样的？老师们开动脑筋，不拘泥于传统形式，使家长会不再是单纯的汇报会、总结会、表彰会。家长会变成了教育理念的交流会，家校智慧的分享会，家长、教师、学生的欢聚会，这样的家长会谁都想开，谁都盼着开。

走进教室，你会看到几张课桌拼在一起，桌上摆放着马克笔和纸，家长们三五一组围坐，边讨论边记录……，这是“班级小论坛”正在热烈有序地进行。教师和家长们聚焦孩子成长与教育的具体问题，如“如何让孩子养成良好的习惯”“如何让孩子学会管理时间”“如何解决自理能力差的问题”等，展开激烈的讨论。家长们先在组内交流，再派代表发言，每一位家长都积极踊跃地参与讨论，纷纷献计献策，毫无保留地介绍经验、分享感悟。

会后各位家长意犹未尽，自发结成对子，继续总结梳理教育观点。家长们一致认为，以后要将这种形式坚持下去，每次的家长会都能针对学生成长的一两个问题进行深入探讨，形成一个“成长教育”系列。就这样，家长会变成了交流会、研讨会，家长会开出了“学术味儿”！

教育家苏霍姆林斯基说过，没有家庭教育的学校教育和没有学校教育的家庭教育，都不可能完成培养人这样一个极其细微的任务。孩子的成长教育离不开学校，但教育不能仅仅靠学校，教师与家长都应担负起责任，互相配合，共同用爱培养出一个个优秀的孩子。

我们通过家校座谈会这种面对面的交流形式为家长答疑解惑，同时利用学校微信公众号定期推送家庭教育相关的文章，供家长学习参考。为了让家长能够学以致用，我们还定期举办以“家风”为主题的升旗仪式，让家长与孩子通过参与学校活动来实践家庭教育的成果，让每一个家庭都能有“最好”的家风，让每一个孩子都能得到“最好”的教育。

（二）智慧的家长导师

学校从培养社会人的目标出发，打破校园的“围墙”，积极建立家校教育共同体，充分发掘家长的智力资源和中国科学院、航天城、中央党校等专家资源。我们让资源为教育服务，从各个方面向学生传递新知识，给学生带来更加丰富的学习体验，让他们看到更广阔的世界。

表5-3-1　2017—2018学年“跟爸爸妈妈看社会”活动内容节选

年度	班级	主讲人	活动主题
2017 年	三年级	月亮姐姐	我会朗读，我爱朗读
		张禾爸爸	地球遥感技术
		云迪妈妈	知识产权与技术革新
		子敬爸爸	我们的牙齿

续表

年度	班级	主讲人	活动主题
2017 年	一年级	刘峻岩妈妈	节约水资源
		李易妈妈	计算机启蒙
		刘子衿妈妈	威猛武器赏析
		张锐爸爸	自动驾驶
		肖逸凡妈妈	钱是什么
		朱宸典妈妈	画里的秘密
		宁美仑、宁美奂爸爸	认识互联网
		王乐之爸爸	机器人
		周妙溪爸爸	虚拟现实（VR）
		岳子文爸爸	移动通信
		胡逸轩妈妈	Scratch 编程
		康悦宁爸爸	建筑赏析及 3D 技术
		李翊萌爸爸	书是怎样印刷出来的
		郭妙然爸爸	喜羊羊教你超级飞侠的秘密
		罗泽林妈妈	麻醉学
		崔宇妈妈	森林户外拓展
		史治南妈妈	情景英语
		邵明轩妈妈	儿童经济学
		杨雨涵妈妈	音乐发烧友
		蓝云琪爸爸	互联网
		樊则图妈妈	中国优秀传统文化
		胡雨桐爸爸	飞机知识
		齐常瑞妈妈	感冒和预防
		范博涵妈妈	儿童安全
		郭家洲爸爸	交通知识
		赵为之妈妈	走进西班牙
		孙少雄妈妈	安全出行
		张洛衔爸爸	飞行知识
		刘思彤爸爸	核电知识
		陈心妍爸爸	动物世界
		陈茁家长	讲故事让孩子们了解象形字

续表

年度	班级	主讲人	活动主题
2017 年	一年级	刘艺霖家长	有关航天的知识
		杜昱岚家长	科技类知识
		王瑾瑜家长	小脑袋、大奥秘
		连梓屹家长	心理游戏
		赵涵怡家长	建筑专题
		关迪文家长	古典诗词吟诵
		林正涵家长	科普航天知识
		张逸骁家长	电的世界与用电安全
		刘译檀家长	民族乐器欣赏
2018 年	一年级	郭苒文家长	大数据
		史童歌家长	人工智能的历史
		李荣轩家长	神秘的眼球
		刘夏菡家长	纳米发动机
		魏华漪家长	金字塔原理
		齐锦林家长	空气的力量
		王千烨家长	纳西族摩挲人
		丁凯瑞家长	课堂里的机器人
		杨羽实家长	语言的艺术
		谭耀霖家长	漫步光影世界
	五年级	鹏鹏哥哥	菜市场的文化
		张天爱妈妈	太阳系知识
		陈宇轩爸爸	大自然的奥秘

学校始终坚持儿童立场，尊重儿童的发展规律，着力为学生打造个性化的成长平台。通过葵园家校教育共同体的建设，我们激发了家长的主观能动性，让家长主动参与学校活动，担任我们的“智囊团”。在融洽的家校合作中，家长以导师的身份和学校一同帮助孩子成长为“会学习、懂生活、敢负责、善合作”的葵园少年。

（三）可爱的家长志愿者

葵园的许多活动都少不了家长志愿者的身影。家长可以通过志愿服务的形式参与学校活动，近距离了解学生的日常生活。如每日的学生绿色安全通道就让家长志愿者了解了孩子每天上学的景象（见图5-3-2）。节日课程志愿者、“小葵花自然之旅”志愿者也备受家长的关注。许多家长志愿者热情助力家校合作，共同呵护孩子的成长。

通过多样的家校互动平台，家长可以经常走进葵园、走进教室，参与学校、班级的活动，共同经历孩子的成长。在未来的日子里，葵园好老师、好家长将继续携手，共同培养、发展、成就中关村一小的好学生。葵园家校教育共同体将会形成合力，为孩子们健康快乐成长提供支持和帮助。

儿童的心灵犹如泉水一般澄明，为了维持这份清澈、活泼，中关村一小致力于唤醒学生内心深处自我成长的力量，让这份力量成为孩子心灵的“源头活水”。因此，我们在为学生提供优质课程资源、学习资源、社会资源的同时，还鼓励学生在平台的支撑、环境的熏陶与家校合力的促进下充分发挥自主性，形成内驱力，为做“最好”的自己不断补充养料，遇见明天更好的自己。

图5-3-2　在学生绿色通道上坚守岗位的家长志愿者

绘图：徐彦婷　2008级（1）班　12岁　刘倬含　2012级（10）班　12岁　刘安卓　2014级（2）班　10岁　孙悠然　2012级（10）班　12岁

“最好”成就“大家”

麦肯锡咨询公司在《学校体系为什么成功？》的报告中指出，世界顶级学校在塑造最优秀的学校体系过程中，最为重视以下三点：让合适的人成为老师；将这些老师培养成最有效的指导者；确保为每一个孩子提供最好的教学。这些内容表明：学校体系的质量与教师的质量是分不开的，学校要取得好的教育成果，必须制定一个高效的教师专业发展机制。

一名好教师，能成就一所好学校。好教师是学生成长和学校发展的保障。那么，什么样的教师算是一名好教师？如何成为一名好教师？如何培养一名好教师？在中关村一小，对一名好教师的专业发展定位不只停留在教师的教育教学层面，学校还重视引发教师对儿童发展的用心、关注与理解。因此，我们把视角转向那些真正能够促进教师成长和可持续发展的因素上，把握规律、研究教师，放权赋能、发展教师，给予教师尊重、认可、支持，通过一切努力，成就“最好”的教师。

我们坚信：具有灵活性与创造性的组织环境，能唤醒教师的文化自觉，并能提高教师的内驱力与发展力，让教师成为促进学校发展的不竭动力。

一、研究教师：让每一名教师都能找到自己的生长点

在一所学校里，每一名教师都有自己独特的个性：或是勇于担当，具有领袖气质；或是春风化雨，懂得用智慧滋养学生；或是不断丰富和运用自身知识，头脑灵动；或是默默耕耘、行事朴素，在学科教学上不断追求卓越。每一名教师的个性都不尽相同，这种差异决定了每一个人都有成为好教师的潜质和特有的优势。为此，学校不断研究和了解每名教师的个性和特色，创设适合每一名教师个性发展的环境，让教师在实践中不断创新、自我发展，使教师的个性更加独特而丰富，让教师找到属于自己的生长点。

（一）把教师放在合适的位置上

“现代管理学之父”德鲁克认为，只有将合适的人放到合适的岗位上才能让其发挥所长。

何为合适？一是符合，即教师的个人能力、特长、需求与岗位要求相匹配，教师能够在岗位上发挥所长；二是适宜，即教师能够根据自己的能力和环境条件的变化动态地调整角色，从而调动自身潜能。怎样才能把教师放到合适的位置上？学校管理者应对各类型岗位的专业性质及其对应的素质能力进行梳理和分析，“智者取其谋，愚者取其力，勇者取其威，怯者取其慎”，使整个教师队伍充满生机和活力。

我们分别从专业领域、特长、爱好、性格特质等方面对教师进行分析，并将教师划分为经验型教师、研究型教师、领导型教师、专家型教师、复合型教师和创新型教师等类型。其中，经验型教师是指有5年以上的教学及班级管理经验，热心、负责且主动性较强的教师；研究型教师是指善于总结、反思和梳理，能根据个别的、变化的教学情境进行理论研究的教师；领导型教师是指不仅有教师的风范，还具有领袖或领导气质，能够站在全局进行思考的教师；专家型教师是指已经形成自身的教学理念、教育主张并富有教育情怀的教师；复合型教师是指多才多艺、爱好广泛、知识涉猎广泛的教师；创新型教师是指大胆创新、敢于突破、富有创意的教师。根据不同的教师类型，我们有针对性地

进行岗位设置，如表6-1-1是以部分教师为代表进行的教师特质分析与定位。

表6-1-1　基于教师类型的岗位设置

教师类型	代表	专业领域	能力、特长或需求	岗位设置
领导型教师	赵红波	语文教学	业务能力强 有影响力	葵园教师研究院院长 语文学科教学主任
	黄立新	语文教学	沟通力强 责任心强	年级组长
	李松瑜	语文教学	思维缜密 执行力强	年级组长
研究型教师	井兰娟	数学教学	知识储备丰富 思辨能力强	市级立项科研课题组成员 葵园课程研究院研究员
	尹巧云	实验语音学	研究能力强 理论扎实	葵园课程研究院研究员 融合课程团队成员 萍云班主任名师工作坊负责人
	赵蕊	中国哲学	理论功底强 善于思考	课程与教学中心文书 儿童哲学教师
经验型教师	刘江平	语文教学	工作扎实 教育教学经验丰富	松平班主任名师工作坊负责人
	张萍	思品教学	热心负责 班级管理经验丰富	萍云班主任名师工作坊负责人
复合型教师	柳迪	数学教学	多才多艺 知识丰富	融合课程教师
	欧阳玉洁	体育教学	富有活力 爱好广泛	融合课程教师
专家型教师	陈千举	数学教学	思想深刻 有教育主张 有教育情怀	陈千举名师工作室负责人
创新型教师	李小波	体育教学	敢于创新	校园课间操负责人
自主发展型教师	蔡彦春	体育教学	工作细致 科技爱好者	科学教师 DI 团队负责人 DI 国家级裁判

当岗位设置和教师的能力、特长或需求保持一致时，我们会发现老师们身上发生了奇迹般的变化。以“专家型教师”陈千举老师为例，陈千举老师是我校一名数学老师。他喜欢思考，更喜欢和同伴一起探索研究。在有情怀、有温

度的教育理念引领下，陈千举老师凭借多年的教育教学实践形成了“尽己所能，交付真情”的教育主张和“学会思考，在问中学”的教学理念，并快速成长为一名年轻的北京市学科骨干教师。正如他在总结时谈到的，“只有在团队中，你才能健康、加速、持续地成长”。他曾深刻感受过团队的支持，因此，他更懂得个人最需要团队给予怎样的帮助，这种体验与思考促使他全心全意地投入葵园教学团队建设工作。学校看到了他的激情与对未来的憧憬，于是成立了以他的名字命名的“陈千举名师工作室”，希望他能带领大家开展学术研讨和科研探索，让身为名师的他在发展自己的同时成就他人，带领团队共同成长。

陈千举名师工作室在2017—2018学年第二学期里扎扎实实地开展了6次教研活动，每个教研组至少有两名教师进行阶梯式上课，执教教师的备课会得到组内其他教师的帮助。教研组内有人负责教材分析，有人负责学情分析，组内每一名教师都熟悉工作室所研究的内容，参与其中的教师可以得到不同层面的锻炼。教研组因有了共同的研究目标而更加团结，名师工作室也因此更有意义。

表6-1-2　陈千举老师2016—2017学年辅导青年教师情况统计

时间	辅导内容
2016.4—2016.5	指导中关村一小啜临峰老师上市级展示课
2016.9—2017.6	牵头海淀区六年级数学教研组进行教研活动设计讨论
2016.9—2017.6	指导中关村一小数学核心组进行活动设计，并指导备课
2016.10—2016.11	指导中关村一小孙伟娜老师上“圆的整理复习”的展示课
2016.10—2016.11	指导中关村一小闫静老师上“数图形的学问”的展示课
2016.10—2016.11	指导中关村一小孙博老师上“确定位置”的展示课
2016.10—2016.12	指导中关村一小井兰娟、唐春璐、牛亚娟、闫静、孙伟娜等教师参与海淀区说课比赛，并取得优异成绩：海淀区说课一等奖 4 人，二等奖 1 人
2016.10—2016.12	指导中关村一小陈艳青老师论文获北京市二等奖
2016.10—2016.12	指导中关村一小闫静老师论文获北京市一等奖
2016.11—2016.11	主持与广州骨干教师的同课异构活动
2016.11—2016.11	带领全国骨干校长、骨干教师进行自主体验研讨活动

续表

时间	辅导内容
2017.3—2017.6	为海淀区新任教师做教学设计、课堂教学指导
2017.3—2017.6	为海淀区六年级数学教师做“让教研成为助力教师成长的‘自助餐’”的研究分享
2017.4—2017.4	为青海省数学骨干教师做讲座“我与我的代数教学”
2017.4—2017.6	指导青海省数学骨干教师进行教学研究
2017.4—2017.6	指导甘肃省庆阳小学数学教师进行教学研究

年轻教师的成长关乎学校的长远发展，年轻教师的培养需要学校的高位思考、顶层设计。“种子营”的成立，使年轻骨干教师的成长有了依托和平台。“种子营”以深化核心素养理念下的课堂教学改革为先导，以学校教育教学工作实际为依据，以提高参与“种子营”教师的实施高阶课程能力和教育创新能力为目标，着力培养一支专业型、创新型的尖端教师队伍，形成结构合理、素质精良的教师梯队。学校通过系统的策划，组织“种子营”中来自各学科的48位精英教师坚持每周进行学习、碰撞、实践与积累。

表6-1-3 “种子营”培养计划（2017—2018学年度第二学期）

日期	星期	对象	内　　容
3月30日	周五上午	种子营全体教师	讲座：复习认知的深度等级 DOK，学习布卢姆教育目标分类理论 作业：各学科准备示范课，要求教案设计中体现认知的深度等级 DOK，以及对布卢姆教育目标分类理论的运用
4月3日	周二下午	中关村全体教师	讲座：项目式学习选题途径
4月20日	周五上午	种子营 语文、品社教师	听课教研：语文和品社研究课各 1 节，课后教研 作业：修改本次教案；在 6 月 15 日前准备 2 节课的教案并说课
4月27日	周五上午	种子营 数学、科学教师	听课教研：数学和科学示范课各 1 节，课后教研 作业：修改本次教案；在 6 月 15 日前准备 2 节课的教案并说课
5月11日	周五上午	种子营 英、音、体、美教师	听课教研：英语研究课 1 节，音、体、美各准备 1 节示范课，课后教研 作业：修改本次课教案；在 6 月 15 日前准备 2 节课的教案并说课

续表

日期	星期	对象	内容
5月18日	周五上午	种子营全体教师	项目式学习的理论与课程设计实操，项目课程设计做中学 作业：完成课程设计
6月15日	周五上午	种子营全体教师	教师的教案剖析、点评
6月22日	周五上午	种子营全体教师	讲座：高阶思维能力培养综述 作业：检索关于高阶思维能力培养的细致方法的资料，每人提交5000字的文献综述
7月6日	周五上午	种子营全体教师	学期成果汇报
7月10日	周二上午	中关村全体教师	讲座：跨学科写作策略与方法

（二）“好老师”的构成要素——葵园教师核心素养

什么样的老师是一名好老师？教师作为一种职业，也有一些基本的要求，比如按照法律法规的要求履行相应的义务并享有一定的权利。

许多研究者通过设计量表和问卷的方式，对教师的角色特征进行了研究。例如，在美国有一项历史悠久且声望极高的“年度教师”评选活动，有研究者对1952年至2015年间获奖的65名教师的专业成长过程进行了调查，并从职业生涯发展、教育理念、师生关系和课堂教学等方面分析得出，这些优秀教师分别具有以下几方面特质：优秀的个人内在修养；充分发挥每名学生的最大潜能；丰富的学科内容知识、学科教学知识和教学法知识，并有探究的热情；和谐的人际关系；以学生为中心的课堂教学（见表6-1-4）[①]。

表6-1-4 美国优秀教师基本特质一般条目统计表

一般条目	频数	频率（%）
C1 拥有创新的、多样化的学科教学知识	63	96.9
C2 有创造力、活力、魅力和敏锐的观察力	65	100.0
C3 了解学生现状，能够帮助学生走出困境	60	92.3

① 殷玉新，王德晓. 优秀教师的基本特质：透视美国“年度教师”的秘密［J］. 比较教育研究，2016（1）：47.

续表

一般条目	频数	频率（%）
C4 能够勤勉、高效率地工作	62	95.4
C5 对其他教师有凝聚力，能够组织团队合作	60	92.3
C6 能够激发并指导学生实现梦想	64	98.5
C7 能够使用非传统的教学方法，实现课堂教学的创新	63	96.9
C8 教学设计能够吸引每名学生的兴趣	61	93.8
C9 主动、持续努力提高并完善自己	60	92.3
C10 尊重学生的差异，真正关心他们生活中的各方面需求	64	98.5
C11 参与专业而有效的教师教育和培训计划（项目）	58	89.2
C12 给学生提供自由探索的空间和机会	65	100.0
C13 能够将新技术与课堂教学结合起来	54	83.1
C14 引导家长参与教育教学过程	56	86.2
C15 对学生期望高，相信学生，并能够帮助其发挥最大潜能	61	93.8
C16 能够创造并实施与所有学生密切相关的学习活动	60	92.3
C17 能够帮助其他教师解决日常教学过程中的困难	59	90.8
C18 相信分数不是评价学生的唯一标准	58	89.2
C19 将考试等评价手段作为改进、完善的手段	62	95.4
C20 激励并指导其他教师更好地学习和工作	56	86.2
C21 在校外社区事务中具有相当影响力	55	84.6
C22 善于开发并使用各种教学资源	60	92.3
C23 与学生、同事、校长、社区成员之间关系良好	62	95.4
C24 具有优秀的课堂管理能力	64	98.5

通过分析美国优秀教师的特质，不难发现，追求教学的理性运作并饱含对学生的爱心和热情，是这些优秀教师最显著的特征。

中关村一小自1949年建校以来，经过一代又一代教师的薪火相传、努力钻研，才铸就了今日的学校品牌。为此，我们也在一直思索：一小教师代代传承的精神“基因”是什么？什么样的老师是中关村一小的“好老师”？通过每月一次的“对话校长”活动，我们试图从教师身上读懂他们的特质，从教师的教育故事和案例中找寻那些暗藏的“秘密”。

我们听到学校老师这样解读“好老师”：

“懂得欣赏学生。善于发现学生身上的闪光点，及时表扬学生，提高学生的自信心，使其成为最好的学生，以此成就最好的老师。”

“怀有崇高的师德。关注学生心理、生理的健康状况，用爱对待每一名学生，促进学生全面发展。”

“身处优秀的团队。最好的老师一定要在最好的团队中成长。个体在团队中可以体会到温暖、关爱。也许一个人可以走得很快，但一个优秀的集体一定可以走得更远。”

“做反思型教师。吾日三省吾身，教师一定要在每节课后都进行反思，哪些地方可以改进、提升，从而不断完善自己。”

“全心投入。教师要时刻保持全身心投入，用心上好每一节课，用心对待每一名学生，努力做到最好。”

“拥有理想信念。最好的教师有明确的理想信念，能不忘初心，并坚定不移地为之努力。”

“提高专业素养。作为一名教师，一定要注重自己专业素养的提高，形成所任教学科的话语体系与学科特色。教师要在培训学习中汲取能量，在教学实践中提升能力，实现自我突破。”

“增加知识储备。学无止境，要通过不断地学习来充实自己，跟上时代的脚步，将更多、更好的知识传授给学生，活到老、学到老。”

“在活动中促进学生发展。开展创新性活动，让学生积极参与进来，学生通过活动不仅能学到新知识，而且能提高集体意识，学会合作。”

“做到三个聚焦。教师要做到聚焦课堂时效、聚焦学生发展、聚焦团队合作。”

“用科研改进我们的教学方式。用研究的眼光看待我们的日常工作，改进教学，创造最好的教育。”

在广泛征集教师意见的基础上，我们参考习近平总书记的讲话和《小学教师专业标准（试行）》，梳理教师们好的经验做法，总结“葵园好老师”的特质，初步窥见“好老师”之“好”的四点特质，并将其确立为中关村一小教师核心素养。

1. 儿童立场

儿童立场是小学教育的基点。作为小学教师，我们必须回到原点，从儿童出发，走近儿童、了解儿童、发展儿童。只有以儿童的方式来做教育，才能让儿童成为自主发展的人。

2. 为人师表

学高为师，身正为范。作为一名教师，既要有崇高的职业道德，又要有过硬的专业能力，更要有自己坚守的初心。要时刻牢记自己是一名教师，用自己的一言一行、一举一动影响、教化身边的每一个人，做到行为世范。

3. 创新思维

创新是一个民族走向复兴的必要条件。作为培养未来建设者和接班人的教师，无论是教学教研还是班级管理都应注重创新，要让创新思维在心里扎根，这样才能更好地培育具有创新精神的下一代。

4. 终身学习

现代社会知识更迭速度极快，每一分钟都会有新知识产生，停止学习就无法赶上时代前进的脚步。教师只有不断更新自己的知识储备，丰富自己的阅历，才能更好地顺应新时代的育人需求。

如果说学生发展核心素养是对新时期未来人才的一种期许，那么中关村一小教师核心素养则是对一小“好老师”形象的一种勾勒，并期待以此影响未来走进葵园的每一名教师……

二、发展教师：唤醒生命的自主性力量

国际21世纪教育委员会曾反复申明一个基本原则：教育应当促进每个人的全面发展，即身心、智力、敏感性、审美意识、个人责任感、精神价值等方面

的全面发展。学校领域中人的全面发展，关注的是每一个生命个体能动地、自觉地规范自己、发展自己的过程，包括独立自主的人格品质、主动促进自身发展的基本心理素质，以及自主学习意识和能力的形成。这是人不同于其他任何生命体的最重要的“自我产生和自我再生”的能力以及“实现自身价值，获取幸福人生”的内在保证。[①]

学校与其他组织的不同之处在于学校具有教育教学的功能。学校管理的根本在于促进人的全面发展、自由发展与个性发展。教师是学校中的重要角色，如何给予教师充裕的发展空间，让教师的自主性、主动性和创造性得以发挥，是学校管理的一个重要工作。

（一）管理走向引领：赋权、分责、搭台、激励

学校管理的核心在于“人”，是解决“人”的问题，是实现“人”的幸福。为了凸显和发挥“人”在管理中的作用，我们通过管理重心下移和组织结构变革，实施“一会两院+三个中心+项目负责制”的管理机制变革，激发教师的主体自觉性，营造“人人皆可为领导”“人人皆可为主人”的环境。

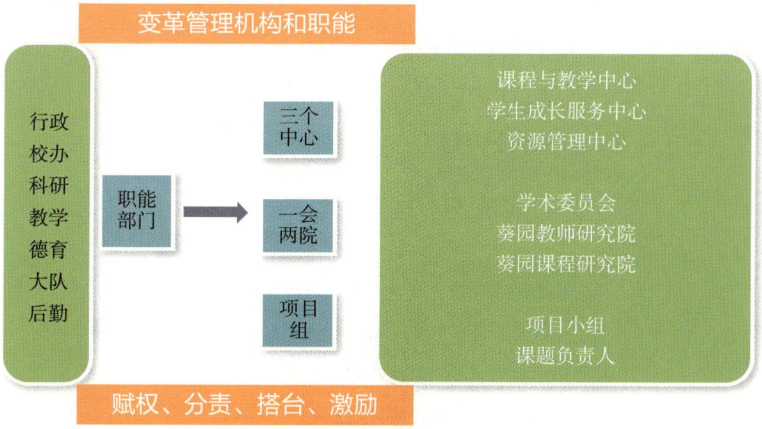

图6-2-1 学校组织结构变革图

① 刘畅. 人本化管理：学校管理的本质和品质追求［J］. 教育学报，2014（3）：56-61.

在传统管理模式下，学校组织结构像一座金字塔，从顶层到底层，人数逐渐增多。学校的决策逐级下达、逐层细化，最后由各位教师（包括中层干部）执行完成。这种金字塔式的管理方式自上而下，统一领导、统一指挥、便于管理，能够在很大程度上提高工作效率。但是这种管理方式的弊端也显而易见：一是权力过于集中，管理与决策的权力主要集中在金字塔的顶端，师生无权做出与自身利益相关的决定；二是见“事”不见“人”，教导处、德育处、行政处等部门能够在最短时间内分门别类地将事情处理好，但在“事”上费心太多，对“人”的关注不足，处于金字塔底端的师生难以发出属于自己的真实声音。

为此，我们开始着手放权、分责，将过去的行政、校办、科研、教学、德育、大队、后勤7个部门进行整合，成立了课程与教学中心、学生成长服务中心、资源管理中心“三个中心”。学校把管理的权力和职责广泛分布到组织成员内部，让每一个人都能够根据自己的能力和环境条件的变化动态地承担领导角色。此项调整有效地激发了众人的智慧和行动参与的热情，打破了“领导”对学校管理权的专属，形成了“人人有责”“我即学校”的扁平式人本化管理结构（见图6-2-2）。

同时，学校的课程建设、学生的发展目标和教师的培养方向都需要专门的团队进行规划与实施。我们根据学校教师的特点，建立了“一会两院”和“项

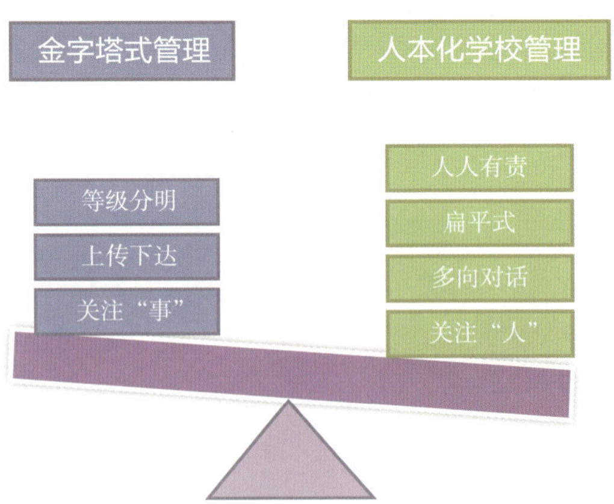

图6-2-2　两种组织结构的管理方式权重

目负责制”相结合的责任负责制，以便更好地服务学校课程改革，提升教师的领导力。

每一位教师身上都有无限的潜能，管理者要有善于发现的眼睛。基于课程改革的需要，我们成立了“一会两院”，设置几十个岗位面向全体教师招聘。所有岗位人选通过教师自愿申报、同伴推荐、教师之间协商的方式产生。

学校的“一会两院”，即学术委员会、葵园教师研究院、葵园课程研究院。学术委员会的成员是由教师民主推选出来的师德高尚、专业水平过硬、在教师中有威信、值得信赖的干部教师代表组成。葵园教师研究院和葵园课程研究院的两位院长和四位副院长均来自一线，成员则按照自荐加推荐的原则，吸纳学校一批有想法的骨干教师，凝聚一群想研究、善思考、愿意参与教育教学改革的教师。其中，学术委员会主要肩负着学校总体发展目标的确定，职称的评定，学校长远和近期的规划，学校课程方向的确定等任务。

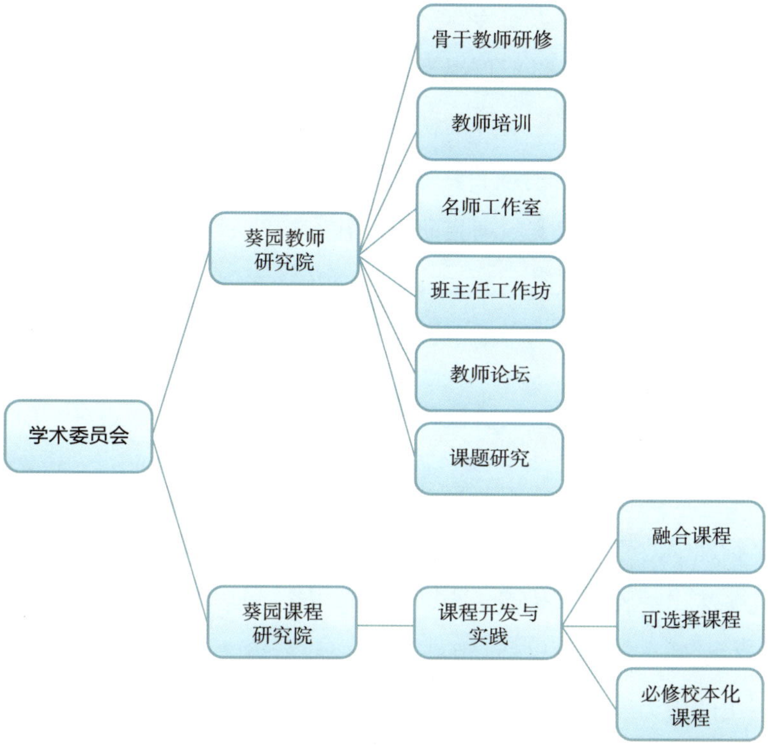

图6-2-3 “一会两院”组织结构图

葵园教师研究院的主要任务是关注教师成长，促进教师创新教研方式，培育教师研究能力与课堂实施能力。在葵园教师研究院的努力下，不同学科教师间的交流与协作变得常态化。教师们开展了大量跨学科合作研究与联合培训；开展了不同学科组和年级组的协同研究活动，改进了校本研修方式；开展了以学生综合发展为目标的跨学科教研活动。葵园教师研究院还引领教师进行自主教学研究，总结教学方法、交流教学成果，成立了名师工作室和班主任工作坊等教师研究机构。

葵园课程研究院将成员按学科划分组成团队，各团队从学生的角度设置、整合、创生课程。学校一、二年级的融合课程，三至五年级的整合课程，六年级的毕业课程，都是由课程研究院的教师负责独立完成开发的。课程研究院的教师们将研究成果带到自己所在的年级组，带动组内的教师进行实践，通过自下而上的研究，迸发出许多惊艳的火花，推动课程改革逐渐走向深入。

教师的发展离不开团队的合作。在教师们的自发组织下，学校渐渐形成了项目负责制的工作机制，以项目组为单位开展工作。项目组是为应对日常突发性工作和创新性工作而产生的推动性机构，由教师自主领衔，在兴趣和问题的基础上创生项目，使不同的项目活跃在校园之中。比如，我们着力开展了My City项目研究、融合课程实验项目研究、儿童情绪健康促进项目研究、量子力学项目研究、英语低年级绘本教学项目研究及整本书阅读项目研究等。在自创新、微变革的“项目组”的带动下，教师团队充满了生机与活力。

（二）标准走向个性：鼓励教师做“不拘一格”的事

没有个性的教育不是真正公平的教育，同样，不尊重个性的管理不是真正的人本化管理。对于教师而言，教师的发展需要标准，教师不仅要具备专业素养，要具备高尚的师德，热爱教育、热爱学生，要掌握学科教学知识和教育学知识，要在总结经验和反思教学的基础上形成教育实践性知识，同时还需要具备坚忍不拔的毅力、乐观幽默的品质和轻松愉快的心境等健康的心理素质。然而教师之间的个体差异、教学情境的丰富多样以及教师各自具有的潜能和创造精神，决定了教师的教育教学、班级管理不可能千篇一律。教师的成长是不均衡、不一致的，因此，教师的发展也需要个性化，学校应鼓励教师做不拘一格的事，即在要求教师达到“标准化”的基础上，鼓励教师有“自由化”的表达，满足教师“多样化”的需求，推动教师“个性化”的发展。

1.“规定动作”之外的“自选动作”——边颖老师的六年一体化传统文化课程设计

边颖老师是一名语文教师兼班主任，她十分喜爱传统文化，也坚持认为德性养成是人之为人的根本。结合自身对传统文化的认同和把握，在遵循不同学段的学生身心发展规律的基础上，边老师从六年一体化课程设计的独特视角出发，将传统文化引入课堂教学和班级管理。她通过清晰的课程目标、课程内容、课程实施以及课程评价，让学生能够有序、有目的、有兴趣、有收获地学习中华优秀传统文化，进而提升学生的文化涵养和道德素养。

表6-2-1　六年一体化传统文化课程方案

年级	课程目标	课程内容	课程实施	课程评价
一年级	1. 学生对中华优秀传统文化感到亲切，且热爱中华优秀传统文化 2. 初步了解传统礼仪，学会待人接物的基本礼节 3. 孝敬父母、尊敬师长、友爱同学、礼貌待人，养成勤俭节约、吃苦耐劳、言行一致的生活习惯和行为规范 4. 能用普通话进行口语交际，声音清楚，态度大方 5. 能联系课文和生活实际理解常用词语和句子的意思 6. 学会专心倾听，养成“坐得住，听得懂”的好习惯，懂得尊重他人的发言 7. 学会评价他人，欣赏他人的优点，初步形成分析问题的能力，学会分享自己的想法 8. 提高自我评价的能力，能根据他人评价和自我表现初步进行自我评价	学习《弟子规》 一年级学生年龄小，且刚刚入学，为了顺利完成幼小过渡，对学生行为习惯的培养尤为重要。所以，我们将《弟子规》作为班级的学习内容。《弟子规》全文不过360句，共计1080字。其基本内容融汇了古代圣贤对青少年学生的训诫，具体讲解了孝敬父母、尊敬长辈、关爱兄弟、修身养性、为人处世、读书求学等应有的礼仪规范，是启蒙养正、教育孩子的最佳读物	1.“每日小讲坛”——每人自学四句，每天按学号轮流上台为全班同学讲解。可讲、可背、可自做演讲稿、可做PPT、可表演……，把意思讲解清楚即可 2. 课前指名按所学内容带读（12句），一周更换一次 3. 背诵，每天背四句 4. 利用午休时间观看《弟子规》的动画故事	1. 期末自我总结，制作《弟子规》小报 2. 检查背诵 3. 以《弟子规》为内容，小组合作表演 4. 家长给予孩子评价

续表

年级	课程目标	课程内容	课程实施	课程评价
二年级	1. 学生对中华优秀传统文化感到亲切，且热爱中华优秀传统文化 2. 了解一些历史小故事，知道一些仁人志士，明白自己是中华民族的一员 3. 丰富词语积累并尝试运用 4. 能较完整地讲述短小的故事 5. 说话有礼貌，表达有条理，声音响亮 6. 认真听别人讲话，努力理解讲话的主要内容。学会尊重他人的发言 7. 学会评价他人，欣赏他人的优点，进一步提高分析问题的能力，能为他人想出有益的建议 8. 提高自我评价的能力，能根据他人评价和自我表现进行自我评价	学习《中华成语故事》 二年级学生正是积累词语的关键期，他们已初步养成良好的学习习惯，并具备一定的学习方法，可以积累大量的词语。于是我们把《中华成语故事》作为二年级的学习内容。小故事，大道理，利于孩子们接受。而且他们的语言表达能力已大大提高，口述故事对大部分学生而言已不再困难	1.“每日小讲坛”——轮流讲成语故事，每天两个（学生讲一个，老师讲一个） 2. 以成语故事为主题设计班级文化墙	1. 班队会：“成语故事知多少”竞赛 2. 制作《成语故事》小报，并装订成册 3. 生活中的成语：谈谈我是怎样用成语的
三年级	1. 学生对中华优秀传统文化感到亲切，且热爱中华优秀传统文化 2. 了解孔子和《论语》，汲取《论语》的语言精华和思想内涵，在传统文化的熏陶中提高自己的道德修养 3. 理解《论语》中所蕴含的深刻哲理，养成把所学知识、道理运用于实践的意识 4. 了解文言文的一般常识，能掌握重点字词的读音、含义及一些虚词的用法 5. 有感情地朗读，养成良好的诵读习惯 6. 表达清楚，有条理，声音洪亮 7. 说出自己的感受和想法，努力用语言打动他人 8. 认真倾听，能把握他人说话的主要内容，并能简要复述；能就不理解的地方向人请教，就不同的意见与人商讨 9. 学会观察，学会赞美，能够由衷地说出别人的长处，并学会使用具体事例去夸奖别人，叙述简洁清楚 10. 通过交流学习，同学之间能增进友谊，能取长补短，携手共进	学习《论语》 在对大量的课文理解的基础上，学生们已初步具备阅读理解能力，此时接触文言文对他们而言虽有一定困难，但也是一种挑战。那就让他们迎难而上，为将来学习古文奠定基础。《论语》中所记孔子循循善诱的教诲之言，或简单应答点到即止，或启发论辩侃侃而谈，富于变化，娓娓动人。这种“语录体”适合中年级学生阅读，而且《论语》还教给了学生为人处世的道理。这对是非分辨能力极其有限的三年级学生来说又是一剂良药	1. 每周二开设“论语小课堂”——按学号轮流讲解《论语》，每两人一组，一人讲句子意思，一人讲相关的故事。形式不限，建议做 PPT 或表演 2. 早自习指名带读 3. 增加学习笔记 4. 定期背诵 5. 设计以《论语》为内容的班级文化墙	1. 学期末小组合作表演 2. 记录《论语》笔记 3.检查背诵。 4. 家长评价 5. 班级公众号推出讲课内容

续表

年级	课程目标	课程内容	课程实施	课程评价
四年级	1. 提高对中华优秀传统文化的感受力，了解中华优秀传统文化的丰富多彩 2. 诵读唐诗经典篇目，理解作品大意，体会其意境和情感 3. 了解中华民族历代仁人志士为国家富强、民族团结做出的牺牲和贡献 4. 初步尝试运用喜爱的艺术形式表达情感 5. 能用普通话交谈。在交谈中能认真倾听，并能就不理解的地方向人请教，就不同意见与人商讨 6. 听人说话能把握主要内容，并能简要复述 7. 能清楚明白地讲述内容，并说出自己的感受和想法。努力用语言打动他人 8. 能进行有感情地朗读，养成良好诵读习惯 9. 注重文明，提高语言修养 10. 通过分工与合作，同学之间能增进友谊，能取长补短，携手共进 11. 养成收集、整理资料的习惯	学习《唐诗三百首》 四年级的学生已能学习运用归纳、演绎、类化和对比推理的思维方法，他们已具备一定的自学能力。《唐诗三百首》的内容形式多样，情感丰富，价值取向多元，有利于学生形成健全的人格特征，且能提高学生的审美情趣	1.小组合作学习，每周汇报一次 2. 早自习指名带读 3. 背诵（每周至少 1 篇） 4. 开设鉴赏课（一周至少 1 课时） 5. 打造相关的班级文化建设 6. 成立小诗社	1. 检查背诵 2. 小组共同整理学习成果，装订成册 3. 古诗诵读展演（诵读、画、写、唱……） 4. 鼓励学生自创古诗 5. 班级公众号推出讲课内容及学生作品
五年级	1. 逐步提高辨别是非、善恶、美丑的能力，开始树立人生理想和远大志向 2. 尝试运用喜爱的艺术形式表达情感 3. 诵读宋词经典篇目，理解作品大意，体会其意境和情感 4. 进一步加深对我国民族文化的了解与热爱 5. 在实践活动中，锻炼动口、动手、动笔的能力，养成与人合作的精神 6. 提高收集、整理资料的能力 7. 与人交流时能尊重、理解对方 8. 乐于参与讨论，敢于发表自己的意见 9. 听他人说话认真耐心，能抓住要点，并能简要转述 10. 表达有条理，语气、语调适当 11. 能根据交流的对象和场合，稍做准备便能做简单的发言 12. 在交流中注意语言美，抵制不文明的语言	学习《宋词》 小学五年级是学生自我意识发展的第二个上升期，他们的学习能力已显现出差异，学习风格初步形成。宋词与唐诗被誉为中国文学史上的两颗明珠，不可不学	1.小组合作学习，每周汇报一次 2. 早自习指名带读 3. 背诵（每周至少 1 篇） 4. 开设鉴赏课（一周至少 1 课时） 5. 营造相应的班级文化 6. 延续小诗社	1. 检查背诵 2. 小组共同整理学习成果，装订成册 3. 宋词诵读展演（吟诵、画、写、唱……） 4. 鼓励学生自创诗词 5. 班级公众号推出讲课内容及学生作品

续表

年级	课程目标	课程内容	课程实施	课程评价
六年级	1.提高辨别是非、善恶、美丑的能力，引导学生树立人生理想和远大志向 2.尝试运用喜爱的艺术形式表达情感 3.与人交流能尊重、理解对方，并乐于参与讨论，敢于发表自己的意见 4.认真耐心地听别人讲话，能理解主要意思，并能转述 5.使用规范的口头语言 6.能清楚明白地用普通话口述见闻，稍做准备即能围绕一个意思当众做两三分钟发言，态度大方，语句通顺连贯 7.表达有条理，语气、语调适当。提高思维的敏捷性、条理性和深刻性 8.在交际中注意语言美，抵制不文明的语言 9.提高动口、动手、动笔的能力，继续养成与他人合作的精神 10.提高收集、整理资料的能力	学习《古文观止》 学习古诗文不仅能陶冶人的情操，丰富人的精神世界，还可以让人学到很多相关的历史、地理文化知识，能够终身受益。古文的名篇佳作，不仅是教育人的宝贵精神食粮，而且作为文学艺术范本，可以教会学生写文赋诗，提高语言表达能力。《古文观止》基本上均为历代传诵名篇，具有“永恒的艺术魅力”	1.小组合作学习，每周汇报一次 2.早自习指名带读 3.背诵经典古文（每周至少1篇） 4.开设鉴赏课（一周至少1课时） 5.打造相关的班级文化建设 6.延续小诗社	1.检查背诵 2.小组分工，全班共同整理学习成果，装订成册 3.用自己喜爱的方式表达情感（唱、跳、写、画……） 4.鼓励学生自创诗词 5.班级公众号推出讲课内容及学生作品

边老师每年都会根据学生年龄特点、班级教育所需，打造温馨的主题文化教室。比如，一年级是“弟子规教室”，二年级是“成语城堡”，三年级是“子曰教室”等。主题文化教室建好了，边老师的传统文化教育就真正开始了。

边老师会依据所选择的传统文化材料规划学生的学习课程。为了让每名学生都参与进来，班级开展了“每日小讲堂”学习活动。每天5分钟，每个学生轮流讲，而且有主持人，有学习材料，有评价，有总结。在这个过程中，每一名学生都经历了多方面能力的锻炼，特别是表达能力。久而久之，“每日小讲堂”成了班级的固定活动，并且边老师会把学生的优秀作品集结成班本教材。步入三年级后，学生的能力增强了，学校也专门有了国学讲堂，讲堂时间由原来的5分钟变为40分钟，并增加了提问、自省和做学习笔记的环节。

从教室的布置到课程的学习都离不开主题文化，从班级管理来看，主题文化更有利于学生精神文化的培植。比如，一年级选择的《弟子规》恰好符合孩子们的生活需要，同学之间出现矛盾了，立刻有同学跳出来说："'兄道友、弟道恭'，同学之间要团结互助……"，还有"凡出言，信为先"，通过师生集体讨论后被定为班规……，班级集体生活因为主题文化的存在而变得生动活泼。主题文化也为学生形成正确价值观、培植高尚的道德情操提供了依据、榜样。

边老师在学校"规定动作"之外的"自选动作"，看似是一种"微"学习，但却聚沙成塔，引发了学生质的变化。学生在学习过程中，不断受到国学精华的熏陶，提高了表达能力、评价能力、组织能力，从而建立了自信，树立了道德风尚，形成了正确的价值观。

2. 鼓励教师为教育"发声"——柳迪老师基于自媒体的教育传播实践

17年前，他成为一名教师；12年前，他是一名教师也是一名博主；4年前，他既是一名博主教师更是一名公众号的经营者，他是名副其实的"斜杠青年"①。从博客到微博，再到微信，他在各个资讯传播媒介中自由游弋；从学生到家长，再到教师同行，他记录并传播自己的教育思想和心得，追问教育的意义和目的。他是一名数学教师兼班主任，他热情地探索着教育"最好"的发生方式，并希望能影响学生、家长，以及更多的人。

柳迪老师之所以注册微信公众号，是源于这样一件事情。有一次，北京市"一老一小"保险要求家长补充资料，很多家长打电话询问班主任如何填写资料。为了更详细地说清这件事，柳老师便在微信公众号中用图文并茂的方式做了一个关于填写"一老一小"保险的攻略，并转发到班级群。第二天一早醒来，这篇文章的阅读量竟然超过十万次，转发量也有三千多次。那是柳老师第一次意识到，这是普通大众拥抱移动互联网的机遇，也是为数不多且门槛不高的机会。看到这一点，他对自己的微信公众号也有了更长远的设想和打算。

---

① 指不满足单一职业和身份，而选择拥有多重职业和多重身份的人，这些人在自我介绍中会用斜杠来区分，如张三，教师/作家/摄影师。

绝地飞雪

孩子不是为“长大”或“成才”活着，而是为“童年”而活着。

2015-05-22 B-304 绝地飞雪

孩子不是为“长大”或“成才”活着，孩子首先是为“童年”而活着。孩子总会长大，童话总会消失，但童话带来的快乐我们可以一直延续。

如果可能的话，我想孩子单纯一点，懵懂一点，甚至傻一点，这个时间能有多长就多长。

绝地飞雪

对小学数学新教材知识点16个问题的解析

2015-07-06 B-304 绝地飞雪

摘要：随着课程改革的不断深入，新课程理念已为越来越多的一线数学教师所接受。对处于微观知识层面的一些现实性“诘问”，诸如“最小的一位数是0还是1？”“为什么0也是自然数？”“最大的分数单位是多少？”“计算出勤率可不可以不乘100%？”……，看似“细节”的问题，却是彰显数学教学“科学性”“严谨性”不可或缺的一环，处理不好可能直接影响到教学评估和考试命题。

图6-2-4 柳迪老师的微信公众号——绝地飞雪

柳老师认为，微信公众号不仅可以帮助家长了解孩子、了解学校，还可以记录自己教师生涯的点滴。但要真正运营一个公众号可不是一件容易的事，需要不断提供新内容，保证文章的时效性。这就促使柳老师必须利用闲暇时间多学习，及时把想法变成文字。同时，他还要不断提高写作能力和设计能力，以保证能将自己对课程教学的见解以及对家庭教育的感悟传播出去，从而影响更多的人。

在微信公众号上，他以学生在校的真实生活为素材，记录着孩子们成长进步的点点滴滴，传播着对教学的见解以及对家庭教育的感悟。到目前为止，柳老师的微信公众号已有700多名关注者，订阅关注他的多是同行；他撰写各类文章总计100多篇，算不上高产，但每篇皆是精心之作。

自媒体的开放为个人的自由表达提供了更便捷的渠道，这是时代的进步。鼓励教师“发声”，这是一所学校对教师言论自由的尊重。微信公众号平台让柳老师成为一个乐写者，一个善思者。他既能回顾来时的路，又能展望前方的路，并以此传播自身的理念与情怀，使读者受到其所提倡的“温润教育”的感染，愿意快乐工作、乐观生活。

互联网时代的到来，使得学生获取知识的途径更加多元和便捷。学生在课堂上期待的不再是简单的知识传授，而是带有教师个人特质与精神追求的表达。因此，只有那些善于结合教学内容与学生分享生活感悟及生活意义的教师，那些能够不断激发学生对生活的自信、对未来社会向往的教师，才能走入学生内心、真正产生教育的影响力。为此，我们鼓励教师在专注于学科教学之外，多做“不拘一格”的事。

（三）行政走向学术：聚焦协同创新的教师团队

学校的变革应建立在教师的变革之上，教师自身要有不断学习的内驱力。在培养学生的过程中，教师要善于发现学生成长的内在机制，并加以总结提炼。教师成为专家型人才，方能推动整个学校的创新。我们通过打造“特级教师工作室”“名师工作室”“班主任名师工作坊”“种子营”等平台，聚焦协同创新的教师团队，建构教师学习共同体，培养专家型人才。此外，我们还每两周举行一次“学术采风”，每月开展一次“对话校长”，每学期举办一次“年度教师论坛”，鼓励教师分享自己的教学故事和教学理念，树立成果意识、固化研究成果，形成教师品牌。

1. 特级教师工作室

语文特级教师张海宏和体育特级教师秦治军，在葵园中成立了属于自己的特级教师工作室。在中关村一小“做最好的我”核心价值选择的引领下，我们鼓励老师们开动自己的“发动机”，实现自主发展，走出具有一小特色的教师专业发展之路。为此，特级教师工作室制订了以下核心目标。

（1）发挥特级教师的引领作用，构建学习共同体。

（2）开展学科研究，提升教学能力，形成骨干梯队。

（3）开展专题研究，提高教师科研与实践能力，形成一小各学科的话语体系与学科特色。

（4）发现教师成长的路径与规律，促进教师专业发展。

（5）突破教师发展瓶颈，促进教师自主发展，实现自我超越。

（6）积淀丰富的学校文化，形成清晰的教师文化。

以张海宏特级教师工作室为例，为了充分发挥特级教师在教育、科研和培养骨干教师等方面的示范带动作用，加快学校语文教师队伍建设步伐，张海宏老师制定了工作室发展规划，规划如下。

“张海宏特级教师工作室”发展规划

一、基本情况与目标定位

工作室共有成员 25 名。其中特级教师 1 名，市级骨干教师 4 名，区级学科带头人 2 名，区级骨干教师 5 名，非骨干青年教师 13 名。区级骨干以上的教师和非骨干教师的比例基本持平。工作室聘请著名特级教师、海淀区名师工作站小学语文组组长陈延军老师作为实践导师，聘请首都师范大学初等教育学院副院长王云峰教授作为理论导师。总体来看，工作室既有教学技艺高超、理论功底深厚的外聘专家做指导，又有本校的特级教师负责具体工作。同时，工作室成员以 30 岁左右的青年教师居多，骨干比例适当。这部分教师工作热情度高，自我发展的愿望强烈，为工作室工作的开展奠定了良好基础。

1. 工作室定位：引领辐射 共同提升

工作室成员的组成基本涵盖了学校语文学科的骨干力量，是中关村一小优秀语文教师的代表。为此，工作室在日常的工作中必须发挥引领示范作用及辐射作用，带动周围教师的发展，同时，还可以将工作室的影响辐射至手拉手学校等更加广阔的范围。

工作室成员在发挥示范引领作用的同时，更应该不断提升自身的语文教育水平，互相学习、共同成长、共同发展。

2. 工作室目标：

（1）提升工作室成员的教育理论素养、文化素养和专业素养，随时代进步不断更新教育教学观念。

（2）在学校“自主教育”理念指导下，在“自主品悟”式语文教学研究的基础上，不断探索中关村一小语文教育路径，形成中关村一小语文教育特色。

（3）打造一支拥有坚定教育信念，为人民教育事业奋斗终生的、受到同行、学生、家长和社会广泛认可的中关村一小语文教师队伍。

二、工作的要点

1. 坚持理论学习，夯实专业基础

工作室将“终身学习”理念贯穿始终，采取自主学习和集中学习相结合的方式进行教研。工作室为所有成员推荐了 20 本基本阅读书目，供工作室成员选读。具体书目如下：

《论语》《孟子》《陶行知的教育思想》《叶圣陶语文教育论集》《朱自清论语文教育》《夏丏尊论语文教育》《语文教学论集》《吕叔湘论语文教学》《传统语文教育教材论：暨蒙学书目和书影》《语文科课程论基础》《斯霞、霍懋征、袁瑢语文教育思想与实践》《集中识字·大量阅读·分步习作：张田若论小学语文教学》《汉字教学常用字形义解析》《生命中最好的语文课——干国祥语文课堂教学实录》《名作细读——微观分析个案研究》《爱的教育》《语文：表现与存在》《理想课堂的三重境界》《古老的回声——阅读中国古代文学经典》《静悄悄的革命——课堂改变，学校就会变》。

阅读过程中要求工作室成员在广泛涉猎的同时重点读其中的一本，并认真写出读后感，读后感的内容会在集中学习时进行交流，旨在促进教师们互相学习、共同提高。

2．立足课堂实践，提升教学水平

工作室为所有成员提供磨炼、展示的时机，鼓励成员课后进行交流，并为其创造发表意见，参与评课、议课的机会。工作室每学期都会开展以课堂教学研究课为载体的实践研究，在研究过程中把握学科本质，提升教学实效，守正出新，不断探索中关村一小语文教学的最佳路径。

同时，组织工作室成员参与市区、全国各类教学评比及观摩活动，为手拉手学校开展支教、送教活动，让工作室成员开阔眼界，多方汲取养分，加快他们的成长步伐。

3. 开展课题研究，以研究促发展

课题研究是一名优秀教师成长和发展的必经之路，因此，工作室成员在日常的教育教学工作中必须结合真问题、真困惑，开展课题研究。关于课题研究，每位工作室成员都要有清晰的认识：课题就在我们身边，只要我们能用心观察、用心思考、用心设计、用心研究、用心总结，就一定能找到解决教育教学工作中问题的金钥匙。

三、具体实施路径

1．每月开展一次活动

工作室利用每月第一周周二上午的时间，开展集体研修活动。每次研修活动的时长为两个小时左右。活动采取读书沙龙、课堂教学展示、名家讲座等形式，力争让工作室成员通过各种活动获得真收获、真成长。

2．建立“在线研讨”机制

由于工作室成员分布在三个校区，想要经常集中开展活动有一定困难。为此，工作室建立微信群，以专题、课例或教学中的实际问题为载体，聚焦教学热点和课程难点，展开在线研讨，力求解决有代表性的教学困惑，引领教学新理念及新方法在课堂中的运用。

3. 集中学习与小组学习相结合

工作室还以小组为单位开展集中学习之外的小组学习。成员分为4个小组，分别由4名市级骨干教师担任组长，以小组为单位开展备课、读书等活动。

四、工作进展及保障措施

1. 工作的进展情况

工作室虽然成立不久，但在以往研究的基础上已经初步取得了一些进展。目前，学校整体构建了“自主发展课程”。“语言与人文课程”是其中很重要的领域，共分为“国学启蒙、阅读与欣赏、活动与习作、思维与表达”四个模块。工作室部分成员参与编写了该领域的教师教学指导用书和学生学习读本，供师生使用。同时，“自主品悟”式语文教学也已经有一些成功的教学策略及案例，工作室成员正在进一步丰富其实践研究。

另外，工作室部分成员在课题研究方面取得了较为突出的成绩。老师们都积极申报课题，如申报了“低年级融合课程中绘本应用研究”“探究低年级写字教学的有效策略”“巧妙开发小学语文教材，合理设计教学训练点”等课题。老师们基于课题进行教学研究的意识越来越强烈。

2. 保障措施

（1）学校非常重视工作室工作的开展情况，给予了多方支持。

（2）学校一部分语文干部、教研组长均为工作室成员，有利于从不同层面推动工作室活动的开展。

（3）工作室外聘导师陈延军、王云峰均是语文教育界公认的名师、专家，具有很强的学术引领和示范作用。

（4）工作室各个层面的骨干教师比例均衡，老师们学习积极性高，有助于互相学习，共同促进。

总之，语文教育是我们终身挚爱的事业。在未来的道路上，我们将怀揣热忱与梦想，永远做一名有思想的行者。或许路途艰辛，但我们无怨无悔，因为，我们心中永远充满光明。我们愿让自己的生命在教育中绽放，让教育滋润学生的成长，助力学生生命的精彩绽放！

2. 名师工作室

当前，学校已有一批教师成长为区级乃至市级名师。为了更好地依托本土资源，促进学校内涵式发展，让名师找到“墙里开花，内外皆香”的自豪感，学校“葵园教师研究院”为这些有影响力的老师成立了名师工作室。通过名师工作室的形式，发挥优秀名师的引领作用。名师工作室的平台，也使名师开始思考自己的成长与学校培育的关系，无形中让这些老师建立了对学校的深厚情谊。

工作室以优秀教师的名字命名，确立研究专题，吸纳教师同伴加入工作室。工作室实行双导师制，名师可以根据研究需求聘请高等院校或科研院所的专家作为研究伙伴，共同开展研究，让名师在成就他人的同时不断提升自己，把自己变得更加优秀。学校为参与工作室的教师提供时间和经费保障，通过身边的名师带动周围的同伴一起探究，共同反思教学，共同进行课题研究。

表6-2-2　名师工作室研究内容及成员构成

名称	研究内容	工作室成员	联络干部
张征工作室	习作教学研究	孟学文、郑美霞	张海宏
陈千举工作室	我与我的代数教学	牛亚娟、甄泽、孙博、闫静、石永丰、张岩	商红领
吕梅工作室	童声合唱	王栩枫、张健宁、张秀玲	章卫平
田春娣工作室	艺术融合，音画联觉	李岩、卫征	邓翼涛
林秋伶工作室	融合课程中的美术元素渗透	赵骏、杨杰、柳迪	章卫平
李实工作室	深入学习、把握新课标，促进科学课堂的新改变	金亮、代立超、章卫平、丁磊	邓翼涛

名师工作室自成立以来，各位名师的使命感与责任感油然而生。工作室坚持每两周进行一次集中活动，交流主题实践经验，分享教学成果。通过打造名师工作室，名师有了成就感，年轻教师的研究素养也在悄然提升。同伴间传承好老师“基因”，构建教师学习共同体，无形中突破了教师发展的瓶颈，促进了教师的自主发展，实现教师的自我超越。名师工作室的成功经验告诉我们，每个人都需要认可与展示空间。名师在同伴的认可激励下能够克服职业倦怠，再次体会到职业的幸福感、存在感。参加工作室的教师也能准确找到前进的目标，使业务成长有依托感、有存在感。

3. 班主任名师工作坊

一名好班主任就是一所好学校。班主任是学生成长中的人生导师，不仅肩负着学科教学的任务，而且肩负着立德树人的重任。在“葵园教师研究院”的策划下，学校成立了“班主任名师工作坊”，为班主任间的学术交流搭建了共享平台。班主任名师工作坊旨在通过学术专题研讨，挖掘提炼班主任工作的经验，促进班主任的专业成长。我们倡导班主任借助班级这个平台，进行教育改革的探究与实践，通过“班级小生态圈”的发展，促进“学校大生态圈”甚至“教育大生态圈”的不断改变。

班主任名师工作坊把研究方向相似的班主任集结成组，并以他们的名字命名，形成班主任工作坊。如“宴群”工作坊中，张宴和齐艳群老师对“班主任时间管理”问题有共同的困惑。在日常的交流中，他们发现对此问题感兴趣的班主任大有人在，于是成立了工作坊，吸引了一批班主任参与研究。通过两年的持续研究，老师们形成了管理时间的策略和技巧，实现了从有困惑到有经验的转变，并向其他班主任传播与分享了工作技巧。

班主任名师工作坊也是老师们特别喜欢的学术组织。在灵动的交流形式中，老师们基于主题进行深入探讨，通过一次次班主任名师工作坊的学术活动，一支优秀的班主任队伍正在不断壮大，他们为学生在校健康幸福地生活构建了坚实的保障。

表6-2-3　中关村一小班主任名师工作坊

名称	负责人	指导专家	主题	参与人
萍云工作坊	张　萍 尹巧云	张　红	学生活动空间对班主任工作的挑战及其应对策略	秦　妍　章卫平　杨文霞　甄　泽 张春萍　丁　磊　腾　超　代立超 刘　峰　尹巧云　张　萍　马海鹏
炜颖工作坊	尚　炜 边　颖	班建武	我们眼中的班主任	王　琰　张晓雪　杨雪飞　朱薇蕾
静予工作坊	陈　静 张竞予	王　啸	学生成长变化关键期，你hold得住吗	赵　颖　王新红　王彦燕　王　琰 王　薇　张竞予　陈　静　冯　嘉 刘　颖　丁艳青　陈　颖
松平工作坊	李松瑜 刘江平	李秀萍	班主任成长之路的关键事件、关键人物和关键书籍	李松瑜　李翠新　吴月红　闫　静 郁梅馨　李悦彦　李学亚　孟　予 王　方　于振华　李　岩
宴群工作坊	张　宴 齐燕群	吴安春	班主任的时间管理	甄玉竹　刘彦萍　宋亚晶　张　梅 杜新元　李文革　解玉红　步小娇 朱　珊　张　江　李宏香　欧阳玉洁 杨继乐　冯　培　黄敏玲　徐　华 陈志红

以下是“我眼中的班主任”和“学生活动空间对班主任工作的挑战及其应对策略”班主任名师工作坊的活动方案。通过活动方案，我们可以详细了解班主任活动的目标与方向，感受教师们在其中的收获。

“我眼中的班主任”班主任名师工作坊

一、研究背景

众所周知，班主任的工作事无巨细，却又责任重大。秉承“一名好班主任就是一所好学校”的行动理念，我们建立了以“我眼中的班主任”为主题的班主任名师工作坊，从研究学生和家长的需求出发来完善和细化班主任工作，并开展一系列研究活动。

二、研究目的意义

班主任名师工作坊的建立为伙伴们之间更好地合作、对话、交往提供了一种新的方式。各个班主任通过理论学习、活动分享、自我反思等途径不断提升专业知识，发展核心素养。班主任名师工作坊为班主任与班主任之间、班主任与学生之间、班主任与家长之间搭起平等对话的桥梁。通过学生和家长的视角分析研究班主任的工作内容、方法、策略等，以此来实现教育的最优化。

三、研究内容

（一）学生眼中的班主任

1. 学生喜爱什么样的班主任

很多班主任在教育学生时只关注自己讲了什么，而忽略了学生的回应，忽略了学生的需求。俗话说“知己知彼，百战不殆”，班主任首先要清楚学生喜爱什么样的班主任，容易接受什么样的班主任，从了解学生的需求开始计划实施班主任工作。

新学期开学初，参与工作坊的班主任都会设计针对学生的调查问卷，了解学生的需求。通过分析问卷制订本学期的教育工作计划。学期中班主任或通过每天的班级日志，或通过每周的流动日记及时了解学生的思想动态，实施有针对性的教育。还要利用学校建立的“心理驿站”及时发现学生的困惑与问题，给予恰当的帮助。这样一来，班主任工作就有了明确的目的性和方向性。

2. 让学生爱上班主任

了解了学生的动态需求后，就要争做学生喜欢的班主任。通过组织各种形式的班级活动、师生共同协商合作完成班级工作等，建立和谐民主的师生关系，让教育更有效地发生。

班主任要根据学生的年龄特征、个性需求，有针对性地开展工作：低年级学生书面表达能力有限，就让孩子画画眼中的班主任，表达对老师的爱；对中年级学生，班主任要引领他们共同讨论制定班规，共同参与班级文化建设，提高学生对教育的认可度；对高年级学生，班主任要培养小干部，让小干部带领全班同学定期召开班会、开展少先队活动等。师生形成合力，让班主任工作有了抓手，有了行动内容。

（二）家长眼中的班主任

1. 做家长信任的班主任

孩子是把家长和班主任联系在一起的纽带。作为班主任取得家长的支持和信任会使教育事半功倍。为了孩子的更好发展，家长和班主任必须聚焦同一个目标，协同合作。

班主任同家长的日常沟通要及时、细致。班主任要经常通过班级微信群、电话、书信、面谈等方式及时与家长沟通，让家长了解班主任的工作及学校的教育动态。定期召开家长开放日、家长会，引导家长关注孩子在校生活，更新家长的教育理念。鼓励家长积极参与学校活动，如体育节、艺术节、升旗仪式及学校与班级的其他活动。发挥家长一技之长或利用其社会资源，丰富学生知识，开阔学生视野，提升家长对学校教育的参与度。家长了解了班主任的工作，就会更信任、支持班主任，家校也就更容易形成合力。

2. 家长评价促发展

每个学期班主任都会做家长问卷调查，了解家长的需求。通过分析问卷及时调整工作。家长的评价有效地促进了班主任工作的提升与发展。

四、效果评价

1. 有利于班主任了解自身定位与学生、家长需求之间的关系

通过研究学生的学情和家长的期待，班主任更明确了自身的定

位与学生、家长需求之间的关系，从而让班主任工作有了清晰的目标和方向。

2. 班主任的基本技能和核心素养得到提升与发展

了解、计划、沟通、改善、再了解、再沟通……，班主任在动态的教育管理中形成自己的教育理念和教育风格。在不断的研究和自省中班主任锻炼了发现问题、分析问题、解决问题的能力，班主任的核心素养得到了提升与发展。

3. 带动班主任群体全方位立体化研究

“我眼中的班主任”名师工作坊的研究为班主任工作提供了新的视角，改变了班主任一个人战斗的传统观念。这样做不但拓宽了教育的时间和空间，助力家庭提升教育水平，也激起了一线班主任工作的乐趣和信心。

学生活动空间对班主任工作的挑战及其应对策略

一、研究背景

2014 年以来，北京市围绕公平和质量两大议题，大力推进教育综合改革，力现“保基本、促公平、提质量”的教育新生态图景。“教育新生态”最终的落脚点在于学校办学质量的实际提升和学生最终的实际获得上。班级是学校开展教育教学活动的基本单位，班主任在其中起到了关键的作用。

中关村一小以学生发展为本，提出了“学校新生态”和“班级新生态”的理念，倡导学校管理者及全体教师尊重教育规律和学生成长规律，在各自平台上探索教育改革的本质，因材施教。学校以“班级生态圈”“学校生态圈”的发展与繁荣促进“教育大生态圈”的平衡与稳定，切实实现公平和质量的要求，为每个学生提供最适合的教育。

构建“班级新生态”，需要班主任遵循教育规律和学生成长规律，面向全体学生，对学生进行公平、合理、客观、全面的评价，为学生提供有差异的学习支持和个性化的成长空间。学生个性化的成长空间是由一系列的学生活动空间构成的，要一切以学生为核心，营造一种能够持久激发学生主动性、积极性、创造性的班级氛围，确保学生可持续发展，这对班主任的工作提出了挑战。

二、研究目的与意义

研究学生活动空间对班主任工作的挑战及其应对策略，不仅有利于完善班主任工作的内容和方法，促进班主任的专业化发展；而且有助于为学生营造一个适合其个性成长的空间，促进学生的身心发展。

三、研究的内容

学生活动空间可粗略分为学生活动的物理空间，以及在这个物理空间之上，通过学生间交流产生的心理空间，两者交织在一起共同影响学生的个性化成长。目前学校班主任主要从以下几方面对学生活动空间进行设计。

1. 为教育教学服务的活动空间

精心布置的教室有助于营造良好的学习氛围，促进教学目标的达成。学校低年级的融合课程教室就是一个最好的说明。温馨的教室里随处可拿的学习资料、展示角展出的作品，都最大限度地让刚刚升入小学的学生感到舒适、安心并爱上这个活动空间。对于中高年级的教室布置，老师会在课前张贴相应学科的学习资料，以激发学生自学的兴趣；课后张贴学生的作品和挑战单，以展示学生的学习效果。

2. 配合节日和学校活动的空间

教育来源于生活，因此，学校借助节日和活动，为学生创造自然生长的教育契机。如春节贴春联、圣诞节挂袜子，根据一些习俗来布置学生的物理活动空间，促使学生在生活中感悟学习。学校丰富多彩的读书节、科技节、体育节等活动与学校课程进行了完美的对接，延伸了课堂，拓展了学生的活动空间。

3. 展现班级特色的活动空间

班主任与孩子共同商定本班的特色，在创造有个性的、独特的物理活动空间的同时，也增强了班级的向心力。各种班级活动拉近了学生与学生、老师与学生、老师与家长之间的关系，增强了班级凝聚力。

4. 链接教室内外的活动空间

许多社团选定了自己开展活动的区域。例如，种植社团承包了学校小花园的两块地；美术社团选定在校门口的小座椅上进行活动；东楼的门厅是创意表演社团的地盘；军旗社团和五子棋社团的比赛就在教室内的地垫上进行。学生社团活动的区域由教室内扩展到教室外。

5. 链接学校内外的活动空间

学校每个学期组织的博物馆课程、实践活动、劳技活动，都让学生从校内走向校外。如系列化的博物馆课程，是一种开放式的课程，它不仅能激发孩子的学习兴趣，而且能为孩子提供个性化的学习。我们希望通过课程来引领活动，让课程和活动能更好地连接起来，为班主任组织活动指引方向。

四、后续研究的方向

如何有效地综合利用活动的物理空间和心理空间，为学生打造一个立体的、有利于他们成长的空间？如何确保活动空间的全员性参与？如何因材施教提供流动性、多样性的活动空间？如何让活动空间更利于教育教学？这些关于活动空间的问题，还需要班主任继续探讨研究。

4. 年度教师论坛

教育之行，其路漫漫，在上下求索，也在互学求新。为了鼓励教师们分享自己的教学经验，树立成果意识、固化研究成果，形成教师品牌，学校以年度教师论坛为依托，在不同教育主题的引领下，让教师们把自己过去一年的实践进行沉淀，与其他教师敞开心扉地切磋交流。

2013年，我们的主题是“分享疼孩子的故事”；2014年的主题是“好老师在这里”，并邀请海峡两岸教师共同参与论坛；2015年的主题是“体验变革，成就不一样的学生”；2016年的主题是“基于素养，立足儿童，自主成长”；2017年的主题是“寻找教育的‘最好’发生”；2018年的主题是“基于‘核心素养’的教育创新实践研究”。

（1）教师团队开启寻找教育的“最好”发生之旅

在2017年度教师论坛上，我们将“最好”作为核心话题，以“寻找教育的‘最好’发生”作为论坛主题，召开了为期两天的论坛。此次论坛分为三个阶段，第一阶段由各个学科组教师及专家共同开展与其学科相关的主题论坛；第二阶段由相关的学科论坛汇集为分论坛；第三阶段是全校教师参加的总论坛。大家共同研讨一小的教育实践与探索，在交流与沟通中寻求教育的“最好”发生。

在论坛的首日，各学科组成员分别以“融合课程学习方式的实践研究”“迈向深度学习的融合课程”“内容的多元选择对提升学生体育素养的探索”“学习方式对艺术审美素养的影响研究”“核心素养视野下的语文教学探索”“英语课堂中文化意识的培养与研究”“构建主题班级文化，促进学生自主成长”“核心素养视野下的数学教学探索”“学习方式对创新思维提升的促进研究”“互联网+背景下未来课堂的探索”“项目学习引领下的自主发展，多元共赢”为主题开展形式多样的分论坛，并邀请各学科的权威专家莅临指导。在分论坛上，教师们畅所欲言，凝聚集体的智慧，碰撞思想的火花。

在艺术与审美分论坛，教师们围绕学习方式与教学方式的转变展开了充分讨论。在对体育素养的探索中，教师们提出坚持技术动作趣味化、坚持方式方法多样化、坚持难度动作简易化的原则，认真落实一小“高高兴兴一身汗　宜动、易乐、益健康”的体育理念。科学项目组一致认为课堂上要通过新、奇、趣等多种导入方式激发学生的创新欲望，在教学方法上要有更大的变革，以适应新课程对教师提出的更高要求。英语组的教师们强调，具有国际竞争力的优秀人才需要具备跨文化意识的素养，在教学中不仅要加强学生对语言的理解与运用，更要引导学生感受西方文化，开阔国际视野，培养民族自豪感。在“互联网+背景下未来课堂的探索”分论坛中，教师们围绕当前教育的高精尖技术与课堂的融合展开了思维的碰撞，并依据教学实例开展了激烈的讨论。

在总论坛上，300名教师齐聚一堂，进行智慧的碰撞与交流，分享教学中的宝贵经验。论坛关注具有品质、具有深度的实践研究，如李学亚老师就“我和孩子一起走进巴金”的主题，向大家介绍了如何让孩子们更深入地了解名家名篇。老师通过对环境、作品、时代的分析，带领孩子们共同走进作者的内心世界。在实现教学目标的同时，拓展教学内容，在思想上引领学生健康成长。李松瑜老师和黄立新老师代表融合课程项目组为大家揭开了融合教学的奥秘。融合的思想一步步落实于课堂实践中，实现了学生发展目标的重大转变，促进了学生整体发展、综合发展。这种跨学科的思维、跨学科的知识构成对教师们的综合素养、核心素养、学科素养提出了更高的要求。孟学文老师以“悦读经典，乐学表达”为主题对如何进行整本书的阅读教学进行了分享。孙伟娜、韩建博和孙博老师代表数学团队和大家分享了“核心素养视野下的数学教学探索”的研究成果，并从数与代数、图形与几何、综合实践、统计与概率四个方面进行了分享。六年级组的代表尚炜老师、熊丹荣老师、张冬雪老师以“项目学习引领下的自主发展、多元共赢”为主题做了精彩发言。教师们结合学生的年龄特点与知识结构，通过项目学习为学生搭建自主、开放、多元的平台，引导学生经历完整的探究过程，提升其解决问题的能力，促进学生终身发展。

（2）基于“核心素养”的教育创新实践研究

在2018年度教师论坛上，我们将“核心素养”作为核心话题，以“基于‘核心素养’的教育创新实践研究”作为论坛主题。论坛分为三个阶段，具体形式同2017年。我们邀请校外专家学者，集结三校教师队伍，全面交流教育创新实践成果，共同探讨教育创新实践的未来发展，力求在交流与沟通中寻求教育的“最好”发生。

体育学科是以体育运动作为主要教学形式的开放性学科，其主要作用是帮助学生提高运动能力，养成利于身心发展的健康行为。体育组的老师们结合长期教学实践，深度剖析体育学科的素养体系，抓住核心素养的三要素——运动能力、健康行为和体育道德来培养学生。除此之外，教师们通过开展一系列的体育教学活动，如低年级足球联赛、女子足球联赛、健美操等比赛项目，培养学生的社会性、主动性和创造性，让学生在活动中养成互帮互助、遵守纪律的好习惯，提升集体荣誉感，促进学生相关核心素养的形成。

“画音绘乐”团队介绍了探索艺术融合课程的研究成果。他们认为，教育是在不断反思教学现状中得以进步的。该团队的老师在完成日常教学之余，积极展开课后团队教研。他们发现了音乐和美术的共性，认为一切艺术都趋向于音乐，画理即是乐理。在耳为音，在目为色、为线、为形，其根源都是节奏和旋律。因此，他们在日常教学中，鼓励学生用美术语言表现跳动的音符；用点、线、面或者色彩来分析音乐，体会乐曲中表达的情感，培养学生的思维联结能力，提高学生的想象力和审美能力。

语言组以“给学生找事做——基于核心素养提升的语言学科学习方式的转变”和“语言学习与STEAM的关系”为主题来分享他们的研究实践。老师们认为，语文学科素养与英语学科素养的概念共享语言、思维、文化三个关键词，都要在把握语言类学科的学习特色上，开展教育实践。语言类学科具有交际功能，是一门综合性很强的学科，便于开展综合性实践学习。教师要鼓励学生在运用语言的过程中学习语言，在运用语言的过程中规范语言。具体实践可分为四阶段：确定校本书单、构建教学流程、构建赏读策略、注重效果评价，并以系统化地阅读《安妮日记》为例说明阅读思维的构建过程。通过一系列的导读课、赏读课、分享课、拓展课、写作课，学生在具体情境中运用语言、学习语言，提高口语和书面表达能力，构建阅读思维，真正落实语文的核心素养。

老师们还谈到了语文教学中的“老大难”问题——写作。写作能力是语文素养的综合体现，但学生往往兴趣不高，动力不足。老师们对此展开调研，围绕教学中的难题进行反复讨论，最终设计了以书信为载体的主题探究式习作实践研究。即基于真实的交际情境，通过研究性学习来培养学生归类、发散、关联、质疑的思维品质，让学生初步掌握研究的基本方法。

英语科目的老师从解读STEAM课程体系入手，认为其核心在于学习与现实世界的联系，而语言学习与STEAM有着密切关系。语言是STEAM的基础，STEAM为语言搭建平台。老师们认为如果将自然拼读与STEAM相结合，学生的英语水平一定能够迅速提升，从而有助于学生英语学科核心素养的形成。

数学、科学及班主任团队围绕“数学核心素养探索”“科学核心素养探索”“核心素养的班级培育策略”三个话题展开汇报。

在聚焦数学核心素养的介绍中，团队老师抛砖引玉，提出了“几何直观”的概念，几何直观借助几何图形的形象关系，通过对数学的研究对象进行直接感知、整体把握，帮助学生借助几何图形更直观地进行数学思考，让思维由可视走向深刻。老师们列举了教材中常见的小数、分数等概念，通过“几何直观”，将数字转化为图形，更好地诠释抽象的数，使学生更透彻地理解数量关系。

科学组的汇报则紧紧围绕着“UL-STEM[①]课程”展开，将小学阶段学生

① UL-STEM包括两个部分：“UL”是宇宙与生命的缩写，我们认为UL-STEM的教育才是小学教育的内核，其赋予学生创造精神，并使其敬畏自然，理解和尊重生命。

图6-2-5 “基于‘核心素养’的教育创新实践研究”论坛中的研究成果海报

在科学学科所应具备的核心素养概括为：科学知识、科学方法、科学本质、科学思想、科学精神几个方面。老师们将新课标的要求作为研究依据，将所学知识与STEM教学紧密结合起来，实施更具有针对性的科学教育。

在班级德育的分享中，老师们以“把班级变成‘探究群体’”为主题进行了汇报，提出了让道德自然生长的理念。老师们发现，在学校道德教育过程中有两种现象，一种是知行不一，一种是德智分离。对此现状，老师们综合中西方两种道德学说，结合教育教学实际，在道德与公益领域开展了基于儿童哲学课程构建的德育实践研究。老师们利用班会课的时间，把班级变成“探究群体”，用哲学方法引导儿童开展道德探究。班级探究群体营造了一个融洽、信任、安全的思考和讨论环境，真正做到倾听孩子的真实声音，让孩子自主地发展道德，让道德自然生长。

（四）制度走向文化：学校文化谱系图

一所学校的办学质量不仅仅取决于某些组织成员的付出，更需要全体的努力，需要整合各方资源形成合力。其中，最重要的是学校在长期办学过程中形成的、受到每一位组织成员认可的价值观念。

纵观学校管理发展的历史，大致经历了三个阶段：经验管理阶段、科学管理（制度管理）阶段和文化管理阶段。经验管理过分依赖管理者的既有经验和常识，带有浓厚的个人色彩和主观性，缺乏科学性。针对经验管理的弊端，泰勒提出了以制度化和标准化为核心的科学管理理念。这种管理理念以明晰的制度和标准规定人们的行为方式、必须达到的目标、必须承担的责任及必须接受的违规后果。因其直观、简洁、明了的优势被广泛使用。然而，科学管理过于强调制度的刚性效率，更多地关注“不可那样做”或“只能这样做”的问题，忽略了学校管理的最终目标是发展人，且科学管理难以回答“为什么我要这样做”和“我如何做得更好”的问题，从而导致了管理中主体性缺失的问题。因此，我们提出要从制度管理走向文化管理，即以促进人自身价值的实现为管理的核心，把关心人、满足人、发展人、完善人作为人本化管理的目标，通过共同价值观的培育，使身处其中的每一个成员都能够产生自觉的行为，变被动管理为自我约束，从而实现组织与个体成员的共同成长。

学校管理如何从制度层面走向文化层面？在回答这个问题之前，必须明确的是，文化管理并不拒斥制度的科学性和规范性。相反，它是在完善制度建设的基础上进行的文化创生与感召。可以说，良好的文化，来自长期的制度塑造。因此，从制度走向文化，不能单凭理论的灌输和观念的更新，而是要从制度变革入手进行管理变革，凝练学校文化。

为此，我们围绕学校核心价值选择“做最好的我”，将共同愿景、办学理念，以及由此衍生出的教师文化、学生文化、课程文化、课堂文化、家长文化和管理文化等进行梳理，建构形成学校文化谱系图。同时，用故事传达文化，通过开展“百家小讲坛”“对话校长”“我心目中的理想学校”等活动，以及“感动校园十大人物”“学校形象代言人”“学校文化小使者”等评选，使流淌在师生心目中、获得师生共

图6-2-6　风采团队评选活动

同认可的价值观和信仰凝聚起来，形成一种无形的力量，不断激励和引领每一名师生自主前行。

比如，“对话校长”是教师参与学校管理、与校长面对面探讨教育问题、思考学校发展的平台。借助这个平台，老师们和校长交流了“研究儿童、尊重儿童、为儿童而教的儿童立场”“如何实现最好的教育”“教师与学生所需要的核心素养”等话题。通过每月一次的“对话校长”活动，不同年级、不同学科的教师代表分享了自己在教育教学实践过程中的心得及感悟。

学校是由许多个体构成的“大家”，那么如何让“大家”都有存在感、幸福感，都能体会到工作的价值和乐趣呢？为此，我们实施了多元评价，使每一位教师都能找到自身的价值。

多元评价的内容包括风采人物（团队）、党员示范岗、功勋教师、葵园名师、年度人物等评选。多元评价旨在挖掘每一位教师的闪光点，唤醒教师的成长愿望，形成教师的成长足迹，激励教师不断提升自身素养，形成探索“最好”的合力与文化，让追求“最好”成为常态。

案例：张利民老师被评为风采人物

团队宣言：

他是一直战斗在我们身边的人，本次党校部足球联赛的组织者张利民老师。每场比赛他都亲自上场当裁判；每天放学后、每一个周末的训练日、每一个比赛日他都在为学生进行指导，提供帮助。张老师曾说：“踢球与不踢球的人，短时期内没有什么差距。可是时间长了，就是一种人生与另一种人生的差异。我与孩子们一起享受足球带给我们的快乐。”享受足球，享受快乐就是葵园足球的真谛。

获奖感言：

选择了做一名体育教师，就选择了一场生命的马拉松。

不畏严寒酷暑，不惧风吹雨淋，

用铿锵有力的号令，督促学生踏出坚定的步伐；

用热火朝天的训练，帮助学生挺直稚嫩的身躯。

坚持以科学的理念，负责的态度，带领学生领略体育之美，享受运动之乐。

感谢学校和各位老师的支持与配合，未来的路我们一起同行！

教师队伍是推动学校不断发展的主要力量，优秀教师的榜样作用影响和鼓舞着集体中的每一个人。每年的年度教师论坛之后，学校都会隆重表彰自下而上推选出的“感动校园十大人物”，传扬教师们的优秀事迹，彰显学校的价值取向，这些优秀教师成为老师们心中的旗帜。普通的老师变成偶像，平凡的人物变成传奇，让每个生活在集体中的教师都能感受到温暖与关爱。

当学校文化成为学校成员共同的价值追求和行为准则时，那在办学实践中

图6-2-7　2018年感动校园十大人物

逐步积淀下来的凝聚力和向心力，就会浸润每一位师生的心田，并激励其转化为行动自觉。人的成长就会由此进入“随心所欲不逾矩”的境地，管理也就走向了真正的文化自觉。

三、成就教师：在做事中看到意义

教师的成长状态直接决定着学生的发展程度和学校的生存质量。要成就学生，需要我们首先成就教师。

（一）作为教师的人 vs 作为人的教师

我们常常听别人说：这是一个做教师的人；但很少有人会说：这是一个作为人的教师。“作为人的教师”与“作为教师的人”，看似表述差不多，但二者的含义有本质上的差异。作为教师的人，强调的是生存问题，即相对于其他职业而言，强调我们身为教师应具备的知识和能力。作为人的教师，关注的是存在问题，即我们作为人的生命存在，应当在教师这一角色定位中拥有什么样的自我意识，应当如何构建与“作为人的学生”之间的关系。正人先正己，己欲立而立人。教师首先应当是有担当、有情怀、有境界的人，才能真正关注学生的发展需要。

关注教师的生活状态。教师首先是人，然后才是教师。工作不是生活的全部，让教师在专业和生活两方面都能得到发展，这样教师才会教出全面而健康发展的学生，也才真正能做到以学生为中心、坚持儿童立场。为此，我们聚集一批有特长、有想法的教师在学校开设包括乒乓球、插花、书法、手工制作、吉他、健步走等丰富多彩的“教师健康课程”。我们让有一技之长的老师一展身手，增强其自我成就感，也让其他教师在工作之余得到放松，感受团队的温暖。

关注教师的成长需求。教师的视野决定了教育教学的深度和广度。为此，学校重构了教师团队的学习方式，拓展其学习的广度。“请进来、走出去”是许多学校在教师培养路径和方法上的共识，但是如何“请进来、走出去”，就

图6-3-1　教师健康课程——插花

图6-3-2　对话佐藤学教授

见仁见智了。

一方面，学校开展“对话教育”活动。通过不定期地举办国际教育研讨、对话教育家等活动，将教师的交流平台扩大到全国乃至全世界。我们与英国、美国、芬兰的教师进行同课异构，与日本教育家佐藤学开展交流对话。教师们在研讨和对话中解疑释惑，他们的研究内容延伸到了国际教育的前沿领域，并通过了解和体验不同的教学环境与研究氛围，不断产生教育教学研究的灵感。

另一方面，学校开展“团队学术之旅”活动。2012年至2013年，我们以“提升教师现场学习转化力”为思考点，组织了四次“团队学术之旅”，分别是英语教师的上海新课程教学之旅、干部团队的北大附中课程研讨之旅、班主任团队的哈尔滨班会课观摩之旅、全体教师的北京师范大学课程培训之旅。

以英语教师的“团队学术之旅”为例，该活动包括社会文化实践和上海英语新课程“教与学”两项内容，突出了文化体验、专业研讨、团队凝聚三个核心主题。在这次集体外出学习活动中，英语组25名教师，除2名教师未能同行外，其他人员悉数参加。在上海公开课现场，教师们带着各自的观察点，集体观课，就现场发现的问题和自己的思考展开研讨，集体学习效果远远优于教师单独出去听课的效果。教师们回到工作岗位后就把学到的知识转化到自己的课堂教学中。如有的教师带给学生全新的“Three Little Pigs”（三只小猪）的故事。也有教师带领学生穿越时空，进行“环球旅行”，感受“Times Around the World”（世界时间）。还有教师带领学生走进舰船博物馆，感受科学的魅力。教师们在低年级的学习中渗透“You are the one，be yourself”（做你自己）的人文思想；在高年级的学习中渗透关爱别人及爱我家乡的教育。通过“团队学术之旅”活动，我们凝练了教师团队的学习文化，引导教师在文化滋养中激发学习动力。

（二）教师专属课程

我们对学校教师的现状进行结构分析，发现：新任教师教学素养较好，专业知识扎实，虚心好学，但教学经验不足，与孩子、家长接触时间较短，教学能力与班级管理水平均有待提高，需要老教师的指导和帮助；老教师有较丰富的教学经验，但其对新教育理念的接受能力相对滞后，且需进一步提高外语水平，打开国际视野。此外，从自我发展意识上看，新任教师迫切希望学校能为其提供更多的机会与平台，使其迅速成长为骨干教师。为了更好地适应教育发展的新要求和目前课程改革的需要，老教师也希望学校为自己创造进一步发展与提高的空间，让自己从骨干教师逐步成长为课程专家。

基于以上情况，我们针对不同层面教师发展的不同需求，设置了教师专属课程，以提升教师的综合素质。通过多年的积累和完善，我们已经形成目标引领、交流分享、调研反馈、课程建设和榜样引领5类30多门教师专业发展课程。

我们将教师专业发展课程的目标定位为：抓常态，帮助教师明确优势与不足，让教师结合反馈意见改进、完善日常工作；育骨干，培养和形成骨干教师梯队，使骨干教师有机会成长为教育家；建课程，在完善学校自主学习特色课程中，发现、培养课程专家；树榜样，发现教师的闪光点，以榜样鼓励、激励教师，传递正能量；成文化，帮助教师树立成果意识和科研意识，形成大气、雅气、灵气的教师文化。

同时，为了满足教师提升教育教学理论的需求，学校积极和多所大学合作，为教师提供了大学选修课程。很多教师利用业余时间有选择地前往北京师范大学、北京大学、清华大学和北京教育学院旁听课程。他们不仅把学到的理论知识自然而然地迁移到教学之中，而且在实践过程中找到了解决问题的有效方法——开展课题研究。

表6-3-1　大学菜单课程表

日期	授课内容	授课人
11月7日	科学史——西方科学的起源与发展	吴国盛　清华大学人文学院教授
	解读校训	钱志亮　北京师范大学教育学部副教授
	全球经济中的中国	王正毅　北京大学国际关系学院教授
11月8日	育人为本安全第一——依法做好青少年安全教育与管理工作	郑增仪　国家督学
11月9日	高效团队管理	王新超　北京大学光华管理学院副教授
	人力资源管理——未来教育领导者的素养	吕　峰　北京大学光华管理学院教授
11月10日	《才子与佳人——唐传奇〈李娃传〉的考古诠释》	齐东方　北京大学考古文博院教授
	数字中国——中国的过去、现在和未来	王其文　北京大学光华管理学院教授
11月11日	免疫与养生	王月丹　北京大学医学部免疫学系副教授
	试答钱学森之问——有关教育创新人才培养的三项改革	卢晓东　北京大学元培学院教授
11月12日	给基础教育一个灿烂的未来	曹志祥　教育部基础教育课程教材发展中心副主任
	以人为本的兵法——解读孙子兵法	王守常　北京大学哲学系教授

在教师个性化成长图谱的规划和引领下，教师队伍呈现出更专业的表达、更精进的合作和更开放的情怀。如今，我校教师自主研发和实施可选择课程五十余种，已正式出版5本教育教学及管理专著。“十三五”期间，教师们共有市级在研课题2个，区级在研课题30个，在编教师95%以上参与研究。学校成

立了6个名师工作室和5个班主任名师工作坊，发挥优秀教师的引领作用，带动更多的教师走上学术研究之路。教师们富有激情、善于反思、勇于担当、敢于迎接挑战，在学校的各个岗位上发挥着不可替代的作用。

一所学校中，好教师的成长足迹清晰可见，也各有不同。我们提倡教师记录自己的成长足迹，并将自身的个性经验转化为理性思考，进而成为该学科领域内的“大家”。为此，我们坚持通过以下五个步骤促进教师提升自主研究能力。

（1）帮助教师发现教育教学中的“真问题”，唤醒教师的研究意识，这是提升教师自主研究能力的开端和基础。

（2）选择“适合”教师的方式，指导教师进行研究，掌握操作性强的研究方法，这是提升教师自主研究能力的重要保障。

（3）教师自由组成研究团队，亲历校级课题研究过程，由点到面逐步深入地开展校级课题研究，这是提升教师自主研究能力的思路创新。

（4）聘请专家指导骨干教师撰写和修改教科研成果，专家细致入微的引领和指导是提升教师自主研究成果水平的重要措施。

（5）完善成果交流分享机制，鼓励教师将成果讲出来、写出来、发表出来，这是提升教师自主研究能力可持续发展的关键环节，它起到承前启后的作用。

科研课题的研究促进教师对教育的理解和思考，有助于改进课堂，促进学生的成长。

表6-3-2 “十三五”在研课题一览

课题名称	课题类别	负责人
小学数学教学中“错误”资源的有效利用	区级课题	陈成军
小学低年级中华传统文化微型课程设计与实践研究	区级课题—规划课题—一般课题	边　颖
小学生儿童诗欣赏与创作研究	区级课题	陈　静
在小学数学中培养学生代数思维的教学研究	区级课题—规划课题—重点关注课题	陈干举
“自然观察家”课程开发与实践：教研结合，以教师成长带动学生自主探究	区级课题	邓翼涛

续表

课题名称	课题类别	负责人
在小学数学教学中培养学生创造性思维品质的研究	区级课题	杜新元
小学数学阅读的教学实践与研究	区级课题	胡文利
小学英语课堂跨文化意识培养的实践研究	区级课题	蒋东伟
小学生微社团对学生综合素养和校园文化的影响	区级课题	金　亮
小学高段数学教学中构建“学习共同体”的实践研究	区级课题	井兰娟
少儿田径运动对小学六年级体育监测项目成绩影响的实验研究	区级课题	井振严
中年级学生深度课外阅读的指导策略	区级课题	康歆洁
关于中关村一小开设笼式足球课程的可行性研究	区级课题	李　川
探究小学低年级写字教学的有效策略	区级课题	李　佳
自然拼读对小学生英语阅读能力提高有效性的实证研究	区级课题	李　琳
“巧妙开发小学语文教材　合理设计教学训练点”的策略研究	区级课题	李荣霞
小学英语有效课堂评价策略的研究	区级课题	梁秀清
小学低年级美术课小组合作学习的实践研究	区级课题—规划课题—一般课题	林秋伶
通过整本书赏读发展学生品悟和表达能力的研究	区级课题	孟学文
低年级融合课程中节奏感的培养	区级课题	米立霞
小学整本书阅读指导的课堂教学策略研究	区级课题	穆　倩
融合课程实践价值的探索	区级课题	屈文霞
小学数学图形与几何教学中作图教育价值的研究	区级课题	商红领
联觉促进创造思维丰富审美感受的实践研究	区级课题—规划课题—一般课题	田春娣
小学低年级融合课程中绘本应用研究	区级课题—规划课题—重点关注课题	杨雪飞
以主题式综合实践为手段实施小学多学科整合的实践研究	区级课题	尹巧云
低年级学生数学问题意识培养策略的研究	区级课题	于振华
语文教学中小组合作学习有效性的研究	区级课题	岳建梅
小学高年级古诗词组诗教学的策略研究	区级课题	张海宏
小学毕业课程的设计与实施研究	区级课题	赵红波

美国著名作家丹尼尔·平克预言未来世界将属于具有高感性能力的群体。高感性人群具有如下特征：不只有功能，还重设计；不只有论点，还说故事；不只谈专业，还须整合；不只讲逻辑，还给关怀；不只能正经，还会玩乐；不只顾赚钱，还重意义。如果换一下“核心词”，我们可以发现：这段话正是描述了一名好教师的特质。正是一位又一位“最好”的教师塑造出学校的整体形象。他们传承学校的文化，构建独特的教育思想。也正是一位位好教师，将学生和课堂视为生命，使学校不再是单纯“传授知识”的场所，而是师生自主成长的乐园。教师将自己的存在感、价值感与幸福感传递到课堂，传递给学生。当然，成为“最好”教师的路途上有坎坷与艰辛，但有理想相伴，有同伴携手，有学校支持，教师们一定会在这里与“最好”的自己不期而遇，体会到工作的幸福感。

绘图：耿诗尧　2012 级（2）班　12 岁

附录

在美丽的葵园中，有着这样一支阳光向上、积极进取、善于钻研的教师队伍。他们以德立人、顺天致性；他们爱岗敬业、乐于奉献；他们一专多能、精诚合作；他们勇于挑战、不断创新。“做最好的我”是老师们共同的信念，正是这种信念，激励着大家不断挑战自我、超越自我。让我们一起走近他们，感受他们如何用爱和责任诠释教师的育人真谛。

“最好”的教师诠释教育真谛

李荣霞老师
——向着教育的蓝天　自由飞翔

【教育理念】教育不是一日之功，而是长久之力；教育不应汹涌如汪洋，而应潺潺若溪流。教育有时只是一个善意的眼神，一句暖心的话语，一次轻柔的抚摸，一声调侃的嗔怪……。爱的教育是充满人性的教育，是以心灵赢得心灵的教育。

【教学理念】让学生动起来，让课堂活起来，让智慧的火花迸发出来，让学习的热情释放出来，让生命的价值展现出来……。学生的聪明才智需要激活，生命的价值需要创造。激活才智少不了智慧摩擦，创造价值离不开生生互动。

【学生培养目标】学做人、会求知、健身心、育特长、向善、向学、向上。

教育智慧从哪儿来?

• 用学习扎实底气

李荣霞老师是好学的。无论工作多么繁忙，她从来不放弃读书与思考。她坚信“路靠自己走，梦靠自己圆”。她不仅通过读书来更新教育观念，而且认真琢磨改进教育教学的方法，将教育教学中遇到的问题作为科研课题来研究。正是对“最好”教育的不懈追求，她才能始终做一个清醒的教育者，有方法，更有方向。

• 用行动“做而论道”

李荣霞老师是智慧的。作为班主任，她不仅能组织学生开展有意义的活动，而且有一手为人称道的绝活——班级管理。她有一整套独特的班级管理策略：立规矩、定方向、积善成德、明理导行。面对形形色色的学生，她有类似于“十万个为什么”的宝典。在纷繁复杂的教育问题中，她总能游刃有余，有原则且方法灵活，充满弹性。

遇到厌学的孩子怎么办？——从“心”开始，由“情”入手。

如何营造书香班级？——小书屋，大奉献，课余读，课上展，学做人，会求知，书籍撑起半边天。

如何帮助学生改善注意力不集中的问题？——用欣赏的眼光去捕捉、发现每一名学生身上的闪光点，由一点一滴入手实现正强化：一次小小的表扬、一句小小的鼓励，都能让脆弱的心灵充满向上的力量。

如何培养学生的良好习惯？——反复训练必不可少，没有训练就没有习惯。

如何让“雷锋”常住班集体？——奉献是一种美德，实践是美德形成的关键。

面对闯祸的学生，教师应该怎么办？——换位思考很重要。尊重每个个体，接纳每颗心灵。

学生违纪后，怎样变“坏事”为“好事”？——让错误行为为教育所用，激发学生正能量。

如何引导学生勇敢面对挫折？——挫折是自信品格形成的催化剂。

如何帮助“问题儿童”？——因人而异、因势利导，施以爱心、帮扶指导，发现并强化其闪光点，淡化问题，扬长补短。

遇到具有攻击性行为的儿童怎么办？——追根溯源，了解原因，对症下药，内外兼修，实现教育由“他律”到“自律”的转变。

面对暴怒的孩子怎么办？——风趣幽默不失为一种教育的智慧，让暴怒情绪化解于春风细雨中。

当优秀生拒绝当干部时怎么办？——明察秋毫，为优秀生把脉；以退为进，变被动为主动。替优秀生搭台，做学生背后真诚的帮手。

接到乱班怎么办？——走“情感教育”之路，不动辄“谈爱”，而要努力在行动中“示爱”。

李老师将自身对教育教学的探究与感悟凝于笔端，汇成文字。她的个人专著《捕捉教育生命力》作为中国教育现场丛书中的一册于2014年面向全国出版发行。

教育情怀从哪儿来？

李荣霞老师始终认为，教育绝不是冷冰冰的分数，而应该是一份浓浓的情感。她一直坚持着“朴素最美，关注人性做真教育；幸福至上，享受童心当好老师”。她认认真真地做好每一件事——认认真真地把每堂课上好，认认真真地把每个孩子教好，认认真真地把每个班带好。

• 认真上好每堂课——灵动的课堂让智慧绽放光芒

李老师的课堂是潺潺流动的一溪活水——活泼、生动，充满了生命的活力。每名学生都是溪中的一滴水、一朵浪，流淌着、跃动着，欢快地奔向前方。

这个涌动着生命情感，绽放着思维火花的课堂，已经成为师生快乐成长的地方。学生在课堂上头脑紧张、心情轻松地快乐学习着。每节课李老师都全情投入，调动每名学生的学习兴趣，让学生最大限度地参与学习的全过程，敢想、敢说、敢创造。她自己也在这种全员参与的课堂学习中汲取着、发现着、快乐地成长着。语文课堂成为学生展现才华、提升能力、塑造个性的舞台。实施有创造性的课堂教学，使李老师荣获了全国教学大赛十佳金奖。

• 认真带好每个班——有爱的集体催生文明之花

班主任的工作不能单凭热情，还要讲技巧、讲技术、讲艺术。教师不但要遇招能拆，更需要防患于未然，把工作做在前面，把道理讲在明处，调动全体学生的积极性，让学生“自转”起来。

每接手一个新班，李老师都要进行规矩重建——为学生塑形，还要抓目标，定方向——为学生导行。每个学期，她都坚持和学生一起把教室布置得像家一样温暖。外有班级文化的熏陶，内有各项规矩的引导，班级工作井然有序。因为用心工作、会科学管理，李老师成为海淀区首届十佳班主任。

• 认真教好每个孩子——关注人性做真教育

在教室最醒目的地方，张贴着李老师给孩子们的寄语：给每一棵草开花的时间，给每一个人绽放的机会；关心每一个孩子的茁壮成长，关注每一个生命的心灵给养。

北京教育学院张红教授这样说：“李荣霞老师热爱教育和学生。这种爱，既不是血缘意义上的天性，也并非朴素的对儿童或者幼小生命的自然怜惜，甚至也不完全是基于理性的职业宽容和耐心。它有着一种别样的风采，是一种对人性敏感基础上的生命情怀。”

学生家长侯嘉文的妈妈这样写道：

轻轻地，
您来了，
浅浅一笑，
如一片明亮的云彩，
让我们的心中荡漾着欢喜。

李佳奇的爸爸说："每个人来到世间都有自己的使命，当使命和事业结合在一起时，就会从心底源源不断地生出力量。您用真情挚爱感染着学生和家长们！您有一颗欣赏、感知和热爱孩子的心。我真切感受到了您对孩子们的爱，对工作的认真尽职，这也让我充满了力量。祝您心中那幅美好的愿景更加绚烂！"

学生周子君说："您给了我们一把尺，让我们自己去丈量；您给了我们一面能照出模范行为的镜子，让我们时时有榜样。您会与我们交流，您讲课生动形象，您就事论事，您……。能遇上您是我的幸运。"

学生周悦说："我觉得一位老师的教学方法怎么样，教学经验有多少，得到的称号有多少，这些其实都不重要！重要的是有一颗心，一颗能够包容学生的心；一颗视学生如亲骨肉的心；一颗充满自信、朝气蓬勃的心；一颗善良、质朴无华的心。您就拥有这样的一颗心!"

教育创造力从哪儿来?

• 开发才艺新课程

李老师努力开发才艺新课程，丰富学生在校的学习生活，并充分挖掘学生中的资源，让学生教学生。这既给每名学生搭建了展示自我才华的舞台，使其更自信，又开拓了一个学习的场，让来自学生的智慧与创意，来自不同家庭的特色技艺走进课堂。课堂上，小先生认真负责地教，同学们兴致勃勃地学。在学生的手中诞生了"修女""水瓶小人""绿叶毛毛虫""小草坪脸""喷气式飞机"等作品，制作的过程就是学习的过程。形式多样的才艺课程不仅提高了学生们的动手能力，培养了其审美情趣，还开发了他们的创新潜能，让学生的成就感、自信心在才艺课上慢慢建立。

- 全员参与班级文化建设

班级文化建设，人人都是参与者，个个都是建设者。让班级文化建设成为学生创新才华展示的舞台。孩子们把在科学、美术等课上学到的知识用到班级文化建设上，将文学创作与艺术构想结合起来，创造性地设计了“奇诗妙想”诗歌创作板，成为学生课下欣赏美、展示美、创造美的天地。墙壁上的插花、活页“智力对对碰”、窗台处的“生态小园”、房顶上的“空中词语”……，到处都体现着学生的创造力。

才艺课的开设，让学生在新的课程实践中获得快乐体验。班级文化建设为学生开辟了一个个发现美、欣赏美、创造美、展示美的舞台，让学生在有限的学习空间里，发挥着无限的创造力。

爱心书写、智慧创造，这是李老师教育人生的写照。在这条教书育人的道路上，她执着前行，努力寻找和探索教育与人的关系。她用教育引领教学，用教学滋养教育，在教育教学中发现和引领生命。李老师说：“教育是一份责任，责任不容懈怠；教育是一种创造，创造需要智慧；教育是一种幸福，幸福成就人生。”

李松瑜老师
——扬至诚风帆　抵幸福彼岸

【教育理念】爱和责任，从儿童立场出发，让儿童利益最大化。

【教学理念】自主、灵动、开放。

【学生培养目标】至诚友善、自主探究、同伴共进、敢于担当、超越自我。

“诚者天之道也，思诚者人之道也。”诚者，诚实、真诚也。这是李松瑜老师管理班级的一贯思想，她所在的教室被学生们称为“至诚屋”。在她的感染下，学生们将真诚作为做人的根本，将诚信作为人生的目标。

在中关村一小“以德立人　顺天致性”的教育理念引领

下，李松瑜老师始终把学生“德”的培养放在首位。她提出“至诚”的教育思想，强调个体与环境间的相互融合，并在此基础上激发学生的无限潜能，鼓励学生超越自我，敢于实践和挑战。李老师所带的班集体像一个温暖的大家庭。在这个大家庭里，每个人都能彰显自己的个性，既独立自主，又互相帮助。师生之间默契配合，共同进步，班级氛围特别融洽。李老师所带的2016届班集体被评为北京市优秀班集体。

2016年，李老师迎来了她执教生涯中的又一批新朋友。在多年的教育教学生涯中，李老师深知“爱和责任”是教育永恒的主题，是教育获得成功的基础。在班级管理中，李老师一直遵循“自主、灵动、开放”的原则，把选择权还给孩子们，把“至诚”思想贯穿于每一项日常管理工作中。她用实际行动获得孩子们的认可，把自己的心无私地奉献给孩子们。

班级管理中，李老师创设责任岗位，开展“我是小当家”活动，确立班级首席负责制，给每个孩子提供锻炼的机会。“人人有岗，人人担责”的班级服务理念深入人心。

李老师在课堂教学中鼓励学生自主探究、自主发现、自主创新，尊重学生的主体地位。她主张把学习的主动权还给学生，鼓励学生自主选择学习方式，让学生在自主选择的过程中有所领悟、有所发现。她根据学生自身的特点，以丰富多彩的活动形式营造教育氛围，引导学生进行自主学习。她创办“读而思小讲堂”，由学生自由申报汇报主题，确定汇报内容，利用每天语文课课前5分钟时间进行汇报。学生对此热情高涨，汇报内容之广更是令人叹服。每一次汇报过后，班级就会掀起一阵对汇报内容研究的热浪，学生在丰富的特色活动中感悟着并分享着传递知识的快乐。此外，李老师在班级中还设立了“自主展示小舞台”。在这个舞台上，同学们可以尽情展示自己的才艺，释放自己的能量，在活动中建立自信、体验成功、发展能力，焕发热情和魅力。

为了更好地搭建家校互动的平台，充分发挥葵园家校共同体的积极作用，2016—2017学年第一学期，李老师为刚入学的“小豆包”们组织了丰富的活动。例如，在“跟爸爸妈妈看社会”活动中，家长们将他们的所长、所思、所感、所悟与孩子们分享。家长们的参与让孩子们学习到了书本中学不到的知识。在多彩的活动中，孩子们丰富了知识，提升了能力。

为了满足学生发展的多元需求，充分体现传统与现代、科技与人文有机融合的新课堂，李老师带着学生走进航天城，探秘航天知识。她还带领学生体验“国际文化嘉年华”活动，为学生打开书本之外的精彩世界。

为了让学生珍惜现在的幸福生活，主动帮助他人，李老师还和学生们一同参与中国扶贫基金会组织的“加油一起成长”社会公益行动。在这个活动中，学生们看到了山区学生一天的学习生活，了解到山区学生生活的艰苦和教育资源的贫乏。通过对比，学生们更加珍惜现在的幸福生活，同时也立志要汇聚更多力量帮助山区同龄的小伙伴。

为了传承中华民族的优秀文化，让学生感受源远流长的民族精神，李老师将国学经典带进课堂。学生们在诵读的过程中，识字量大幅度提升，记忆力和文字感受力也都明显提高。国学经典诵读既培养了学生的阅读能力，又提升了学生的语文综合素养。

李老师还尝试用“长长的书”“日记秀场”来搭建激发学生写作兴趣的平台，鼓励大家多视角、多角度地去选择写作的素材，让思维纵横千里，任意驰骋。丰富的写作素材让孩子们的日记闪耀着光芒。

李老师和她的学生们在这美丽的葵园不期而遇，这不仅是一种缘分，更是一种幸运。她用爱与真诚牵起了孩子们稚嫩的小手，将“至诚”的教育理念播撒在学生心间，更用自己的执着书写着对教育事业的至诚。看着一批批学生茁壮成长，李老师感到发自肺腑的骄傲与自豪！与学生相伴，守望未来，李老师和孩子们一起扬至诚风帆，携手前行。

黄立新老师
——立身有爱　新苗初长

【教育理念】用激情与智慧，为学生建造幸福的心灵家园。

【学生培养目标】热情好学、多思善问、勤奋坚韧、追求卓越。

【教育感悟】教育是一首隽永的小诗，它需要我们充满激情地去诵读；教育是一盘精妙的棋局，它需要我们用智慧去解读。

【工作态度】热爱教育、关爱学生、乐观进取、勇于创新。

黄立新老师从教25年，虽然步入中年，但她的热情绝不亚于年轻人。一年级的小朋友刚刚走入校园，新环境、新伙伴，一切都是新鲜陌生的，这让他们对老师无比依赖。无论男孩、女孩总喜欢围着老师，即便没事也愿意挤在老师的身边寻求温暖。每节课间，黄老师的周围都有一群叽叽喳喳的“小鸟”，或仰着脑袋跟她说话，或什么也不说就那么靠在她身上，或抱着她不撒手。黄老师知道这是孩子们在寻找安慰。每当这个时候，她总是笑着，专注地听着。她把浓浓的爱意传递给每一个孩子。孩子们取得进步，她会用拥抱鼓励孩子；孩子遇到不快时，她也会用拥抱安慰孩子。她的怀抱成了孩子们最温暖的港湾。黄老师也成为疼爱孩子好老师的形象代言人。

2014年3月至2015年8月，黄老师被派往驻新西兰使馆阳光学校任教。工作期间，她零距离接触新西兰教育，开阔了视野。回国后，黄老师主动申请参加融合课程的研究与实践，并把新西兰的阅读教学经验介绍到一小的融合课程之中。同时，她还提出了“绘本引入，绘本导出”的探究主题，并在全年级进行实施，初步形成了“团结、合作、共享”的融合课程文化。

在黄老师任教的班级中，也不乏淘气包，但爱心和包容使她拥有了一双发现美的眼睛。一个个淘气的小家伙被黄老师一形容，立刻就变得可爱起来了。黄老师善于发现学生的长处，努力为学生创设展现才华的舞台，让学生常常体验被欣赏的幸福，常常品尝成功快乐，这样一来，学生的自信心便不断增强了。

正是这种欣赏，让学生感受到幸福与喜悦；正是这种欣赏，使孩子们在学校生活的每一天都是那么明朗；正是这种欣赏，营造了师生间、家校间和谐的关系。在欣赏中，孩子幸福地生长着，小作家、小画家、小书法家……，每名学生都找到了独特的自己。

学校为每个班级配备了百余本绘本图书。黄老师充分利用这些学习资源，为孩子营造良好的阅读环境，引领孩子走进书海。她设计了读书单，让孩子每天带一本书回家，阅读后在书单上做记录，第二天与小伙伴交换。这样的做法让孩子能够坚持阅读，也为实现亲子阅读创造了条件。家长们说：“在黄老师的引领下，孩子的阅读兴趣提升了。阅读的好处数不胜数，请您继续带着我们前行吧。”

在读书活动中，黄老师更想做孩子们亲密的伴读者，与孩子们一起享受一本本好书的滋养。从一年级的暑假开始，孩子们从绘本走向了“大部头”作品，开始了一月一本书的阅读活动。《小王子》《洋葱头历险记》《书本里的蚂蚁》和《苹果树上的外婆》，这些书中都留下了黄老师与孩子们的阅读足迹。每本书阅读结束后，孩子们还会完成一本《我的阅读杂志》，这也是黄老师精心为孩子们设计的。她把融合课程的理念融入其中，让孩子们用绘画和简单的文字，记录自己的读书体会。

绘本在孩子和阅读之间搭建了一座坚实的桥梁。黄老师以阅读为契机，带领孩子们体验创作绘本的快乐。在学习《妈妈的手》一课中，孩子们通过阅读体会到生活的美好和妈妈的辛苦付出。有的孩子仿照着说：“妈妈的手是温暖的，因为每天她都会给我一个大大的拥抱。”有的孩子深情地说：“姥姥的手是神奇的，因为她把衣服的破洞绣成花。”有的孩子幽默地说：“爸爸的手是有力的，因为我犯错时他打得我好疼呀！”更有孩子说出了“爸爸的手是温暖的，因为它像太阳照射着全家”这样深情的话。学习了《小鸟读书》的课文后，大家练习仿写，并配上图画。有的孩子用剪贴画的方式制作，还有的孩子把折纸贴上做出了立体小书。

父亲节到了，黄老师与孩子们开展了主题阅读——关于爸爸的绘本故事。课堂上大家一起精读了两本题目同为《我爸爸》的绘本后，孩子们在老师的指导下开始创作自己的绘本。当爸爸们看完孩子创作的绘本后，一改以往父爱如山的凝重，纷纷表达了自己的感动与喜悦。自创绘本让父亲与孩子的心灵彼此更加贴近。

从孩子们热情、阳光，充满力量的笑脸中，我们看到了黄立新老师的用心用情。为了她所热爱的教育事业，黄老师倾心奉献，教育已成为她生命中最重要的部分。孩子们用童真伴教师成长，而黄老师也在用爱心与责任装扮学生的金色童年。

杨雪飞老师
——潜心打造“飞”一般的语文

【教育理念】教育不是灌输，而是点燃火焰！

【学生培养目标】拥有自信，心态阳光，悦纳自我，乐于分享，勇于探索，追求最好。

【工作态度】爱、负责、认真、严谨。

【教育感悟】教育就是见证一个个生命的成长，教师的价值就是帮助学生成就最好的自己。

深耕一线教学多年的杨雪飞老师发现：现在的小学生知识丰富、接受新事物快、思维活跃，但也存在自私自利、傲慢无礼、不懂感恩的问题。我们的孩子到底缺失了什么？孩子们缺失的绝不是知识，他们甚至比大人懂得还多。他们缺失的是中国传统文化中谦恭礼让、吃苦耐劳、忠孝仁义的品德。于是，杨老师植根于传统文化的沃土，进行积极探索，在语文教学和班级管理中，逐渐形成了自己的特色。

• 孔子教室，为语文学习助力

《颜氏家训》中有这样一段话：“是以与善人居，如入芝兰之室，久而自芳也；与恶人居，如入鲍鱼之肆，久而自臭也。墨子悲于染丝，是之谓矣。”可见，环境熏陶对人的发展具有重要的作用。于是在老师、学生和家长的齐心协力下，一间雅致古朴的“孔子教室”诞生了。

这间小小的教室承载了杨老师和学生大大的梦想。杨老师带着学生了解孔子的一生，触摸圣人的思想，学习贤者的智慧。她以把学生培养成有文化、有底蕴、有修养的谦谦君子、优雅淑女为目标，并积极开展相关活动。在孔子教室里，学生没有考试压力，这里的学习更看重“不愤不启，不悱不发”的自主性；在孔子教室里，学生没有“等级分明”的个体优劣之分，做事靠的是“独学而无友，则孤陋而寡闻”的合作精神；在孔子教室里，没有喧嚣浮躁和激烈争斗，崇尚的是“仁义礼智信，温良恭俭让”的道德准则。

杨老师采取文化环境渗透的方式，将班级文化环境与语文课程资源进行整合，使班级文化环境与语文课程互相补充、互相增效，助力学生的语文学习。潜移默化中，学生爱上了语文，爱上了历史，也爱上了传统文化。

• 整本书阅读，为语文学习积淀

阅读，是语文学习的基础；阅读，也应该是生活的常态。整本书的阅读相对于单篇课文而言，材料的篇幅更长、难度更大，其所关注的语言信息更宽广，关注的人与事更复杂，关注的情感、思想更丰富。因此，整本书阅读更有利于培养学生的思维品质，帮助学生形成正确的人生观、价值观。

从一年级开始，在杨老师的带领下，孩子们就开启了快乐的阅读之旅。低年级时，杨老师带着学生读绘本，演绘本，创编绘本。到了中年级，杨老师和家长志愿者组建了经典阅读核心团队，为孩子读整本书设计阅读任务和思考问题。每周的导读时间由“小讲师”为全班同学做导读。在阅读核心团队的鼎力协助下，学生经历了“推荐书目—投票评选—全班共读—思考交流—拓展延伸”这样一轮轮完整的阅读过程，深入阅读了一本本经典图书，品读了一个个精彩故事，思考了一个个关于爱与生命的课题。

● 多样习作，让语文学习展翅

语文学习的最终目的是表达。学生乐于书面表达，能不拘形式地写，笔尖流淌出灵动的文字，这是多少语文老师最理想的语文教学成果。然而在现实生活中，大多数小学生对作文缺乏兴趣、缺乏自信、缺乏激情。叶圣陶先生曾经说过：“生活如源泉，文章如溪水，源泉丰富而不枯竭，溪水自然活泼地流个不歇。”因此在习作教学中，杨老师扩大了学生的选材范围，注重把学生的目光引向校园之外的生活，让其关注家庭生活、自然生活和社会生活。她引导学生在生活中做有心人，善于积累素材，构建自己的习作素材库。她通过多样的习作形式，激发学生的习作兴趣。她还开辟了习作展示的平台，让学生体验习作带来的快乐与成就，让学生逐渐爱上习作，自信表达。

在工作中，杨老师能从儿童立场出发，与学生平等交流，真诚对话。她用热情与活力感染每一名学生，让学生发现语文学习的魅力。她用勤劳与智慧谱写新的教育篇章，在不断地突破和挑战中享受作为一名语文老师的幸福。作为海淀区小学语文学科带头人，杨老师撰写的论文多次获奖，并多次出色完成市区级研究课、赛课等任务。她所带团队申请的科研课题被评为区级重点关注课题，她个人被评为海淀区首届科研种子教师、四有教师，是海淀区教育系统青年岗位能手、优秀青年教师。

学好语文，人的心灵便长出了一对轻柔的翅膀，这对翅膀有两个温暖的名字，一个叫“诗意”，一个叫“远方”。为了给学生打造“飞”一般的语文课程，为了培养具有人文情怀的学生，杨雪飞老师和她的同伴们还在不断地探索着……

井兰娟老师
——追求“有温度”的数学教育

【**教育理念**】教己育人，正己化人，以人育人。

【**教学理念**】教师不仅会教，更要会学习，成为学习行为的设计者，和学生一起构建学习共同体。

【**学生培养目标**】懂礼、善思、合作。

【**教育感悟**】教育像农业，需要精耕细作，遵循规律，因势利导，静等花开。

【**工作态度**】爱、尊重、责任。

数学是什么？有人给出的解释是：研究数量、结构、变化、空间及信息等概念的一门学科。透过抽象化和逻辑推理的使用，数学由计数、计算、量度和对物体形状及运动的观察得到。这样的描述在字里行间透着高深与神秘，让很多人在童年时代直至长大成人，对数学或望而生畏或敬而远之。面对这些对数学的恐惧认识，作为有着20年数学教学经验的井兰娟老师总是设法去温暖“冷酷如冰”的数学，不断探索将数学的“冰冷美丽”化为“暖流”，让“有温度”的数学深入学生的心田，以帮助学生智慧地生长。

用爱滋润学生的心田，让学生由喜欢老师到喜欢数学。“亲其师，信其道”，井老师首先要求自己做一个温情的人。不管是课内还是课外，井老师都力争做个有感染力、亲和力和责任心的老师。她把学生的健康成长放在首位。面对学生提出的各种问题，她一定会想尽办法让学生理解；面对学生偶尔的迟到，她一定会微微笑着请他走进教室；当学生调皮搞恶作剧时，她一定会提醒自己，“我”也曾是个孩子，要冷静宽容处理；当学生害怕出错而不敢回答问题时，她一定会扶其肩膀，告诉所有的学生：“不要害怕出错，因为人经常是在错误中成长起来的，数学的发展同样经历了无数的失败和错误才逐渐走到了今天!”她让孩子们知道他们每一个人在老师心目中都很重要，他们的进步可以让老师欣喜若狂。

• 让富有人性的数学去打动每一个孩子，让学生亲近数学

数学的概念、方法、符号、规则等都是人类的发明与发现。数学既然是人创造出来的东西，那么便带有鲜活的人性。井老师经常与学生分享一些重要的数学概念的艰难发展历程，让学生感受到人类的智慧和永不言弃的探索精神，让学生适当缓解学习数学的焦虑情绪。井老师会把历史上数学家们曾经走过的弯路展示出来，让数学走下神坛，让学生感受到数学人人可学。井老师还鼓励学生把思考过程中的犹豫、反复、尝试、小失误等“不光彩”的细节呈现出来，让数学更加富有人性，让学生感受到数学的神奇、绝妙、严谨与活力!

• 让“身边的数学”促进每个孩子的发展，让学生感受数学的亲切

近三年，井老师积极探索数学综合实践教学中的“小课题研究”。在“小课题研究”的课堂里，学生们的学习兴趣得到激发，能积极主动地查阅资料，在自主探究中发现新问题，并能借助外界信息解决数学问题。在研究过程中，

不可或缺的小组协作构建起真正的学习共同体。井老师和她的学生们在构建的学习共同体中，一起去体验数学学习的价值，感受成长的快乐，体验成功的喜悦。

为了让数学拥有温度，不激进也不冷酷，在数学教育的旅途中，井兰娟老师甘愿做一个探索者，不断尝试，不断向前。她坚信有温度的数学教育，将探寻出教育的新高度。

蒋东伟老师
——为英语课堂“加点料”

【**教育理念**】英语课应该是有趣的，灵动的。它为学生打开一扇窗，为他们探寻外面的世界提供无限可能。它为学生搭起一座桥，帮助学生连接起自己与整个世界。

【**教学理念**】英语教师应该想尽一切办法激发学生的学习兴趣，创设恰当的文化背景，引领学生对中外文化有所感受、理解和体验。相信未来的某一天，学生能借助英语这个语言工具，自如地表达和展现自己。

【**工作态度**】不放弃任何一名学生，坚信天道酬勤。

• 用“兴趣”点燃学习热情

高尔基曾说过：“兴趣是最好的老师。”对学习英语的小学生来讲，这句话显得尤为重要。小学阶段正是学生从幼年到少年的转变期。基于不同阶段学生的兴趣点与能力点进行教学，能使他们的英语学习事半功倍。在蒋老师教授的一节低年级的主题为“Room”（房间）的课上，她和学生们玩上了“捉迷藏”。她首先请大家闭上眼睛，然后将一个学生藏在门后，再请全班学生睁开眼睛并提问：“Who's behind the door?”（门后面是谁？）接着又将一件物品藏在门后让学生猜测，再提问：“What's behind the door?”（门后是什么？）学生们的兴趣一下被点燃了。他们沉浸在游戏中，自然而然地明白了“门后是什么？”的表达与运用。而对于已经具备了一定的展示与表达能力的高年级学生，如在单元主题“Festivals”（节日）的学习中，蒋老师做了这样的处理：让每一名学生准备一个自己最喜欢的节日在全班进行中英文介绍，并最后向全班同学提出一个有价值的问题。学生们的分享准备特别充分：幻灯片、海报、打印材料……。他们之间的分享与互动让英语课堂更加丰富多彩。

- 在感受文化中，发现学习乐趣

养成和塑造学生的文化品格是英语课堂的任务之一。自2016年起，蒋老师带领英语组的老师们开始了区级课题“小学英语课堂跨文化意识培养的实践研究”的研究。她们将课堂着眼点聚焦于如何在文化背景里呈现语言知识。她们对教材中的各种话题进行了分析与拓展。一年级上册某单元话题涉及“身体部位”，她们便结合刚入学不久的一年级学生欠缺规则意识与问候礼仪的问题来丰富本课的话题，将学习目标定为设计“课堂”“学校”“社会”三张不同的“规则海报”。

五年级的孩子在学习关于“电视节目”这个话题时，蒋老师为其介绍了电视机的发明历程并对比了过去与现代电视机的不同，还介绍了多国电视台的台标，向学生渗透一种电视文化意识，使学生逐步形成一种能够接纳各种文化观点、从不同文化视角吸收文化知识的综合能力。

- 形式迥异的学习内容丰富了语言体验

2017年10月，中关村一小与新西兰圣彼得圣保罗天主教小学开展了一次视频交流活动。蒋老师组织六年级学生就中国的传统美食、节日、服饰及著名景点内容进行了前期准备。在同新西兰学生的视频交流中，他们分工合作，各种表演艺术形式齐上阵。而新西兰的学生也从他们学校周边的名胜古迹一直说到了新西兰的毛利文化。

在中关村一小的英语可选择课程中有一门叫“趣味阅读”。上过这门课的学生都说在这个课上进行的阅读与以往的不太一样，他们能体验到很多有意思的学习方式。蒋老师即是这门课程学生读本的负责人，也是撰写人之一。她将学生读本定位在趣味上。因此，这门课程的学生读本就出现了体裁多样的呈现形式：寓言故事、绘本故事、诗歌和歌曲。学生读本以文化知识为主线，渗透多种学习策略，如阅读策略中情节曲线的绘制与填写、提问策略、诗歌韵律、歌曲节奏等。同时还兼顾了中外文化的对比学习，如伊索寓言和中国寓言的对比、中国古诗《枫桥夜泊》和西方诗歌*Fantasy*（疯狂幻想曲）的学习等。

为英语课堂加点料。蒋老师从学生的兴趣出发，以文化背景为本，结合中外内容精华，使得学生们课上兴趣盎然，课下意气风发。

田春娣老师
——传播美的使者

【教育理念】仅强调技术的美术教育是片面的，比技术更重要的是让学生会欣赏美、能发现美，会用美滋养心灵。

【教学理念】情感是艺术的灵魂；文化是艺术的品位；个性是艺术的魅力。因此，美术课堂的教学要关注文化、注重体验、鼓励个性表达。

【学生培养目标】通过不同形式的艺术活动使儿童对艺术、对自然、对美的事物产生兴趣，在他们心中播下美好的种子。通过艺术的滋养提升儿童的品位，并渗透到他未来的生活中去。

【教育感悟】每个儿童与生俱来就有一颗艺术的心灵。艺术以游戏的方式渗透在儿童的生活和成长之中。艺术能使孩子们产生愉悦感并且还为他们提供宣泄情感的机会。无论孩子在艺术方面的天赋如何，我们都不能因为其技巧的缺陷而剥夺他们接受美的权利。

【工作态度】积极主动、乐观向上、充满热情、勇于探索。

葵园中，有一位美的使者，她用画笔绘出最美的校园，引领学生感悟美、寻找美、追求美，她就是中关村一小的美术老师——田春娣。

田老师认为“美术”顾名思义，“术”代表技术，“美”则是指美的素养。她觉得学技巧不难，但要培养美的素养则十分不易。她要求自己做一个美的传播者，用艺术之美滋养学生心灵。

作为美的传播者，田老师尽力使学生对艺术、对美的事物产生兴趣，避免学生因为技巧的不足而影响了对美的兴趣。

● 让每一个孩子都享受艺术的魅力

你可能喜欢美术，但你画不好；你可能喜欢音乐，但你唱不好。没关系，田老师和音乐老师一起合作开发了一门“音画联觉”的课程。上过那门课的学生说，在课上能连续享受80分钟的音乐。不会画画的学生说，音乐响起来就知道画什么了，而且画得比平时好。

艺术哪有那么难？充分打开你的各种感官，用听觉、视觉去感受，你就知道艺术有多么美了。在“音画联觉”课上，随着音乐的旋律画几根线，伴着音乐的节奏画一些点，乐曲的徐与急、轻与重、张与驰、疏与密……，这些节奏的变化都会提示你怎样布置那些点和线。音乐一股一股地流出，你用心听就会知道该铺上什么色，留下哪些彩……

“音画联觉”课让孩子们的艺术感更灵敏了，音乐让绘画能力弱的学生也有了自由表达情感的机会。音乐是动力，是灵感的源泉，因为有了音乐，学生才有了不再畏惧画笔的勇气，这就是“音画联觉”的魅力！

在五年级美术教材中，有抽象画欣赏和创作的学习内容。学生对抽象画充满了好奇，但创作时会缺少自信。很多学生会自我否定，认为自己在胡乱涂抹。但令人意外的是竟然有学生会主动提出：“老师，您能不能提供点音乐，刺激一下我们？”当学生的创作有了音乐的支撑，他们会感到更有自信和动力。最让人欣慰的是，在音乐的激发下，很多学生学会了整体观察和思考画面中不同抽象元素的布局，学生在创作时有了更多对美的规律的理性探寻。

观画或画画只看造型和内容，不能算是会欣赏。学生还要学会去发现隐含在其中的美的规律，学会在画面中表现出节奏与韵律。其实，这是一种更高级的艺术素养，“音画联觉”有助于小学生理解艺术的形式美与内涵美。

• 在触摸中发现美，创造美

当今儿童美术发展的要求是不仅要有好的构图和色彩，还要运用丰富的材料。放眼望去，我们身处的环境本身就是个充满材料的物质世界。对于充满好奇心的儿童来说，他们总是喜欢用手摸摸这个，玩玩那个。让他们触摸材料，以一种游戏的方式对材料进行观察、选择、思考并做大胆有创意的表现。田老师爱收集东西，平时攒的那些零零碎碎的小玩意儿，到关键时候都能派上用场。

图一到图三是学校四年级学生通过小组合作完成的用多种材料拼摆的人物造型。老师给每个小组的材料在质地和形态上都有很大差别。学生在合作的过程中需要进行观察和选择，选择时需要忘记材料原有的用途，根据主题的要求赋予材料新的用途，这个思考和转换的过程需要创新。在转换和重组的过程中学生的创造思维被不断地激发。

图一

图二

图三

你看，身边的任何材料都可以变成有趣的艺术品！那些不起眼的材料，甚至是废弃物经过想象创造也会产生新的面貌。

打破常规需要勇气，更需要引导。田老师说材料是个好帮手，材料像是创新前的一个热身，也更像是一个攀爬支架。

学生作品中有一部分是根据杂志上的现成图片而展开联想获得的。田老师鼓励学生打破常规进行添画和组合，添画内容可以天马行空。瞧，汽车撞上了蜘蛛网，小孩举着旗帜在面碗里遨游，看到这些作品你是不是会被逗得发笑？为了进一步启发学生，田老师还鼓励学生用剪刀对图片进行处理，看美女变成了有着人物外形的机器人，学生的想象让作品充满了趣味性！

• 提供自由的空间，分享创造的快乐

田老师的美术教室自从2015年4月初起，就总有孩子光临，有的一待就是半天，到底是什么魔力吸引了孩子们呢？

原来这里提供了一面可以任由学生发挥的创意墙。来到这里你会领取到一支油性黑笔，开始自由创作之旅。这里既有女孩子喜欢的小清新和小可爱图画，也有男孩子喜欢的机械类、飞机类、怪兽类作品……

这个自由的空间，让我们看到了许多惊喜。孩子们的创造力远超出我们的想象。他们在这里尽情地释放内心的小狂野！当淘气被释放到墙面上就不是淘气而是创意！有空间，给信任，我们才能将孩子内在的潜力挖掘出来！

孩子们喜欢这里不仅因为这里可以表现自己喜欢的题材，还因为这里可以进行跨班级和跨年级的合作。孩子们通过绘画语言进行交流——你没画完的我接着画，我画得不太理想的他来帮我加工，画与画之间的连接任由学生自己去联想、去创造。

有人曾问田老师："参与的人这么多，你就不怕孩子瞎画？！"田老师说："给予信任，他们能做得更好，孩子能把不好看的变好看！"

当墙画越集越多，整个墙面就变成了一本被放大的学生版线描教材，既有方法的学习，也有素材的借鉴和创意提示。

这里除了有成功的展示，也有失败的记录。

在这里每天都有大的教小的，会的教不会的，有创意的教不敢画的。学生自主地通过观察去发现和实践，教师只是点播和鼓励。这种学习超越课堂学习，是真正意义的自主学习！

美学大师朱光潜说，美是无为而为的活动。人们从事审美活动时，如画一幅画、欣赏一部电影、听一首乐曲，会发自内心地想做，无人强迫。参与壁画创作的孩子们已经对此做了很好的诠释。

每天和天真的孩子在一起亲近世间美好的事物，田老师感到十分开心。她说："不为得而去做，心会轻松；投入去做，心会安定；最终心灵会因美的滋养而变得喜悦，因艺术的魅力而感到幸福。"

郭艳婷老师
——把每一个学生都当作自己的孩子来培养

【教育理念】真爱孩子、信任孩子、守望孩子。

【学生培养目标】崇美、促智、坚持、怡情、辅德。

【工作态度】角色互换、儿童立场、润物细无声。

• 孩子，你讲课的样子真的很美

在二十几年的教学生涯中，郭艳婷老师与教研团队在不断成长。爱孩子只是第一步，把每一名学生都当成自己的孩子来培养，教师才会真正考虑学生的需求。

郭老师经常把学生请上讲台，让学生做老师，老师当学生。当学生变成指挥家、钢琴家，自己做PPT像老师一样讲课时，你永远想象不到他们会给你多么大的惊喜。由此可见，学生通过自主学习、自由表演，主动获取知识，真正成了课堂的主人；教师则变成了整个学习活动的组织者、引导者和服务者。这一举措正暗合了学校自主教学提倡的“三个转变”教学理念：教材变学材、讲授变交流、接球变发球。同时，学生的核心素养也在“润物细无声”中得到了提高。

- 好啊孩子，下次你来做导演

“儿童立场”不应是浮在课程表面上的，而应沉入课程本质，融在教师的血液里。在一小的6-2-6自主发展课程体系里，郭老师任教戏剧课程。传统意义上的戏剧课应该注重表演的学习，而一小的戏剧课则体现各学科的融合。创编戏剧剧本，利用废旧材料制作道具等活动，都让孩子们体会到了无穷的乐趣。很多孩子因为选不上她的课而感到苦恼呢。

- 郭妈妈，我也要成为陈晟叔叔那样的人

自从负责了“爱之声管乐团”，20年的时间里，郭老师早已成为乐团的代言人。2013年后，郭老师转入“九点阳光合唱团”，成为合唱团的指挥与负责人。她曾为支教的农村学校合唱团进行排练，为其准备市级比赛；还在区里合唱总结会上给音乐老师们做报告。她坚信“培养良好的排练习惯，可以影响排练效果，好习惯能影响孩子们的一生！”。同时，她还主张学生实行自主管理，采用干部负责制，成立了几个声部微信群。声部长负责每天检查组员演唱打卡，以这样的方式来培养学生的音准、音色及歌曲表现力。这也给了学生互相学习的机会。家长们也在微信群里激动地感谢老师，他们说孩子参加合唱团后发生了很大的变化。合唱团是一个爱的港湾，孩子们都称她为“郭妈妈”。

在清华大学举办的《音乐祭忆——纪念南京大屠杀遇难同胞80周年音乐会》上，郭老师带领的合唱团与中国人民解放军军乐团的艺术家们合作，合唱了曲目《拉贝的诉说》，让现场的观众为之动容。合唱团的演出得到指挥家张海峰、作曲家王和声、录音师崔如峰的赞赏。合唱团的成员们还见到了一小毕业的在军乐团工作的陈晟叔叔，他曾是郭老师的学生。

音乐教育的根本目的在于培养人和造就人。作为一名教育者，郭艳婷老师翘首盼望着学生拥有美好的未来！

秦治军老师
——水流不争先，当好小学体育教师

【教育理念】健康第一，知行合一。

【教学理念】从“粗俗浅显”开始，到“一物多用”，一个也不能少。

【学生培养目标】运动锻炼育其“阳光”，竞赛胜负育其“坚韧”，规则有序育其“自律”，团队合作育其“担当”。

【工作态度】坚持是最好的态度。

因为体育老师需要和孩子们一起“冬练三九，夏练三伏”，所以很多人不愿意当体育老师。但秦治军老师认为当体育老师非常快乐。

秦老师来自海淀农村的一户普通家庭，当体育老师是他的梦想。这个梦想支撑着他在操场上上好每一节课，从不懈怠。日复一日的认真工作，使他成长为北京市小学体育特级教师，并荣获了北京市人民教师提名奖，北京市优秀教师等诸多荣誉。早在1993年和1995年参与的体育评优课中，他就获得了北京市一等奖。1996年他进入海淀区体育教研组成为最年轻的体育兼职教研员。在不懈努力下，他培养出很多在各级各类中小学生运动会中获得第一名的学生。30年，20000节体育课，他用心让学生享受体育课带来的快乐，用爱为学生的健康身体打下基础。

- 健康第一

“健康第一”是学校体育工作的目标。体育教师的第一要务就是对学生的健康负责。身体健康关系一个人的终身发展。人们常说身体是1，其余的都是0，有了好身体，人生才有更多的可能。

- “粗俗浅显”地上好体育课

好的体育课应该是让学生“动起来、乐起来、感兴趣”。体育老师应该怎么做呢？秦治军老师的做法就是“粗俗浅显”。

“粗”，粗的是备教材。教师不要被教材束缚，用教材去教，而不把教教材作为唯一目标。多给体育老师一些余地，体育老师就会多给学生一些空间和时间。

“俗”，教材内容选择要大众化。教师讲解要通俗易懂，讲得要少而精，学生不是“讲会的”而是“练会的”。

“浅”，教法选择要由浅到深，由易到难。教师要让学生学着容易，要让大多数学生一开始就能做到。

“显”，显现的是学习效果。每一节体育课都让学生有收获，不管是运动技能，还是愉快的心情。

- 一物多用，让课堂更有实效

体育课要注重学生的实际获得。秦老师一直提倡一物多用，例如上“障碍跑”这堂课，从准备活动让学生拿垫子做“踏板操”，到基本活动学习“跨越障碍”，再到游戏“障碍跑接力”，秦老师不断变换垫子（障碍）的摆放方式，一节课始终使用小垫子。这样的例子有很多，小足球、小排球、小篮球等很多“一球到底”，目的就是增加练习的实效性。

• 体育比赛，一个也不能少

以往学校举行的体育比赛是上场比赛的运动员很少，而观众很多。秦老师觉得这样的形式会让很多孩子成为看客，失去运动的兴趣，同时还会让未参赛的孩子丧失集体荣誉感和团队精神。针对此问题，他不断改进体育比赛的形式与规则，例如，他采用了“一个都不能少”的集体跳长绳的方法。具体做法是把全班学生分成ABC3个队，A队、B队各12名学生，由本班跳得最好的学生组成，C队由剩下的所有学生组成。先按ABC队分别取名次，再把ABC队的成绩相加作为班级的团体成绩。这样，所有人的成绩都会算作集体成绩，都会影响团体的最终名次。每个孩子都同等重要。

30年如一日，真正用心做教育，秦治军老师愿意继续这样幸福着、快乐着……

邓翼涛老师
——每天都享受着教育的幸福

【教育理念】教师应陪伴学生共同成长，做培养学生科学素养的启蒙者。

【教学理念】不让一个学生当观众。

【学生培养目标】创新、严谨、坚持、注重团队精神。

【工作态度】善于反思、力求创新、脚踏实地。

邓翼涛老师作为一名科学教师，参加工作已有20多年。在基础教育这片沃土上，他每天都享受着教育的幸福，大家都亲切地称他为“阿涛老师”。

阿涛老师认为小学科学教师应该在课堂教学中让学生自己提出问题进行探索，在他们的摸索过程中给予帮助和引导，而不是简单地传授知识。教师充当的角色应是学生科学探究的合作者、引导者和参与者。教学过程是师生交往、共同发展的互动过程，交往意味着人人参与，意味着平等对话，教师将由居高临下的权威转向“平等中的首席”。

课堂上，当学生在自主观察、实验或讨论时，阿涛老师总是积极地看，认真地听，设身处地地感受学生的所思所想，随时掌握课堂中的各种情况，考虑下一步如何指导学生学习。他努力创造良好的学习氛围，采用适当的方式给学生精神上的安慰与鼓舞，使学生的思维更加活跃，探索的热情更加高涨。同时，他还注意培养学生的自律能力，注意教育学生遵守纪律，与同学友好相处，培养学生的合作精神。他会全程参与学生的探究活动，并鼓励学生动手动脑，而非代替学生思考与探究。他认为教师应陪伴学生共同成长，做培养学生科学素养的启蒙者。

科学课最重要的一个理念就是强调课堂教学要从问题入手，这是自然课与科学课最重要的区别之一。在学习科学课标以后，阿涛老师把新的课程理念融入科学课堂教学之中，用课改的新思想、新理念指导自己的教学。他在课堂教学中创设情境从问题入手，使学生带着渴望知识的心情去学习。阿涛老师所执教的“挑战高塔”在中国STEAM教育大会上受到好评。他在全国小学科学教育研讨会上执教的“光是怎么传播的”“让纸站起来”和“温室技术”也通过北京市数字学校课程录课的方式向全社会播放。

小学科学教育的教学策略将由重“知识传授”向重“学生发展”转变，由重教师“教”向重学生“研”转变，由重“结果”向重“过程”转变。阿涛老师作为核心组成员参与了北京市教育科学“十二五”规划校本研究专项课题——“小学自主教学实践研究”的研究，并担任海淀区“十三五”课题“‘自然观察家’课程开发与实践：教研结合，以教师成长带动学生自主性探究研究”的负责人。此外，他还主编出版了《神奇的物理学》一书。他还发表了多篇论文，其中《利用科技资源开发小学探究教育教学活动的实践探索》一文收录在《创新模式与人才培养》一书中。他的论文《基于儿童立场的科学教育实践》在《中国教师》上发表，《“云学习”助力自主选择课程》在《北京教育（普教版）》发表。他的论文《小学自主探究科学课程的开发与思考》在全国小学创造教育分会论文评选中获二等奖，其他论文也多次在市区论文竞赛中获奖。

自2009年以来，阿涛老师又承担了学校科任学科教学干部的工作，主要是与科学等学科教师开展有效的教研活动。另外，在全国“一师一优课，一课一名师”教师展评活动中，他主动与老师们一起备课、听试讲、再研讨，提升授课教师的科研能力，为其他老师奉献一节节相对成熟的好课。

在经历教育的过程中，阿涛老师享受教育带给自己的幸福。

教师的幸福决不仅是职业意义上的快乐，更在于一种追求工作质量，享受生命价值的幸福。教育的旅程是漫长的，也是美丽的。中关村一小的教师们，享受着这种宁静致远、大爱无痕的幸福与快乐，用智慧和汗水，陪伴着葵园学子度过人生中充实而美好的童年时光……

结语

学校，既是乐土，也是圣地

什么样的学校是一所“好”学校？这是每一次教育改革的思考原点。创造一所好学校也是每一个教育者的不懈追求。学校，不仅是儿童获得知识和技能的场所，也是儿童精神生活的发源地，同时，它还以文化知识的传承与相续把师生紧紧联系在一起。

一所好学校，是儿童心灵的栖所。学校里的每一天，我们都在与大自然中最具灵性的个体打交道，那就是具有纯真心灵的孩子们。他们柔弱又敏感，对周围现实的感知、认识、情绪反应和精神反应具有独特的细腻性和天真性；他们精细又娇嫩，是正在认识世界、探索世界、走进世界的成长中的人。未来，他们对世界形成什么样的认识，成为什么样的人，取决于他们的童年如何度过，童年时期由谁来携手带路，周围世界的哪些信息进入了他们的头脑和心灵。

人无法选择自然的故乡，但可以选择心灵的故乡。为此，一所好学校，首先要呵护孩子的心灵，倾听孩子内心的声音，细心地关注每个孩子的自然发展规律，关注他们的个性、需求和意愿，让学校成为孩子心灵的启蒙地、栖息所。

一所好学校，是教师幸福的家园。每一位教师在最初踏上讲台时，内心都充满期待、满怀热情，希望把自己毕生的精力投入教育事业，教书育人、默默奉献，培育一代又一代德智体美劳全面发展的社会主义建设者和接班人；期待得天下英才而教育之，桃李满天下，享受学生的尊重和爱戴。但教师的教育热情不可能一成不变、经久不衰，尤其是小学教师，他们的工作内容繁多又琐碎、工作任务简单又重复，很容易走向发展瓶颈，产生职业倦怠。

为此，一所好学校应当具有良好的教师发展文化、健全的教师发展支持体系、多元的教师发展路径，让教师不忘从教初心，牢记育人使命，即便有烦恼、有压力、有负担，也能不断感受到为师的幸福感和获得感，体验到育人的成就感和价值感。

一所好学校，是充满利他精神的场域。学校作为教育的基本单位，既是一个社会的缩影，又受到社会发展的制约和影响，同时又为社会可持续发展服务。学校不是一座孤岛，而是为社会和人类的可持续发展服务的，学校教育的根本任务是通过传承文化、创造知识而促进人的发展，把个体的人培养成社会的人，培养成身心健康、人格健全、生活幸福的大写的人；在学校里生活的每一个人也不是一座孤岛，我们的每一个认知判断、每一个行动都会对他人的学习和生活产生一定的影响，学习如何不去打扰他人、不去干涉他人、不去伤害他人，不断贡献自己的力量使他人的生活更美好，是所有师生的人生必修课。

为此，一所好学校应当富有为他人的幸福、快乐、命运和生活负责的精神，并鼓励每个孩子给他人以欢乐、幸福、舒适和安宁，让生活在这所学校的人都能成为一个平静而幸福的人，让毕业于这所学校的人将来都拥有一个美好的前程，能为社会贡献价值。

好学校，既是乐土，也是圣地。建设一所“最好”的学校，是我们希望拥有的“诗意栖居”；让中关村一小成为大家所向往的地方，是我们不懈的追求和努力，更是不可推卸的责任。

愿：你、我都是同路人。

出 版 人　李　东
责任编辑　刘　灿　颜　晴
版式设计　卡古鸟　孙欢欢
责任校对　贾静芳
责任印制　叶小峰

图书在版编目（CIP）数据

寻找教育的“最好”发生 / 刘畅等著. -- 北京：教育科学出版社，2019.1
ISBN 978-7-5191-1361-2

Ⅰ.①寻… Ⅱ.①刘… Ⅲ.①课程改革—教学研究—小学 Ⅳ.①G622.3

中国版本图书馆 CIP 数据核字（2018）第 298165 号

寻找教育的“最好”发生
XUNZHAO JIAOYU DE “ZUI HAO” FASHENG

出版发行　教育科学出版社

社　址	北京·朝阳区安慧北里安园甲 9 号	市场部电话	010-64989009
邮　编	100101	编辑部电话	010-64981265
传　真	010-64891796	网　址	http://www.esph.com.cn

经　销　各地新华书店
制　作　卡古鸟设计
印　刷　中煤（北京）印务有限公司

开　本	720 毫米 ×1020 毫米　1/16	版　次	2019 年 1 月第 1 版
印　张	19	印　次	2019 年 1 月第 1 次印刷
字　数	262 千	定　价	80.00 元